和谐背后的对立与冲突

——美国社会史论集

王心扬　著

中国社会科学出版社

图书在版编目（CIP）数据

　　和谐背后的对立与冲突：美国社会史论集／王心扬著．—北京：中国
社会科学出版社，2017.11
　　ISBN 978-7-5203-1475-6

　　Ⅰ．①和…　Ⅱ．①王…　Ⅲ．①社会史-美国-文集　Ⅳ．①K712.0-53

中国版本图书馆 CIP 数据核字（2017）第 280159 号

出 版 人　赵剑英
责任编辑　李庆红
责任校对　石春梅
责任印制　王　超

出　　版　中国社会科学出版社
社　　址　北京鼓楼西大街甲 158 号
邮　　编　100720
网　　址　http://www.csspw.cn
发 行 部　010-84083685
门 市 部　010-84029450
经　　销　新华书店及其他书店

印　　刷　北京明恒达印务有限公司
装　　订　廊坊市广阳区广增装订厂
版　　次　2017 年 11 月第 1 版
印　　次　2017 年 11 月第 1 次印刷

开　　本　710×1000　1/16
印　　张　18
插　　页　2
字　　数　251 千字
定　　价　76.00 元

前　言

收入这部文集的 14 篇论文和读书札记，是我 20 多年来在中外学刊上发表过的一部分文字。虽非一时所书，但都是围绕着美国社会史上几个主要问题所做的讨论，特别是阶级冲突和种族矛盾，也有少量篇幅是讨论性别问题的。大家都知道，美国社会史的主要关怀是"种族"、"性别"和"阶级"，其中最突出的是种族问题。在某种意义上，这正是研究合众国历史的难处所在，因为尖锐的种族对立使得美国的政治问题和文化问题都变得十分复杂，这种现象在其他地区的历史上相对比较少见。① 例如，E.P.汤普森（E.P.Thompson）里程碑式的专著《英国工人阶级的形成》，主要是探讨英格兰的阶级问题。然而，要讨论美国工人阶级的形成就没有那么简单了。因为美国工人分为白种、黑种、黄种和拉美裔，而每个种族内部又常常分为不同文化和不同宗教的族群。种族之间和族群之间的矛盾使得美国工人在很长时间里未能形成一个团结的整体。在这种情况下，撰写一部《美国工人阶级的

---

① 当然，这并不意味着在其他国家历史上从未有过种族矛盾。加拿大和澳大利亚等国对少数族裔的歧视以及欧洲历史上的排犹运动（pogrom）就说明了这个问题。然而，加、澳等国的种族矛盾和欧洲排犹运动对人类历史的影响都不如美国奴隶制、美国内战和民权运动那样深远。同时，美国关于种族问题的理论以及美国政府的少数民族政策都对其他国家产生过较大的影响。

形成》的任务不知令多少优秀学者望而却步。以笔者有限的学识，研究美国社会史是比较勉强的，这14篇文字只是一种初步的探索。下面简单介绍一下我在这些论文写作过程中试图理解的几个问题。

多年来的学习和研究使我认识到，在美国历史上，"种族矛盾"、"阶级冲突"与"性别隔阂"并非互不相关的社会现象，它们之间往往存在着十分复杂的关系。例如，在19世纪，特别是在美国南部和西部，种族主义十分猖獗，欧裔工人歧视有色人种的现象异常严重。这意味着他们对种族偏见的执着超越了对阶级团结的追求。然而，在东北部，由于一部分白种工人具有阶级觉悟，不同程度地克服了种族主义，因此，他们能够积极吸收黑人和华工加入工会。这又说明"阶级"是可以超越"种族"的。另外，中产阶级妇女是19世纪戒酒运动中的一支主力军。由于这场运动主要是针对男性蓝领工人，所以，中产妇女主张戒酒既表现出阶级对立，也包含着性别矛盾；同时，由于酗酒的受害者主要是蓝领工人的妻子，所以中产妇女对工人阶级妇女的同情又说明性别因素超越了阶级因素。弄清楚种族隔阂为什么常常重于阶级对立，"阶级"在哪些情况下能够超越"种族"，以及"性别"在哪些情况下能够超越"阶级"，这些都是美国社会史面临的艰巨任务。虽然这部文集里没有专门论述"阶级"、"种族"和"性别"之间关系的论文，但是在讨论移民史、亚裔美国史和戒酒运动的文章里，我对各种社会矛盾之间的互动还是尽可能地给以关注。

我所做的另一项努力，是批判亚裔美国史中以意识形态为主导的一元论历史观。持一元论历史观的学者认为，影响亚洲移民经历的唯一决定性因素是来自主流社会的种族歧视。其他因素，即使存在的话，也是微不足道的。由于他们看上去是在为种族歧视的受害者鸣不平，因此，这种似是而非的历史观多年来竟然大行其道，误导了不少读者。我一向旗帜鲜明地谴责种族歧视，而且承认种族歧视是影响移民史、少数族裔史的一个非常重要的因素，但是我认为，种族歧视不是影响美国少数族裔历史的唯一因素。要比较全面地和令人信服地诠释移民史、少数民族史，除了种族歧视，每个族裔面临的经济机会、他们的文化传统，以及白种工人的阶级觉悟等因素都必须考虑进去。读者从这部文集里也可以看到我用多元论的方法诠释美国少数民族史的努力。

在这部文集付梓之前，我针对一部分文字做了少量的修改和润色，但文中的主要观点一律没有改动，它们所反映的仍然是我当年写作时的认识水平。① 例如，第一篇论文《美国新社会史的兴起及其走向》是 1993 年开始准备的。当时我指出，新社会史今后仍会继续影响美国史坛。现在，随着新社会史的许多方面逐渐为新文化史所取代，这个学术领域的全盛时期显然已经过去了，我当年的预言似乎过于乐观。不过，我当时多少还是意识到新社会史的某些薄弱环节，特别是忽视政治。我在文中指出，"只有研究政治和普通人文化之间的相互影响，才能真正理解美国人是如何行使和如何传送权利的，才能进一步了解美国历史的本质。"在随后的研究中，我在这方面也做了一些努力。我在《19 世纪美国政府对待社会暴力的双重标准》这篇论文里，探讨了美国政府政策与社会暴力之间的互动，并得出结论说，"至少就对待社会骚乱的态度这一点来说，19 世纪的美国各级政府或多或少是代表剥削者和种族主义者的利益的。这种对待暴力的双重标准或许还说明，19 世纪白人社会对少数族裔的攻击之所以此起彼伏，同政府的姑息容忍有很大关系"。

不过，我所做的这些努力终归只是一种努力，由于学识不足，恐怕远没有达到新社会史"观微而知著"的宏伟目标。但是我真诚地希望这些不成熟的见解能够起到抛砖引玉的作用，并期待着不久能够读到真正深入讨论美国社会矛盾的佳作。

---

① 这部文集中有两篇读书札记最初是作为书评发表的。由于美国的刊物对书评字数有严格限制，我一般是先把自己读后的想法全部写下来，暂时不理会字数的限制，在交稿前再压缩到杂志要求的字数。现在书评变为读书札记，不过是回复到压缩之前的篇幅。

　　此外，还应该交代一下，本书有三篇论文是比较意大利移民和中国移民经历的，包括阶级意识的成长、小团体忠诚的兴衰，以及宗教传统对他们在美国适应过程的影响。这三个议题都涉及两组移民的农村背景、涉及他们在美国的经济机会，也涉及主流社会对他们的歧视。因为它们最初是三篇独立的文章，发表在不同的刊物上，因此，每篇论文都不得不提到上述几种情况，无法像撰写专著那样，前面提到的事情后面可以省略。希望读者可以理解为什么会出现这些"重复"。

　　最后，我还想指出，这部文集取名为"和谐背后的对立与冲突"，是因为其中的论文主要是讨论美国历史上各种社会矛盾。不过，虽然对立与冲突是美国社会史上的一条重要线索，但合众国的历史上并非完全没有和谐，这一点应该是不言而喻的。美国人在"二战"期间以及在"9·11"后反恐斗争中表现出来的团结就说明了这个问题。"和谐史学"的缺点是将美国的过去完全归结为和谐。但如果我们将美国历史完全归结为对立与冲突，那我们就会犯同"和谐史学"一样的错误。

目　录

美国新社会史的兴起及其走向[①]

新社会史是 20 世纪 60 年代兴起于美国的史学派别。[②] 它从一个全新的角度去观察历史，因而不但揭示了许多过去未曾讨论过的问题，并且对相当一部分已成定论的问题也提出了质疑。就给史学界带来的冲击之大而言，以往的任何学派似乎都不能与新社会史相提并论。有学者甚至将这种冲击比做是一场地震。这场地震由于积聚了几十年的能量，一旦爆发出来，便冲垮了所有旧史学所构筑起来的堤坝。[③] 就其

---

① 本文写作和修改过程中曾参阅了很多学术著作，包括 David Montgomery, "To Study the People", *Labor History*, Fall, 1980, Vol. 21, Issue 4; David Brody, "The New Labor History", in Eileen Boris and Nelson Lichtenstein eds., *Major Problems in the History of American Workers*; Lexington and Toronto: D. C. Heath, 1991, Alice Kessler-Harris, "Social History", in Eric Foner ed., *The New American History*, Philadelphia: Temple University Press, 1990, pp. 163-184; Linda Gordon, "U.S. Women's History", in Foner ed., *The New American History*, pp. 185-210; Thomas C. Holt, "African-American History", in Foner ed., *The New American History*, pp. 211-231; Leon Fink, "American Labor History", in Foner ed., *The New American History*, pp. 233-250。以下除个别论述以外，不再一一注明出处。

② 应该指出的是，新社会史并非只兴起于美国。事实上，差不多在同一个时期，甚至比美国稍早，英、德等一些西欧国家的史学家们也已经在开创各自国家的新社会史了。但本文所关注的是美国的新社会史。

③ John Higham, "Introduction", in John Higham and Paul K. Conkin eds, *New Directions in American Intellectual History*, Baltimore: Johns Hopkins University Press, 1979, p. xiii.

影响力之久而言，新社会史从它的兴起至今历 30 年而不衰，而且在今后相当长的时间里可能还会继续影响美国史坛。鉴于新社会史的巨大影响，有必要以中国人治学的眼光，对这个学派的功过是非做一个全面的检讨。然而，由于篇幅的限制，本文只能把这个学派的兴起及其走向勾画出一个轮廓来，许多优秀的社会史著作都因而不能给予足够的注意，甚至一些最有影响的著作，也不得不一带而过。挂一漏万，几乎是肯定的。

一　总览

我们都知道，政治史和思想史在美国史坛上长期占据主导地位。社会史一词虽然很早就已经出现，但它的研究对象主要是政治家和思想家的私生活。由于它的注意力仍然集中在上层人物的活动上，所以，这种社会史和政治史、思想史之间并没有严格的分界线。新社会史则一反政治史和思想史的治学常规，将研究的重点完全转移到社会上最普通的人物——工人、移民、妇女、黑人、亚裔，等等——和他们的活动上去了。认同新社会史的学者，不论他们之间有哪些歧见，都一致认为，美国社会是由不同阶级、不同种族和不同性别的人所构成，因而美国文化也是一个多元和具有冲突的文化。只着眼于上层人物的经历，不研究普通人的活动，便不可能全面了解美国历史的本质。由于新社会史学家是从普通人入手去研究历史，他们将自己的治学方法称作是"自下往上观察历史"（viewing history from bottom up）。

从思想层面上看，新社会史的兴起是对所谓"和谐史学"（consensus school）的一种挑战。"和谐史学"从第二次世界大战后期到 60 年代初在美国史坛上独领风骚近 20 年。这个学派的一个主要关怀是探讨所谓的美国思想、美国传统和美国性格（American character）。一批有影响的史学著作，如亨利·康麦格（Henry S. Commager）的《美国思想：对 19 世纪 80 年代以来美国思想和美国性格的诠释》①和理查德·霍夫斯坦特（Richard Hofstadter）的《美国政治传统和那些塑造这个传统的人》②，就是在这个时期问世的。在研究其他课题的史学著作里也同样弥漫着一种"和谐"的气氛。比如，移民史学家几乎一致认为，移民从欧洲到达美国以后，很快就丢掉了他们固有的文化传统而同化于美国社会。在和谐史学家看来，美国社会的本质，倘若可以"一言以蔽之"，就是和谐而无冲突。20 世纪 40年代和 50 年代正是美苏之间的冷战不断加剧的时期。面对苏俄这个劲敌，美国需要自信，也迫切需要自身的团结。在这种形势下，强调美国社会的和谐是完全可以理解的。到了 60 年代，新社会史转而强调多元和冲突，这和当时的社会环境也有着密切的关系。

　　20 世纪 60 年代的美国社会以大动荡而著称。首先是民权运动（Civil Rights Movement）。美国的少数族裔，包括黑人、印第安人、墨西哥人和亚裔，经过 50 年代和种族主义的几次较量③，这时已普遍开始觉醒，再加上有不少白人出来支持他们，于是便大张旗鼓地抗议种族隔离和种族歧视。一些黑人甚至表示不惜使用暴力和种族主义者决

---

　　① Henry S. Commager, *The American Mind: An Interpretation of American Thought and Character Since the 1880s*, New Haven: Yale University Press, 1950.

　　② Richard Hofstadter, *The American Political Tradition and the Men Who Made It*, New York: Vintage Books, 1948.

　　③ 研究民权运动的学者一般都认为，20 世纪 50 年代所发生的两个事件，即1954 年联邦最高法院对"布朗控告堪萨斯教育局"一案（Brown vs. The Board of Education）所做的判决和 1955 年亚拉巴马州蒙哥马利市抵制公共汽车的示威活动（Montgomery Bus Boycott），严格说来，就是民权运动的开始。1954 年，一个名叫奥利佛·布朗（Oliver Brown）的黑人送他的女儿到堪萨斯的一家公立学校去读书，但是遭到拒绝。教育局要他把孩子送到黑人学校去。布朗不服，上诉到联邦最高法院。最高法院首席法官厄尔·沃伦（Earl Warren）在判决书中指出，在学校实施种族隔离是违反美国宪法的。1955 年，一名叫罗莎·帕克斯（Rosa Parks）的黑人妇女在蒙哥马利市搭乘公共汽车，她拒绝坐到为黑人保留的座位上，从而遭到逮捕。结果全市黑人举行游行，抗议种族隔离制度。联邦最高法院在 1956 年也做出判决，宣布蒙哥马利市公共汽车的种族隔离政策为违宪。

一胜负。与此同时，妇女运动也逐渐形成一股不容忽视的力量。女权主义者向以男性为中心的社会制度发动了猛烈的攻击。她们要求平等受教育的权利和平等升迁的机会。到了 60 年代后期，越战的不断升级也引发了社会的普遍不满。很多大学校园里都爆发了激烈的反战运动。民权、妇女和反战运动又常常汇合到一起，演变为暴力和流血冲突。这些暴力事件使得一部分史学家开始对"和谐史学"的观点产生了怀疑。他们察觉到，美国的社会和文化似乎并不和谐，而是充满了紧张和冲突。

这些史学家进而发现，现存的历史书籍大多为男性的白人作者所著，他们所反映的不过是男性、白人和中产阶级新教的文化，并不能代表全部美国文化。以共和主义（republicanism）这个概念为例。共和主义始终被认为是全体美国人共同追求的目标。可是经过社会史学家对不同阶级和不同性别的美国人进行分析以后，情况就大不相同了。原来，美国人对共和主义的理解一向因为他们阶级背景和性别的不同而见仁见智。对于 19 世纪初期的工匠来说，共和主义意味着自由劳工制度和升迁的机会，可是商人却把它解释成取消政府对贸易的限制。到了中产阶级妇女那里，共和主义和"受教育的公民"成了同义语，而劳动妇女则认为 republicanism 可以保证她们不沦落为奴隶。① 这些学者还领悟到，即使是研究美国的政治史，如果只把精力集中在上层人物的活动上，其研究结果也会是片面的。因为在民主社会里，选民的情况是一个不容忽视的因素。而选民对政治问题的看法和投票方式往往因为阶级背景、种族和性别的不同而不同。比如在 19 世纪末 20 世纪初，纽约州的民主党长期控制在爱尔兰人手中，而意大利移民及其后裔因为与爱尔兰人不睦，所以每逢选举便会去投共和党的票。这些新发现进一步促使学者们去探索美国文化多种族、多阶级和不同性别的本质。

---

① 参见 Kessler-Harris，"Social History"，p. 170。

　　新社会史的兴起除了是受 60 年代社会动乱的激荡以外，来自欧洲和美国思想界的影响也值得重视。多年来，法国的年鉴学派（Annales School）一直主张研究事物的内在结构。他们认为，研究普通人的思想和生活习惯有助于发现历史事件形成的构架。本来，这个学派对美国史学界的影响并不明显。可是到了 60 年代，新社会史要对不同团体和不同地区的历史做具体研究时，年鉴学派所提倡的观微知著的治学方法就忽然变得有吸引力了。此外，社会史学家还受到行为科学（社会学和人类学）的影响，开始追求研究结果的准确性。他们觉得人文学科的治学方法过于主观，只有使用社会科学的方法，其研究结果才会比较客观和精确。这里特别值得一提的是社会学家泰尔克特·帕森斯（Talcott Parsons）的治学方法。帕森斯认为研究事物的结构可以促进对社会制度的理解。在帕氏看来，国家和社会所发生的变化都是因为新兴事物对现存结构的挑战而引起的。这种挑战的结果会导致一种新的社会平衡（social equilibrium）。①

　　近年来在欧美学术界重新抬头的马克思主义也启发了相当一部分社会史学家。马克思主义认为，思想、制度和人的行为都有它们的物质根源，因而历史的发展从属于某些科学规律。在资本主义社会里，工人和雇主之间的对立是由生产关系所决定的。所谓社会平衡不过是社会控制的一种机制（mechanism），这种机制是用来为经济上的不平等做辩护的。不论新社会史学家是否愿意接受马克思主义这个标签，马克思主义在他们身上的影响已经是一个不容怀疑的事实。② 其实，美国新社会史的几位开拓者如赫伯特·葛特曼（Herbert Gutman）和戴维·蒙哥马利（David Montgomery）无一不是师承英国马克思主义史学家汤普森（E. P. Thompson）的。汤普森在他的名著《英国工人阶级的

---

① 参见 Kessler-Harris, "Social History", p. 166。
② Ibid., p. 167.

形成》中明确指出，"阶级的经验主要是受生产关系制衡的"①。不过，在汤氏看来，阶级的形成不仅仅是由于经济上的原因，同时也是由于文化上的原因。事实上，人的阶级意识是通过各种不同的文化形式表现出来的，如传统、价值系统、思想和制度等等。②《英国工人阶级的形成》对工人阶级在从前工业社会向工业社会过渡时期的文化，特别是技术工人的传统和宗教，做了深入的检讨。我们知道，有经典马克思主义学者曾经预言，阶级意识和对资本主义的反抗将产生于工厂工人当中。可是汤氏却用大量的史实证明，在工业革命发生以后，率先产生阶级意识的是工匠，而不是工厂工人。③ 汤氏的研究不仅把工人的文化提上了社会史的议事日程，而且他的著作也树立了一个研究工人阶级地方史的典范。比《英国工人阶级的形成》稍晚些时候，美国人类学家克里佛德·纪尔兹（Clifford Geertz）在他的名著《对文化的解释》中也郑重地提出，只有研究文化的特殊性才能发现人类文明的真正含义。④ 纪尔兹的告诫进一步促使社会史学家深入探讨普通美国人的地方史。

前面已经说过，新社会史认为所谓"美国思想"和"美国性格"都是从上层人物留下的书面文字中得出来的结论。现在社会史学家既然是致力于研究工人、妇女、黑人和移民的文化，探讨这些最普通的美国人如何居住、如何迁徙，以及如何投票，而且对每一个城镇、每一个地区的历史逐一进行细致的研究，那么很明显，在史料的选择上也必须另辟蹊径了。新社会史并不忽视精英分子所留下来的文字，但他们更主要的是从工人的讲话、工会会议的记录和移民的书信、报纸

---

① E. P. Thompson, *The Making of the English Working Class*, New York: Vintage Books, 1966, p. 9.

② Ibid., p. 10.

③ Ibid., pp. 240–241.

④ Clifford Geertz, *The Interpretation of Cultures*, New York: Basic Books, 1973, especially, pp. 3–54.

中去挖掘普通人的文化。可是大多数工人、移民和妇女所留下的文字毕竟不多，于是许多社会史学家又深入到工人、移民和黑人当中进行调查，把这些人的谈话记录下来，作为研究史料，开口述历史（oral history）之先河。① 新社会史不但要探讨工人、妇女、移民和黑人的地方史，而且它的研究涉及制度、思想和习俗等重要课题，有关新社会史的著作之多，真可谓"入则充栋宇，出则汗牛马"。不过，为了论述的方便，本文只就劳工史、妇女史和少数民族史的研究成果做一个评论。因为阶级、性别和种族一向被认为是造成美国多元文化和社会冲突的三大基本因素。

二 劳工史

劳工史最早出现于 19 世纪末，创始人是威斯康星学派的约翰·康门斯（John R. Commons）。康门斯是治经济学出身，但兴趣却在历史方面。他有关劳工问题的著作是对古典经济学的挑战。大家都知道，古典经济学主张市场的绝对自由，这个学派既反对政府对经济的干预，也反对工人组成工会同雇主进行集体交涉。康门斯和他的学生们却起而为工会进行辩护。他们认为工人有权组织工会来捍卫自己的利益。康门斯学派主要是研究市场对工人的技术、生活水准和组织能力的影响。不过，他们始终把精力放在工会的活动上，换言之，他们研究的是制度而不是工人的文化，所以被称为制度学派（institutional school）。② 康门斯学派对劳工史的研究一向受到承认和尊重。不过，在美国二百多年的历史中，即使在工会运动的鼎盛时期，也只有 1/4 的工

---

① Kessler-Harris，"Social History"，p. 168.

② David Brody，"The New Labor History"，in Eileen Boris and Nelson Lichtenstein eds. *Major Problems in the History of American Workers*，Lexington and Toronto：D. C. Heath，1991，pp. 2-4.

人是工会成员，制度学派只研究很少一部分工人的历史，其局限性是不言而喻的。他们忽略工人的文化，更使大家无从了解工人阶级历史的全貌。① 新社会史的研究方法问世以后，我们对美国工人文化的了解才真正是日新月异了。新社会史并不反对研究工会，但它的主要精力是放在那些没有组织起来的工人身上，它不但研究工厂的工人，而且将农业工人、黑奴、护士和百货商店的售货员都包括到劳工史的范围之内。

新社会史的一个主要关怀，是美国工人对工业化后的环境所作出的反应。多年来，德国社会学家马克斯·韦伯（Max Weber）所描述的新教伦理（Protestant ethic）一直被当作全体美国人的工作伦理。可是葛特曼在分析了不同类别的美国工人文化以后，却令人信服地指出，新教伦理远不是全体美国工人共同遵循的价值观。因为来自美国乡下和欧洲的移民陆续加入到工人的行列里，美国工人阶级经历了一个不断形成和不断更新的过程。这些移民工人带来了许多前工业社会的工作习惯和文化传统。比如，农民的作息时间非常灵活，他们从来不受固定时间的约束，而是随日出而作，随日落而息。这些移民到了美国的工厂里，立刻受到固定工作日和固定工作时间的限制，于是，两种工作伦理之间的冲突便不可避免了。雇主虽然不遗余力地去改变这些前工业社会的工作习惯，但收效甚微。

在19世纪初，新泽西的工厂主经常抱怨他们来自英国的工人不服管教。据说这些移民工人因为经常喝得酩酊大醉而耽误生产。宾夕法尼亚的工人也喜欢饮酒，而且经常不辞而别，一起去打猎或一起到海边去消遣。葛特曼还发现，女工的工作习惯也和新教伦理格格不入。很多工厂甚至因为女工不守厂规而不得不关闭。到了19世纪末20世

---

① 参见 Herbert G. Gutman, *Work*, *Culture and Society in Industrializing America*, *Essays in American Working‐class and social History*, New York：Vintage Books, 1977, pp. 10-11。

纪初，移民的来源变为东欧和南欧，但前工业社会的文化和工业文化之间的冲突则是有增无减。比如犹太人在欧洲长期从事小商业和小手工业，习惯于灵活的作息时间。这些移民到达纽约以后不得不到工厂去做工，但他们对大工厂制度始终抱有敌意。来自波兰和意大利的移民有一套和新教完全不同的节日，每逢这些时刻，工人们也常常不辞而别，使生产陷于停顿。①

　　在19世纪20年代美国工业革命以前，工匠是工人阶级的主体。我们在前面已经提到过，工匠和商人对共和主义的理解迥然不同。其实，早在独立战争时期，工匠就有自己独特的文化了。美国革命虽然是由上层社会人士所领导，但工匠自始至终都扮演了相当重要的角色。鼓吹革命最卖力的托马斯·潘恩（Thomas Paine）本人就曾经是一位技术工匠。他的革命宣传实际上根本没有脱离工匠思想的影响。潘恩把公德解释为独立公民对国务的积极参与，这种解释同工匠追求自由和小财产的理想是完全一致的。到了19世纪初，社会上贫富悬殊日趋明显，工匠认为这种现象不啻是对民主社会公民权的出卖。他们总是选择华盛顿的生日进行集会，抗议这种不公正的现象。肖恩·威兰兹（Sean Wilentz）的《高唱民主：纽约市与美国工人阶级的形成》一书便细致地描述了纽约市技术工人的独立文化。每逢7月4日美国独立日，工匠们不但高举星条旗，宣誓效忠于共和国，而且还遍插自己行业的旗帜。他们认为，"独立"不仅象征着独立于英国的殖民统治，而且对于美国公民来说，还意味着独立思考的权利和行动不受限制。此外，他们还把"独立"解释为防止将工匠沦为奴仆。工匠的领袖时常告诫大家，不能为了个人利益而不顾社会的安危。每个公民都应该把社会的利益置于个人得失之上，这才是真正的美德。技术工人的这些理想显然是针对唯利是图的商人而发的。不过，技术工人自己却从未放弃对小股财产的追求，也从不主张为那些没有技术的穷人开创一个

---

① 参见 Gutman, *Work, Culture and Society*, pp. 3-78。

经济上平等的社会。直到 19 世纪 20 年代后，丧失了财产的小工匠师傅才陆续出来反对"人为地划分社会财富"。19 世纪 20 年代是工业革命给美国社会带来巨大变动的时刻。工匠，特别是工匠师傅，位于商人和工厂工人这两个阶级之间，本来还有希望跻身社会的上层，可是，随着机器生产的来临和工厂制的建立，他们沦落为工厂工人的可能性倒是越来越大了。因此，他们不但特别珍视自己的小股财产，而且认为只有拥有小股财产和独立人格的人才具有公民资格，也只有这些人才能更好地行使这种权利。①

　　另一位和葛特曼齐名的社会史大师蒙哥马利则集中精力探讨生产车间（shop floor）里的文化。他的研究结果显示，工业革命发生以后，工人并非被动地接受剥削，而是围绕着由谁来控制生产这个问题同雇主不断地进行抗争。工人对生产的控制采取了三种不断演进的方式。最早的一种形式是技术工人的自治。技工拥有某个行业的专门知识，因而能够决定自己和自己的助手应该如何工作。在工业革命的初期，机器生产尚未普及的情况下，技工的专门知识仍然非常重要。雇主因为很难找到其他人来代替技术工人，所以往往不得不听由技工自己去控制生产。在俄亥俄州的哥伦比亚铁工厂里，技术工人通过谈判迫使雇主把年产量固定下来，然后自己再把这个产量摊派到每个工人头上。蒙哥马利还发现，技术工人有自己的一套道德准则，这些准则要求每个人在雇主面前都要表现出丈夫气概，决不能在工头面前退缩。实际上，许多技术工人在工头出现在面前时都会拒绝继续工作。到了 19 世纪的 70 和 80 年代，工人控制生产的另一种形式是通过工会制定生产规则，然后迫使雇主接受这些规则。工会将自己制定的规则称为"立法"（legislation）。例如，国际机械工人工会对学徒的年限、工资的标准都有具体规定。该工会还禁止它的会员操纵一部以上的机器。玻璃

---

① Sean Wilentz, *Chants Democratic: New York City and the Rise of the American Working Class*, 1788-1850, New York: Oxford University Press, 1984, pp. 91-102.

窗工人工会对生产有多达 66 条详细规定。工人为生产过程立法，表明他们对生产的控制从自发性转变为有组织的行动。到了 19 世纪末和 20 世纪初，工人控制又出现了第三种形式，即同情罢工（sympathy strike）。同情罢工主要是为支援其他行业的工会而举行的。当一些工会为贯彻自己制定的生产规则而和雇主争执不下时，其他行业的工会便会举行罢工以示支持。同情罢工常常能迫使雇主做出让步。在 1887 年到 1894 年这 7 年里，有 2/3 的罢工是由工会有意识地发动的。这些罢工的目的不仅仅是为了增加工资，而且也是为了对生产进行控制。蒙哥马利的研究从根本上改变了传统史学对美国工人的看法。过去大家普遍认为，美国工人的文化是个人主义的，现在我们才知道，美国工人有着很强的互助精神。①

　　工人的业余生活是工人文化很重要的一部分，因此它也是新社会史学家感兴趣的研究课题。和 19 世纪 20 年代以前相比，美国工人到了 19 世纪下半叶已经有了比较固定的闲暇时间。工人在业余时间都做什么？都有哪些娱乐活动？这些娱乐活动的社会意义是什么？这些都是制度史所不能回答的问题。罗依·罗森斯威格（Roy Rosenzweig）对工人工余文化的探讨使我们对这个问题有了初步的了解。本来，在整个 18 世纪和 19 世纪初，工人在做工时都有饮酒的习惯。可是到了 19 世纪中期，在戒酒运动的影响下，工厂里开始禁止工人饮酒。随着工厂禁酒的不断推广，酒馆（saloon）便应运而生了。酒馆为工人提供了一个单独的娱乐场所，工人在这里可以进行社交、唱歌，移民工人在这里还可以欣赏自己民族的音乐。由于酒馆在工人业余生活中扮演了日益重要的角色，工人将它称为自己的俱乐部。虽然大部分酒馆都排斥妇女和少数民族，但它们的内部则是相当民主和平等的，而且充满

①　David Montgomery, *Workers' Control in America: Studies in the History of Work, Technology, and Labor Struggles*, New York: Cambridge University Press, 1979, pp. 9 - 31.

团体主义的精神。罗森斯威格认为，工人的酒馆文化是对传统工余文化的一种挑战。工人完全不理会上层社会所倡导的节省和储蓄等价值观念，而是抱着今朝有酒今朝醉的心理在酒馆里度过自己的工余时间。酒馆文化更深一层的社会意义在于，它使工人从工厂的规章制度中彻底解放出来，在工厂以外的地方享受充分的自由。在 19 世纪的美国，饮酒具有明显的阶级性。中产阶级和上层社会的人士一般都在自己家中或是在俱乐部里饮酒。而工人却是去酒馆中和自己的同伴喝得酩酊大醉。罗森斯威格觉得，这种放荡不羁的场面正是工人阶级的诗意所在。谴责酒馆文化的主要是新教牧师和工厂主。工厂主强烈要求政府限制发放酒馆的营业执照，主要是担心工人饮酒会耽误生产。①

　　我们在前面已经提到，新社会史将黑奴也包括在工人阶级的范畴之内，所以，劳工史和黑人史颇有重叠之处。尤金·詹诺维斯（Eugene Genovese）在深入探讨了南部种植园的工作情况以后，发现黑奴的工作伦理更不是新教伦理。事实上，黑奴对奴隶制始终在进行反抗，这种反抗形成了一种特殊的文化。黑奴虽然没有任何政治权利，甚至连家庭关系都未得到法律承认，但他们仍然想出一切办法对奴隶主的权威进行巧妙的限制。黑奴有自己单独的价值系统，他们相信自己是从事生产因而对社会真正有贡献的人。在肯塔基州曾经发生过这样一段故事。有一个黑奴问他的主人，他在树上发现了两个蜂窝，应该给他什么报酬。主人对此大惑不解，因为这是他自己的树，为什么要为自己树上发现的东西付钱呢？黑奴却回答说，倘若不是他的努力，主人自己是不会发现这些蜂窝的。② 詹诺维斯还引述了大量史实，证明黑奴并非像传说的那样懒惰。黑人最初生活在非洲，对热带风光和大

---

① Roy Rosenzweig, *Eight Hours for What We Will: Workers and Leisure in an Industrial City*, 1870-1920, New York: Cambridge University Press, 1983, pp. 36-96.

② Eugene D. Genovese, *Roll, Jordan, Roll: The World the Slaves Made*, New York: Pantheon Books, 1974, p. 306.

自然有着深厚的情感。他们被贩卖到美国的种植园以后，并不甘心像牲畜一样被奴隶主驱使。黑人所抵制的并不是繁重的工作，而是那种机械式的、精神上毫无收获的工作。如果主人用皮鞭强迫他们去做这种工作，黑奴便会用最笨拙的方式去应付，其效率之低，不难想象。然而在某些情况下，比如在自己的小块土地上耕作时，黑奴们便干得非常努力。许多黑奴在礼拜天和节假日也常常愿意为主人工作，以便多挣一些钱。另外，根据许多被解放黑奴的回忆，他们每逢碰到心地慈善的主人，便会尽量为他多做一些工作；但是如果遇到心肠狠毒的奴隶主，便会尽量怠工。[①]

詹诺维斯还告诉我们，黑人表面上虽然比较顺从奴隶主，但顺从的目的是为了集体生存，以待时日。黑奴的家庭观念非常强烈，南北战争以前曾经有大批黑奴逃亡，他们逃亡除了是为了寻找自由，另一个重要原因是为了和失散的子女、父母、妻子（或丈夫）团聚。黑人被解放以后都迫不及待地去登记自己的婚姻，使之合法化。此外，黑人教会在黑奴群体自觉的过程中也起了十分重要的作用。参加教会的活动使黑人有机会脱离奴隶主同自己人聚会，从而感觉到一种团体的力量。黑人基督教还使黑奴感受到，在上帝面前自己也有一定的价值：如果没有本人的同意，其他人的意志是不能强加在自己头上的。同时，黑人对神学的原罪理论也做出独特的诠释：在他们看来，奴役其他人就是一种罪过。有黑人告诉他的子女，亚当被自己的罪过吓坏了，吓得他皮肤都变白了。[②]

三　妇女史

新社会史的分析方法也给妇女史带来重大变化。早期的妇女史著

---

① Genovese, *Roll, Jordan, Roll*, pp. 303-314.

② Ibid., pp. 246, 451-452.

作主要是记载妇女对美国社会的贡献。到了 20 世纪 70 年代，女权主义学者开始用性别作为史学分析方法来探讨美国妇女的经历，妇女史便成为一个研究妇女文化的学术领域了。不过我们应该注意，在使用"性别"这个词汇时，新妇女史学家一般都不再使用 sex 一词，而是改用 gender。在女权主义者看来，sex 主要是指男女生理上的区别，而男性至上主义者一向就是以"男女之别本系天生"为理由对女性进行歧视的。现在新妇女史学家使用 gender 一词，目的就是暗示男女之间不同的经历是社会因素而非生理原因造成的。

我们前面讨论劳工史的时候，曾经提到 19 世纪的戒酒运动，并且指出，这个运动具有阶级冲突的性质。长期以来，史学家始终把禁酒运动看作是新教的改革派向天主教徒发动的一场攻击。新妇女史用 gender 作为分析方法对禁酒运动进行探讨以后，发现这个运动除了上述的那些性质以外，还有妇女要求解放的一面。在整个 19 世纪，丈夫酒后殴打妻子是一个非常普遍的现象。按照美国当时的法律，夫妻之间给对方造成损害后都不必承担法律责任。这种状况自然引起了许多妇女的不满。从 19 世纪中期开始，女权主义者便力倡禁酒和修改离婚法，要求给被殴打的妇女提出离婚的权利。与此同时，妇女基督教禁酒协会也力促通过新法律，给醉汉的妻子诉讼丈夫的权利。经过她们的努力，一些州陆续通过法律，允许被虐待的妇女控告酒商，因为酒商卖酒是造成醉汉殴打妻子的直接原因。虽然妇女暂时还不能直接控告她们的丈夫，但这毕竟是朝着妇女解放迈出了一步。①

新妇女史尤其注重妇女是如何表达自己的意愿和主张的。1976 年琳达·高尔顿（Linda Gordon）发表了《妇女的身体、妇女的权利》一书。高尔顿在研究了美国妇女节育的发展过程以后告诉我们，19 世纪

① Elizabeth H. Pleck，"Feminist Responses to 'Crimes against Women'，1868 - 1896," *Signs*，Vol. 8，No. 3，1983，pp. 452-454，462-463.

女权主义的一个主要目标是争取"自愿做母亲的权利"（voluntary motherhood）。女权主义者提倡房事必须经夫妇双方都同意才能进行，希望以此来抵制男方的性要求。然而在男性占统治地位的社会里，所谓双方同意，归根到底，仍然是以丈夫的意见为准。于是女权主义者又进一步提出，妇女有单方面拒绝丈夫性要求的权利，她们认为这是实现"自愿做母亲的权利"的前提。高尔顿提醒我们，19世纪的法律和社会习俗都规定，妇女在房事方面必须服从丈夫的意愿。现在，女权主义者主张妇女有权拒绝丈夫的性要求，并提出"妇女占有和控制自己身体的天赋权利"之说，这明显是对男性至上主义文化的反叛。不过，妇女提出这些要求并非意味着她们对性行为不感兴趣。她们之所以要求单方面拒绝房事的权利，只是反对按丈夫的意愿去行房。同时，女权主义提出这些要求也是为了避免房事给妇女带来诸如怀孕、生育和堕胎等危险。19世纪美国医学上有一种迷信，认为妇女在行房时倘若态度冷漠，不表现出任何兴奋，就可以避免怀孕。高尔顿认为，当时许多妇女在行房时表现冷漠，都是相信这种医学迷信的结果。其目的是争取"自愿做母亲的权利"①。

　　芭芭拉·怀尔特（Barbara Welter）在她《对真正女性的崇拜》一文中，把19世纪教会和男性道德家为妇女制定的行为标准归结为虔诚、贞洁、家居和顺从（piety, purity, domesticity, and submissiveness）等四德，并指出这四德是被强加到妇女身上的。② 怀尔特的观点曾经引起不少争议。反对她的人认为，所谓四德是怀尔特从男性所留下的文字中得出的结论，实际上妇女并不一定遵守这些道德戒律。可是南茜·科

---

　　① Linda Gordon, *Woman's Body, Woman's Right: A Social History of Birth Control in America*, New York: Grossman Publishers, 1976, especially, pp. 103–107.

　　② Barbara Welter, "The Cult of True Womanhood, 1820–1860," in Barbara Welter, *Dimity Convictions: The American Woman in the Nineteenth Century*, Athens: Ohio University Press, 1976, pp. 21–41.

特（Nancy Cott）在 70 年代末却公开提出，19 世纪的美国妇女参与创造了维多利亚式的两性关系准则。科特认为，妇女对"性"的冷漠是想从以男性占统治地位的性关系中解放出来，重申自己的尊严。妇女有了贞洁，使她们感到自己在道德上比男性要高尚，这有利于她们获得社会上和家庭中的某些权利。因此，妇女自己至少是接受了贞洁这个道德标准。[1]

特玛·凯普兰（Temma Kaplan）通过对 1910 年西班牙巴塞罗那市一起事件的分析，发现妇女和男性的关怀很不相同。那一年，该市的一名妇女发现她 7 岁的女儿受到了性侵犯。立刻，全市的妇女都行动起来了，很多人在女童的家门口举行集会以示同情。当警察向这位母亲施加压力，要她保持缄默时，妇女们更加愤怒，邻居们甚至彻夜不眠进行抗议。当时，全市的男性工人正在罢工，要求实现九小时工作制和反对雇主强行解雇工人。虽然工人的女性亲属对罢工也表示关心，但凯普兰发现，全市妇女更为关切的是对妇女的性骚扰和对儿童权益的侵犯。当女性受到骚扰时，她们会把它看作是对整个女界的冒犯，而且会很快联合起来，形成一个团体。凯普兰把妇女之间的共同关怀称为"妇女意识"（female consciousness）。[2] "妇女意识"这一观点的提出进一步推动了对妇女文化的研究。

新妇女史也改变了我们对妇女工作问题的看法。传统观念普遍认为妇女从来都不工作，女权主义史学家却认为，这种传统观念是男性上层人士观察上层社会妇女的生活后得出的结论。上层妇女不必为生计操劳，而且她们大都雇有女佣，连家务都不必过问。同时，按照维

---

[1]　Nancy F. Cott, "Passionlessness: An Interpretation of Victorian Sexual Ideology, 1790-1850", in Nancy F. Cott and Elizabeth H. Pleck eds, *A Heritage of Her Own: Toward a New Social History of American Women*, New York: A Touchstone Book, 1979, pp. 174-175.

[2]　Temma Kaplan, *"Female Consciousness and Collective Action: The Case of Barcelona, 1910-1918,"* *Signs*, Vol.7, No.3, 1982, pp. 545-566.

多利亚时代的道德标准，做工也不适于女性。然而事实上，在美国 200 多年的历史中，大部分妇女始终在工作。除了照顾子女和烹饪以外，小工业城市的妇女还从事养鸡和种植蔬菜，并以出卖家禽和鸡蛋来贴补家用。此外，还有很多妇女通过照顾寄膳者（boarder）来增加收入。更多的美国妇女则是把工作拿到家中去做。在 19 世纪初，美国工厂每年出产的布匹只有 65000 码，而妇女在家中生产的则高达 23 万码。① 很显然，男女之间只是分工的不同，不能以有无工资收入作为工作和不工作的标准。新妇女史的这些发现不啻是给"工人阶级"一词重新下了定义。

女权主义史学家还认为，妇女进入工厂做工的数目比男工人少，在很大程度上是男性工人歧视妇女的结果。男性工人既不愿放弃他们作为一家之主的地位，也不愿放弃对理想工作的垄断，因此总是设法阻挠妇女进入工厂做工。新妇女史学家还发现，工会领袖对妇女也始终抱有偏见。他们觉得妇女不具有斗争性。可是，妇女史学家通过对工会运动高涨年代的研究，却发现妇女的斗争性并不亚于男工。此外，工会领袖还认为工会应该是男性工人的俱乐部，如果有妇女在场，会给男性工人放荡不羁的热闹场面泼冷水。基于这些原因，工会领袖总是反对妇女入会，所以妇女工会会员的人数一向比较少。②

四　少数民族史

在讨论了新劳工史和新妇女史的情况以后，我们不难想象，少数民族史是用"种族"和"民族"的差异作为史学分析方法去研究黑人

---

① Mary P. Ryan, *Womanhood in America, from Colonial Times to the Present*, New York: Franklin Watts, 1983, p. 75.

② Alice Kessler - Harris, "*Where Are the Organized Women Workers?*" *Feminist Studies*, Vol.3, No.1/2, Autumn 1975, pp.92-110.

和其他少数族裔的经历①，从而从另一个角度去揭示美国文化的多元性。由于近一半的美国历史和奴隶制密切相关，黑人在奴隶制下的生活始终是黑人史的重点研究项目。黑人史学家一般都认为，尽管黑人生活在残酷的奴隶制之下，但他们还是在不断地创造着自己的社会和文化。阅读过约翰·布莱兴格姆（John Blassingame）《奴隶社会》一书的人都会发现黑奴对自己家庭极端重视。黑奴们懂得，家庭是使他们得以生存下来的一个重要机制。因此，只要有机会，他们就会设法使自己的婚姻合法化。黑奴举行婚礼时，总是亲朋满座，场面十分热闹。布莱兴格姆发现，虽然有些黑奴同时拥有两个妻室，但也有很多人始终保持一夫一妻的家庭。②

葛特曼把对黑人家庭的研究又向前推进了一步。他的《奴隶制度和自由制度下的黑人家庭》一书，除了以丰富的材料描述了黑奴对核心家庭的重视，还详细探讨了黑奴的家族关系。葛特曼发现，黑奴在给子女取名的时候，不是承其父字，便是袭用其他血亲之名，这表明黑人把非洲的家族传统移植到种植园的生活中去了。黑人这样做，显然是为了使下一代不忘自己的血亲，以便使自己的家庭传统延续下去。黑人被解放以后，到政府那里去控诉奴隶主虐待儿童的，不仅仅是父母，而且还包括祖父母、姑母、姨母、叔父和舅父等家族成员。另外，葛氏还发现，许多黑奴都秘密保持着自己从非洲带来的姓氏。他们表面上虽然接受了主人的姓氏，但实际上却保持着自己的家族传统。这一切都说明，黑奴并非认同奴隶主阶级，而是和自己的伙伴结成一个

---

① 在美国学术界，少数民族史一般是使用 ethnic history 一词。不过，大部分学者都认为有色人种的历史和欧洲移民的历史之间有着本质的区别。有色人种的历史所涉及的是种族（race）问题。欧洲移民及其后裔虽然也受到很多歧视，但他们毕竟是白种人，他们享受比有色人种要好得多的待遇。他们所涉及的是一个族群问题（ethnicity）。

② John W. Blassingame, *The Slave Community*: *Plantation Life in the Antebellum South*, New York: Oxford University Press, 1972, pp. 78, 86-87.

独特的社会。①

　　劳伦斯·莱文（Lawrence Levine）的《黑人文化与黑人意识》一书也是探讨黑人文化的典范。莱文是通过分析黑人的故事、谜语和歌谣以后把这个文化传统挖掘出来的。以讲故事为例。黑奴普遍认为，白人有学校和书本，可以接受正式的教育，而自己不具备这些条件，所以应该靠讲故事来传播自己的文化。黑人有许多讲故事的能手，他们通过讲故事对时事和白人进行褒贬，将自己的是非观一代代地传下去。例如，有一则广泛流传的故事，说乔治·华盛顿临终时一再嘱咐他左右的人，"要永远把黑鬼压在社会的底层"。黑人当中还广泛流传着杰克逊总统咒骂黑奴的故事。他们将杰克逊称作"肮脏的老流氓"。但黑奴对林肯总统却充满了溢美之词。另有一则广为流传的故事，说有一匹叫杰克的骡子有一天忽然会讲话了。杰克抱怨说，主人总是过分地奴役它，连礼拜天都强迫它工作。主人见到杰克会讲话，吓得魂不附体，从此再也不敢虐待这匹骡子了。这则故事的意义在于，它告诉下一代，黑奴尽管没有任何权利，但仍然可以表达自己的看法。类似这样的故事对黑人是很大的鼓舞。②

　　20世纪的黑人史在很大程度上是黑人城市化的历史。从20世纪初开始，由于城市里劳动力的短缺，黑人不断地离开南部农村，迁移到北部工业城市去寻找工作。黑人脱离了南部种族压迫的制度，迁移到北部较为自由的环境里，有利于他们训练自己和集聚力量。到了60年代，黑人成了民权运动的主力军，这和他们城市化的经历有不可分割的关系。吉尔伯特·奥索夫斯基（Gilbert Osofsky）的《哈莱姆：一个贫民窟的形成》和艾伦·斯皮尔（Allan Spear）的《黑人芝加哥：一

---

①　Herbert Gutman, *The Black Family in Slavery and Freedom*, 1750-1925, New York：Vintage Books, 1976, pp. 194-198, p. 207, pp. 230-237.

②　Lawrence W. Levine, *Black Culture and Black Consciousness：Afro-American Folk Thought from Slavery to Freedom*, New York：Oxford University Press, 1977, p. 91.

个黑人贫民窟的形成》都是追踪黑人城市化过程的名著。《哈莱姆》一书描写了黑人北上到纽约市以后，如何在黑人中产阶级的引导下，逐渐把哈莱姆区从一个白人邻里改变为一个黑人贫民窟的。奥索夫斯基虽然承认种族歧视在黑人哈莱姆形成过程中所起的作用，但他主要还是强调黑人自己的主动性。纽约的黑人不仅仅把哈莱姆看作一个贫民窟，而且还把它看作自己的社区。[①] 詹姆斯·伯彻特（James Borchert）的《华盛顿胡同里的生活》是一部更能反映黑人城市生活的社会史著作。通过本书对首都华盛顿黑人街巷的研究，我们可以看到黑人不仅仅是城市里一系列问题的牺牲品，他们也同时营造了一个有生命力的黑人社区。《华盛顿胡同里的生活》详细描述了黑人社区经过各种困境所磨炼出来的团体主义精神。黑人保护自己"领土"的愿望非常强烈，当警察进入黑人社区企图抓人时，黑人便会全体出动对警察进行袭击。伯彻特告诉他的读者，黑人在奴隶制时代就已经培养出对付工头的技巧，现在用同样的方式来对付警察，不过是这个传统的继续。[②]

　　广义来说，移民史也属于少数民族史的范围。移民史本身所包括的内容十分广泛，不但涉及移民原住国的历史、社会和文化，而且要探讨美国的政治、经济和法律。不过，为了不脱离本文的主题，我们在这里准备着重讨论移民和文化问题。美国是个移民国家，美国人及其祖先是来自世界各地的移民，这已经是一个毋庸置疑的事实。[③] 但是

---

　　① Gilbert Osofsky, *Harlem: The Making of a Ghetto*, *Negro New York*, 1890–1930, New York: Harper & Row, 1963.

　　② James Borchert, *Alley Life in Washington: Family*, *Community*, *Religion*, *and Folklife in the City*, 1850–1970, Urbana: University of Illinois Press, 1980, especially, pp. 131–136.

　　③ 在目前少数民族不断向种族主义挑战的情况下，"美国是个移民国家"这种说法也已经不再是天经地义的了。印第安人的辩护士们指出，美国并不是一个移民国家，因为在白种人到达北美以前，印第安人至少已经在那里生活了上万年了。所以，我们在使用"移民国家"一词时，必须十分小心。

最先移民到美国的英国人凭借自己多数民族的地位和政治上的优势，早已经为美国的制度、宗教和文化定下了基调。这个新教的盎格鲁·撒克逊文化长期以来容不得其他的移民文化，对于来自其他地区的移民，不是企图拒之于国门之外，便是要求他们认同自己的传统。

本土主义者（nativists）和外来移民之间的冲突，早在19世纪初期爱尔兰人和德国人移民到美国的时候便已经开始了。爱尔兰和早期德国移民大部分是天主教徒，他们截然不同的教义已经引起新教徒的普遍不满。此外，天主教徒臣服于罗马教皇，这更是一个令新教徒感到"是可忍孰不可忍"的现实。土生美国人甚至担心这些天主教徒是受教皇的指示，前来颠覆美国社会的。新教徒不但时常袭击爱尔兰和德国移民的教堂，而且还专门组织了政党，试图以立法的手段来限制天主教的移民浪潮。可是天主教移民毕竟越来越多。19世纪80年代以后，又有大批天主教徒从波兰和意大利移民到美国，同时还有上百万犹太人涌入新大陆。本土主义者虽然还在继续他们排外的努力，但显然是无法将几千万天主教和犹太教徒通通赶出美国的。到了第二次世界大战以后，天主教和犹太教均被接受为美国宗教了。[①] 天主教移民在美国社会逐渐站稳脚跟的过程，实际上也是多元文化为统治民族所接受的开端。

本土主义者除了力图阻止移民浪潮以外，对于那些已经到达美国的移民，则是力图去同化他们。在第一次世界大战期间，联邦政府曾推行过"百分之百美国化"（one hundred percent Americanization）的政策，促使移民学习英语和放弃从旧世界带来的文化传统。不过，这些移民从未真正放弃自己的文化。到了第二次世界大战以后，不少东南欧移民的子女开始在大学任教。他们一方面想追溯自己民族文化的根，另一方面则是对"同化"说提出挑战。意大利裔学者鲁道夫·韦库力

---

① 参见 Will Herberg, *Protestant, Catholic, Jew: An Essay in American Religious Sociology*, Garden City: Anchor Books, 1955。

(Rudolph Vecoli) 在 1964 年发表了一篇颇具影响力的文章。他以芝加哥的意大利移民为例，证明欧洲移民并非像奥斯卡·汉德林（Oscar Handlin）所描述的那样，一到美国便抛弃了自己的文化传统，全面接受了盎格鲁·撒克逊的主流文化。事实上，意大利特有的家庭和宗教传统在芝加哥的意大利社区始终顽强存在着。① 差不多与此同时，内森·格雷泽（Nathan Glazer）和丹尼尔·莫尼翰（Daniel P. Moynihan）又发表了他们的名著《超越民族的熔锅》。这两个人以纽约市的爱尔兰人、意大利人和犹太人等五个少数民族的经验为例，证明所谓民族熔锅（melting pot）从来就不曾存在过。纽约的文化实际上是一个五光十色的拼花版。②

杰·都兰（Jay P. Dolan）在 1975 年发表的《移民的教会》一书，不但探讨了天主教移民和新教徒之间的冲突，而且还刻画了移民天主教内部的各种矛盾。都兰发现，法裔、爱尔兰裔和德裔的天主教徒之间围绕着教会财产、神父的任命以及民族传统等问题不断地发生争执。不过，这些争执的结果，反而增强了各移民少数民族内部的凝聚力，最后，带有本民族特色的各个天主教派别都得到了美国社会的承认。③《他们自己的生活》是约翰·巴德纳（John Bodnar）等人合写的一部著作。这本书通过考察黑人、波兰人和意大利人迁移到匹兹堡以后的适应过程来论述种族和阶级之间的复杂关系。一般来说，白人移民所面对的只是雇主的剥削，但是黑人除了遭受经济上的剥削以外，还要面对严重的种族歧视。这种复杂的环境和移民文化相互影响，产生了三

---

① Rudolph Vecoli, "Contadini in Chicago: A Critique of the Uprooted," *Journal of American History* LIV, 1964.

② Nathan Glazer and Daniel Patrick Moynihan, *Beyond the Melting Pot: The Negroes, Puerto Ricans, Jews, Italians, and Irish of New York City*, Cambridge, MA: The MIT Press, 1963.

③ Jay P. Dolan, *The Immigrant Church: New York Irish and German Catholics*, 1815–1863, Baltimore: The Johns Hopkins University Press, 1975.

种不同的适应类型。① 蒙哥马利 1987 年发表的《劳工之家的衰落》一书也是旨在探索种族和阶级之间的关系。他发现本土工人的阶级意识是在排斥少数民族的过程中不断得到加强的。②

五　新社会史目前存在的问题

综上所述，我们不难看出，新社会史总的走向是把问题研究得越来越细致，因而它的每一个新发现都有很高的准确度，这也正是它的功绩所在。新社会史通过一系列的个案研究（case studies），成功地揭示出美国文化的多元性。现在大家已经很清楚，不同阶级、不同性别和不同种族的美国人都有自己独特的文化。可是，也正因为新社会史倾向于做个案研究和强调文化的特殊性，要提出有关美国历史的概括性的解释就显得越来越不可能了。很多社会史学家已经意识到，我们现在对每一件具体的事了解得越来越多，但我们所知道的事情却越来越少。③ 事实上，每逢有人对美国史提出一个较为概括性的解释，很快就会有一批个案研究出来，用详细和具体的实例来削弱和驳斥这种解释。这里我们不妨再举一个例子。

弗吉尼亚·彦斯-麦克劳格林（Virginia Yans-McLaughlin）1977 年发表的《家庭与社区》一书探讨了纽约州水牛城（Buffalo）的意大利移民社会。麦氏的研究显示，意大利人移民到美国以后，在社会的意义上已经变为市民（urbanites），但在文化的意义上仍属于村民（folk）④。本

---

① John Bodnar, Roger Simon, and Michael P. Weber, *Lives of Their Own*: *Blacks*, *Italians*, *and Poles in Pittsburgh*, 1900-1960, Urbana: University of Illinois Press, 1983.

② David Montgomery, *The Fall of the House of Labor*: *The Workplace*, *the State and American Labor Activism*, 1865-1925, New York: Cambridge University Press, 1987.

③ Kessler-Harris, "Social History", p. 169.

④ Virginia Yans-Mclaughlin, *Family and Community*: *Italian Immigrants in Buffalo*, *1880-1930*, Ithaca: Cornell University Press, 1977.

来，水牛城的意大利移民人数不多，麦氏的研究已经相当细致。可是她的书问世不久，另一位社会史学家达娜·格巴契亚（Donna Gabaccia）便出来向麦氏进行挑战。格巴契亚的研究范围比麦氏更小。她在调查了住在纽约市伊丽莎白街上的意大利移民以后，用更详细的数据告诉我们，意大利人移民美国以后，在社会上和文化上都发生了变化，根本不存在"文化上仍属于村民"的现象。[①] 类似这样的事例使得很多社会史学家都不敢再去探讨大问题，而是把自己的研究范围压缩得越来越小。其实，我们很需要一本《美国工人阶级的形成》这样的著作。然而，鉴于美国工人阶级文化的复杂性，始终无人敢于承担这项任务。

与此密切相关的，是阶级、种族和性别这三个因素之间的关系。大家都知道，这二者是相互影响的。我们在探讨工人文化的时候，虽然是在强调阶级因素，但美国工人的内部又分为不同种族和不同性别的群体。语言、宗教和文化上的隔阂使得美国工人阶级长期不能形成一个团结的整体。同样，在妇女运动中，中产阶级妇女和劳动妇女、白人妇女和黑人妇女往往也有着不同的关怀。她们之间的利益冲突，使得妇女解放运动比仅仅是妇女同男性至上主义之间的利益冲突要复杂得多。前面刚刚说过，有些学者已经在探索阶级和种族之间的关系了。同时，也有人试图解释种族和性别这两个因素是如何相互影响的。可是到目前为止，还没有哪一部社会史著作令人信服地解释了阶级、性别和种族这三大因素之间的关系。有些左翼学者认为，阶级关系是美国历史发展的主线，而性别和种族只是起到辅助的作用。但这种观点是研究少数民族史和种族关系史的人绝对不能同意的。在后者看来，种族问题在过去给美国社会造成的分裂和动乱远超过阶级冲突所带来的影响。与此同时，女权主义者则建议用性别作为最主要的分析方法

---

① Donna Gabaccia, *From Sicily to Elizabeth Street*, *Housing and Social Change among Italian Immigrants*, 1880-1930, Albany: State University of New York Press, 1984.

去研究妇女的历史。这种莫衷一是的局面在很大程度上也是社会史强调文化特殊性的结果。

　　新社会史虽然挖掘出大量普通美国人的文化，但却未能进一步探索这个文化和政治之间的关系。现在不少人已经意识到，只有研究政治和普通人文化之间的相互影响，才能真正理解美国人是如何行使和如何传送权力的，才能进一步了解美国历史的本质。广而言之，这涉及社会上不同层次的文化是怎样交流的这样一个关键问题。可惜，许多社会史学家由于担心回到政治史和思想史的老路，总是有意回避政治，遂使得上述问题长期得不到解答。新社会史存在的这些问题，归根到底，是由于它"自下而上地观察历史"的方法造成的。所以，要克服这些缺点也不是短期内能做到的事。

（原载台湾《新史学》杂志 1995 年第 3 期）

资本主义市场经济下的自由与桎梏

——读戴维·蒙哥马利教授《作为公民的工人：
19 世纪美国工人与民主及自由市场交往的经历》一书札记

　　北美与西欧虽然都是民主国家，但彼此的政治传统却存在诸多差别。18 世纪末和 19 世纪初，当欧洲的工人还在为争取普选权和言论自由而奋斗的时候，对于美国工人来说，参加投票和发表自己的政见都已经是理所当然的事了。即使到了 20 世纪初，欧美间的这一差别仍然非常显著。1904 年前后，曾经有一位德国官员到美国去调查德国移民工人的生活和思想状况。一群来自莱茵河畔的工人毫不掩饰地向这位官员表达了他们对美国的崇敬之情。在这个新的国度里，他们可以随意讲出自己要说的话而不必害怕警察。此外，没有人会瞧不起从事体力劳动的人，玩弄笔杆子的人也不会被奉若神明。这群移民工人所描述的景象，就是我们常说的杰弗逊民主。生活在杰弗逊民主传统中的美国工人享有很多自由，这似乎已经是一个毋庸置疑的历史事实。可是，美国耶鲁大学法南讲席教授戴维·蒙哥马利（David Montgomery）在他的近著《作为公民的工人：19 世纪美国工人与民主及自由市场交往的经历》（*Citizen Worker: the Experience of Workers in the United States with Democracy and the Free Market during the Nineteenth Century*, New York: Cambridge University Press, 1993）一书却对这个常识提出了挑战。

　　蒙哥马利认为，在 19 世纪，随着市场经济体系的建立，美国工人实际上变得越来越不自由了。蒙哥马利和赫伯特·葛特曼（Herbert Gutman）是美国新社会史、新劳工史最主要的两位开拓者。① 如今，葛特曼已经辞世，蒙氏便是唯一在世的最具影响力的劳工史学家了。他用社会史的研究方法，对 19 世纪美国工人的生活与斗争作了一系列深入的探讨。《作为公民的工人》是继他的《美国工人对生产的控制：关于工作、技术和劳工斗争的研究》（*Workers' Control in America，Studies in the History of Work，Technology，and Labor Struggles*，New York：Cambridge University Press，1979）和《劳工之家的衰落：工作场所、国家与美国劳工的积极性，1865-1925》（*The Fall of the House of Labor，the workplace，the state，and American labor activism，1865-1925*，New York：Cambridge University Press，1987）之后，又一部权威性著作。

　　《作为公民的工人》共分为三部分。第一部分主要是讨论美国民主的局限性以及美国劳动人民为争取公民权而进行的努力。按照蒙哥马利的观察，尽管比起欧洲国家来，美国工人显得要自由得多，但是在 19 世纪上半叶，并非所有美国人都享有充分的公民权。不但黑人和妇女长期享受不到选举权，而且一部分男性白人也常常因为贫困而被剥夺了投票的权利。罗得岛（Rhode Island）直到 1840 年还明文规定，只有拥有 134 元美金财产的男性白人才可以投票。这个不合理的规定最终导致了一场武装暴动。要求普选权的人集结在托马斯·多尔（Thomas Dorr）的旗帜之下，独立成立了一个州政府，并制定了新的选举法。暴动虽然被镇压下去，但它的前后起伏却表明杰弗逊民主的局限性给美国历史造成的影响。

---

　　① 当然，有人将戴维·布罗迪（David Brody）和麦尔文·杜勃夫斯基（Melvyn Dubofsky）也算作新劳工史的开拓者。不过，葛特曼和蒙哥马利两人对后来学者的影响更大些，这似乎是学术界的一个共识。不幸的是，蒙哥马利教授在 2011 年也与世长辞。

蒙哥马利还认为，辞职的权利是一项非常重要的人身自由。可惜在 19 世纪上半叶，许多美国工人并没有享受到这种自由。当时，美国很多地方都存在着契约劳工制（indentured servitude）。这些工人必须持续为同一个主人做工，直到契约届满。此外，许多地方还强迫贫民做无报酬的工作。当然，对个人自由最严重的侵犯是历时近 100 年的黑人奴隶制。蒙氏告诉我们，上述这些不自由的状况，在一定程度上是英国都铎时代（Tudor，1485–1603）主仆关系法的继续。然而，经过很多人的奋斗和努力，契约劳工制到 19 世纪中期便陆续被废除了。历时 4 年的内战，又铲除了黑人奴隶制。这些都不能不说是杰弗逊民主的重大胜利。《作为公民的工人》一书还告诉我们，造成这些变化的最根本原因，是新兴的市场经济。由于资本主义经济需要一个流动的劳动力市场，强迫工人为固定主人工作的局面就无法继续维持下去了。然而，蒙氏紧接着提醒读者，虽然市场经济冲击了旧形式的束缚，但它同时也给美国工人带来了新的桎梏。《作为公民的工人》的第二部分，便是综述市场经济如何给美国工人带来新形式的不自由。

资本主义市场经济和个人自由之间一向都存在着非常复杂的关系。我们可能都比较熟悉市场经济在鼓励竞争和自由方面所扮演的积极角色。可是，市场经济对个人自由究竟会不会起到不利的作用，我们对这个问题的认识恐怕就不及对前者的认识那样深刻了。而《作为公民的工人》主要就是针对资本主义市场经济如何限制个人自由这个问题而做的。蒙哥马利告诉我们，在市场经济的统治之下，工人必须为争取工资而工作，除此以外没有任何选择，这本身就是一种桎梏。同时，工人既然要为工资而工作，就必须适应市场的情况，受到市场的制约。我们知道，在工业革命发生之前，工匠的作息时间非常灵活。他们在订单多的季节可以多工作一些时间，而在天气恶劣或碰到婚丧嫁娶以及宗教节日的时候，就可以把工作的步子放缓，甚至暂时停止工作。此外，工匠对产品的数量、生产程序和学徒的训练都有绝对的控制权。可是在工业革命发生之后，越来越多的工匠沦落为工厂工人。在工厂里，他们的作息时间要受到时钟的限制，必须在指定的时间开始工作，也只能在指定的时间才能放下工具。同时，工匠也逐渐失去他们先前对生产过程的控制，虽然这是一个漫长的过程。

资本主义市场经济对工人自由的限制，还体现在济贫工作（poor relief）性质的转变上。在美国，济贫工作最初是由政府来担负的。可是随着市场经济的建立，越来越多的济贫工作由政府转移到私人机构的手中，而私人救济院对于哪些人可以领取救济，有越来越严格的规定。蒙氏认为，富人的财富是从工人身上攫取的。济贫工作的宗旨，本来应该是把这些不义之财的一小部分归还给工人。可是私立济贫院却把救济看作是改变工人生活习惯的一种手段，特别是要打击工人无所事事的习惯。基于这个宗旨，费城的救济院要求穷人必须做工。纽约的一家济贫院虽然允许无家可归的人在那里过夜，但是穷人每在那里度过一晚，都必须工作一到两个小时作为补偿。蒙哥马利指出，美国济贫工作性质的转变，归根到底，是市场经济的力量造成的。资本主义经济需要一个庞大的劳动力市场，因此必须训练工人，使他们养成不断工作的习惯，以便接受市场的挑选。同时，市场经济下的人际关系只能是交换关系，做任何事情都需要经过交易，即使是救济院也不能无偿地给穷人救济，而必须要穷人以工作来做交换。相比之下，工会的济贫工作具有完全不同的性质。例如，美国劳动骑士团（The Knights of Labor）一向都给失业的会员提供无偿的援助。

倘若不是蒙氏的研究，我们可能不会知道，为了配合市场经济的需要，美国的警察和军队也肩负起新的职能。在许多城市，无所事事、流浪、乞讨和饮酒都被列为"罪行"，很多工人因为犯了上述的"罪行"而遭到警察的逮捕。为了应付越来越多的流浪和饮酒现象，警察的数量在不断扩大。以芝加哥为例，19 世纪 80 年代初，这个城市每1033 人里有一个警察，但到了 80 年代末，每 549 人当中便有一位警察了。在同一个 10 年当中，匹兹堡则是从 1958 人当中有一位警察上升到每 816 人有一位警察。蒙氏还告诉读者，美国废除了主仆关系法，只意味着工人不必有一个固定的雇主。但警察对流浪、无所事事和乞讨的打击，说明资本主义市场经济要求工人必须随时有工作，只是不必有固定的雇主而已。

《作为公民的工人》对军队如何镇压工人罢工也做了详细的论述。1877 年，宾夕法尼亚州的铁路工人举行了一场声势空前的大罢工，要求增加工资和缩短工时。这次罢工导致美国东北部铁路的瘫痪，铁路公司对此竟一筹莫展。在这个关键时刻，政府动用了正规军把罢工镇压了下去。1886 年，辛辛那提市的工人上街游行，抗议雇主不执行 8 小时工作法时，也遭到军队的镇压。《作为公民的工人》告诉读者，除了警察和军队以外，雇主一向还得到法庭的同情与支持。在内战以前，涉及工人辞职的问题时，工厂里最普遍的做法是要求工人在两周或四周以前通知雇主。可是，为了贯彻这个原则，雇主总是暂时扣住工人两周的工资。有些工人因为未能在两周前通知雇主而失去这两周的薪酬，于是便到法庭去控告雇主，但他们发现法官总是站在后者一边。田纳西州本来有一项法律，允许煤矿工人自己选择监称人（check-weighman）。可是该州的最高法官却做出裁决，如果雇主对工人推选的监称人不满意的话，有权不继续开矿。到了 19 世纪 80 年代，全国所有的法院都明确禁止工会对某工厂的产品进行抵制（citywide boycott）。法庭把工人的集体交涉（collective bargaining）解释成一种阴谋（conspiracy）。可是蒙哥马利却认为，集体交涉本来是工人应该享有的自由，是杰弗逊民主传统所认可的。然而，自由市场的拥护者却凭借政府的力量和他们手中的财富强行调节了工人个人和集体的行为。

蒙哥马利在写《作为公民的工人》时，始终没有脱离新社会史的研究方法。我们知道，意大利学者安东尼奥·葛兰西（Antonio Gramsci）曾经提出过“文化霸权”（cultural hegemony）的著名论断。按照葛兰西的说法，在资本主义社会里，工人阶级的文化不可避免地要受到资产阶级价值观的影响。蒙哥马利也承认，有权人士的思想表述（discourse）常常会决定工人阶级词汇的特点，但他仍然主张深入研究工人自己的生活和他们为争取自由而进行的斗争。事实上，《作为公民的工人》对美国工人争取公民权的斗争有许多精彩的描述。历时 4 年的内战虽然废除了奴隶制，但南部诸州在战后却相继通过了一系列黑人法典（Black Codes），巧妙地剥夺了黑人的公民权。我们从书中还可以看到黑人针对这种不合理状况所进行的反抗。

蒙氏还详细描述了工人对市场经济下新的厂规所进行的抵制。在麻省一家兵工厂，工人在工作时间例来都有饮酒和阅读书报的习惯，尽管厂方三令五申，工人们还是我行我素。后来一位新监工制定了更为严厉的措施，包括计件制，来强行改变工人的工作习惯。工人对这位新监工恨之入骨，一名工人最终开枪杀死了他。虽然这个工人被处以死刑，但他在工友当中却成了一个英雄。当厂方继续公布新规定时，全厂工人立即举行罢工以示抗议。工人还派出代表到首都华盛顿和泰勒总统进行交涉，表示坚决反对用规章将工人变为"仅仅能工作的机器"。鉴于政府经常出动军队镇压罢工，一些工人认为有必要建立自己的武装。设在日内瓦的国际工人协会曾经号召各国工人组成自己的军事训练团体。伊利诺伊州的工人党立即做出响应，组织了一个武装的教育及保卫同盟。在不到 10 年的时间里，辛辛那提、旧金山、丹佛及圣路易等城市的工人也纷纷效仿。这些武装团体不但赋予工人团体的游行、野餐和舞会一种尚武精神，而且对警察和军队也是一种威慑。

《作为公民的工人》的第三部分，主要是探讨美国两大政党和工人阶级之间错综复杂的关系。我们知道，共和党始终是主张废除奴隶制的。在共和党的努力之下，美国最终从法律上认可了黑人的公民权。在内战后的重建时期，共和党也为被解放的黑人做过一些好事。当时，南部正盛行分成制（sharecropping system），黑人从种植园主那里租来土地、工具和种子。在收获以后，将收成的很大一部分交给种植主。当黑人和种植主发生纠纷时，共和党所主持的各级政府往往都偏袒前者。与此同时，被解放的黑人也成了共和党坚定的支持者和最基本的选民。不过，蒙哥马利也告诉读者，共和党从来都不是真正代表黑人利益的政党，它的政策不是专门为黑人制定的。这个政党所代表的，说到底，是北部资本主义市场经济的利益。在北部城市里，共和党主要是和富人结成联盟。即使在南部，他们也始终没有忘记向上层白人表示好感以寻求支持。民主党在内战以前就有拉拢工人的倾向。民主党反对废奴，其实是迎合了北部工人阶级的愿望，因为白种工人不愿看到被解放的黑人同自己争夺工作机会。1863 年，纽约市发生了一起由于反对抓丁而导致的流血事件（Draft Riots）。当时正值内战的关键时刻，共和党政府为了补充兵源，不断地从北部工人当中抓丁。而工人，特别是德裔和爱尔兰裔工人，则由于共和党支持废奴而反对入伍。这起事件进一步把工人推向了民主党一边。在 1864 年的竞选中，纽约汤曼尼厅（Tammany Hall）的民主党人曾公开保证，如果他们的候选人当选的话，直到战争结束都不会从纽约抓丁。内战以后，土生的美国工人开始担心移民工人会从他们手中抢走工作机会，于是，民主党又极力主张排斥中国移民，以此来讨好工会。不过，蒙哥马利指出，虽然民主党的纲领中有迎合工人需要的地方，但它也从来不是工人阶级的政党。民主党在内战前和重建时期主要是代表南部种植园势力，在北部则是和承包商、运输商以及银行家结成联盟。

对美国历史感兴趣的人可能都会问，美国工人为什么总是远离政治？为什么没有建立持久的、有实力的工人政党？《作为公民的工人》第三章的最后一部分便是针对这些问题而作的。蒙氏认为，在 19 世纪的最后几十年里，美国的各级政府，不论是共和党当政还是由民主党主持，归根到底都是由有钱人来操作的。许多上层人士担心如果工人参与了政治，可能会给社会带来危机。出生于总统世家的查理斯·亚当斯（Charles F. Adams, Jr.）就曾经表示过这种忧虑。他担心职业政治家为了争取无产者的选票，很可能不再推行警察对民众行为的监督。有趣的是，美国工人这时也感觉到共和国发生了危机。但和亚当斯不同的是，工人认为共和国产生危机的原因是财富过度集中在少数人手中，同时也是由于市场出于私利对社会所实行的控制。到了 19 世纪末，工人对两大政党普遍感到失望，并决定与他们分道扬镳。工人普遍地举办演讲会、阅览室、辩论会、合作社以及采取各种抵制行动，力图用互助的道德精神来改造市场经济。基于对两大政党的不信任，工人领袖都不主张建立工党，而是采取直接立法（direct legislation）的手段，希望以此制定一些有利于工人的法律。

　　从总体来看，这本书的第二和第三部分写得最为精彩。蒙氏从同情工人的立场出发，用充足的历史事实和细致的叙述手法，令人信服地描绘出资本主义市场经济侵蚀工人自由的过程以及工人对这个过程所做的反抗。我可以有把握地说，关心自由的命运的学者读过《作为公民的工人》一书以后，肯定会开阔眼界的。本书的另一个特点是作者注意到阶级、种族和性别这三者之间的复杂关系。例如，在讨论阶级对立的问题时，蒙哥马利总是注意到黑白工人境遇的不同，同时也尽量顾及男女工人之间的差异，但他对后者的描述不似对种族问题的描述那样详细。蒙氏虽然对资本主义市场经济持批判态度，但他的治学始终是客观、冷静和公正的。他没有因为自己对资本主义持批判态度而将所有的政府官员都视为一丘之貉（大家都知道，有些左翼史学家常常这样做）。他在《作为公民的工人》一书中仔细地把民选官员和法官区别开来，并告诉读者，一些民选官员往往对工人比较友好，而法官则几乎一向对工会持敌对态度。这个问题似乎不难理解，因为民选官员倘若对工人的诉求无动于衷的话，他们在日后的选举中就可能落败。这一点也是我们治美国史的人需要留意的。

（原载台湾《新史学》杂志 1996 年第 3 期）

经济机会、工匠领导与移民工人的斗争性

—— 1890—1970 年纽约意大利裔和华裔移民工人的比较研究

    长期以来，美国有组织的劳工始终将中国移民工人视为一支温顺的力量，缺乏斗争性。然而，近年来的一些研究却推翻了这个看法，有学者指出，加利福尼亚的华裔移民早在 19 世纪 60 年代就已经开始展示自己的斗争性了。但不容否认的是，这些早期的罢工运动并未催生有活力的工会组织，绝大多数华裔移民直到 20 世纪 60 年代仍然游离在美国主流工会之外，只有少数例外。①

    迄今为止，论者大多认为，美国主流工会对中国移民的敌视是华裔工人疏离劳工运动的主要原因。这种解释虽然不无道理，但他们却无法解释，为什么当那些乐于接受华工的工会主动邀请后者参加劳工运动时，中国移民却仍然无动于衷。通过研究 19 世纪 90 年代到 20 世纪 60 年代之间纽约华裔移民与主流工会之间的关系，尤其是将华工与意大利移民工人进行对比后，我们就会发现，种族主义确实

---

① Alexander Saxton, *The Indispensable Enemy*, *Labor and the Anti-Chinese Movement in California*, Berkeley and Los Angeles: University of California Press, 1971, pp. 9 - 10, p. 215; Sucheng Chan, *This Bittersweet Soil*, *The Chinese in California Agriculture*, 1860 - 1910, Berkeley and Los Angeles: University of California Press, 1986, pp. 332-333.

起到了弱化中国移民工人阶级意识的作用。同时，种族歧视还导致纽约华裔工匠的人数大幅减少，从而使中国移民工人失去了有力的领导。①

　　意大利移民与中国移民有许多相似之处。他们大都具有农村背景，都被美国主流劳工运动看作是罢工破坏者，而且被主流社会从负面的角度做比较。实际上，政客、改革者和记者们常常将意大利移民称为"来自欧洲的中国人"。不过，许多意大利移民到第一次世界大战期间已经融入美国的劳工运动，而中国移民走到这一步却还需要半个世纪的时间。

一

　　在 19 世纪 90 年代初的纽约，无论是意大利移民还是华裔移民，莫不对工会组织冷眼旁观。被称作 contadini 的南意大利农民此时还远没有成为纽约劳工队伍中的积极分子。实际上，意大利传统文化和美国意大利裔社区在某种程度上都不利于移民投身劳工运动。来自意大利南部的移民大都是怀揣着返回家乡成为自耕小农的梦想来到大洋彼岸的，想要说服他们组成工会以争取改进自身处境并不是一件容易的事情。同时，在故土形成的地域主义也随着他们漂洋过海，导致纽约的意大利社区在最初的几十年间四分五裂，难以形成稳定的工人阶级共同体。此外，那些手握就业机会的中间人（padroni）也使出浑身解数，意图粉碎这些南意大利农民的阶级意识。按照南意大利的传统风俗，年轻女子在夜间不得单独离家，因此意大利裔女工根本无法参加

---

　　①　尽管意大利裔移民和华裔移民早在 1890 年之前就来到纽约，但本文探讨的是以农民为主体的移民，而他们大都在 1880 年代后才定居纽约，因此我以 1890 年为讨论的开端。由于本文对劳工斗争性的研究涉及斗争性的变化，因此以华裔开始在纽约展示其斗争性的 1970 年为文章的下限。

工会组织的会议。①

　　然而，到 20 世纪初，修建地铁的意大利工人为争取提高工资和缩短工时而举行罢工，标志着意大利移民对待劳工运动的态度开始改变，他们并且在社会主义者塞尔瓦多·宁弗（Salvatore Ninfo）领导下成立了第一个工会。意大利裔制衣工人也紧随其后行动起来，加入 1909 年纽约裁缝的罢工队伍。到了 20 世纪的第一个 10 年，纽约多个行业中的意大利工人都表现出组建或加入工会的愿望，对劳工运动的兴趣遍及外衣和衬衫制造业、男装业、女装裁缝乃至油漆工和裱糊匠。当然，工会的进展并非一帆风顺。例如，意大利建筑工人发起的罢工大多停留在自发停工的阶段，他们往往在境况不佳时提出增加工资的要求，遭到拒绝后便停止工作；但是在要求得到满足后，往往就会恢复工作，而所谓的工会也就随之解散了。在 20 世纪头 10 年中，纽约大部分意大利劳工并没有真正组织起来。②

　　不过，在 20 世纪的头 10 年，尝试着将意大利移民纳入现有工会的努力就已经开始了。早在 19 世纪 90 年代，纽约泥瓦匠和地板工的意大利裔助手以及意大利裔泥瓦工就已经在组建工会。意大利裔采石和挖掘工人工会（Rockmen's and Excavators' Union）在 1903 年宣告成立，此举还得到了美国石匠工会（Masons' Union）干部蒂托·帕斯利（Tito Pacelli）和劳联（American Federation of Labor）代表赫尔曼·罗宾森（Herman Robinson）的支持，并吸引了成百上千名意大利工人加

---

　　①　Edwin Fenton, *Immigrants and Unions*, *a Case Study*：*Italians and American Labor*, 1870-1920, New York：Arno Press, 1975, pp. 24-25, pp. 36-37, p. 46；George Pozzetta, "The Italians of New York City, 1890-1914", PhD dissertation, University of North Carolina, 1971, p. 342.

　　②　The Federal Writers Project, *The Italians of New York*, New York：Arno Press, 1969, p. 65；*Il Progresso Italo-Americano*, July 10, August 2, 6, 1913, July 11, November. 11, 1914；Fenton, *Immigrants and Unions*, p. 197；Pozzetta, "The Italians of New York City, 1890-1914", pp. 338-339.

入，支持和感兴趣者则更多。那些在家中加工服装的意大利移民也投身到 1912 年的纽约制衣工人大罢工中，数量几乎达到 1 万人；罢工结束后，这些意大利制衣工人都留在了工会中，并成为忠实的会员。实际上，美国制衣工人联合会（United Garment Workers of America）和国际女装工人工会（International Ladies Garment Workers Union）中意大利会员的数量正是在这一事件后持续上升的。1919 年，意大利移民在纽约成立了劳工协会，旨在"传布劳工运动的原则和规范，并协助所有得到认可的工会在讲意大利语的工人中开展工作和普及教育"①。随后的 10 年见证了更多的意大利劳工加入工会，包括假花制造业、意粉制造业、钢琴制造业、家具业以及甜点和冰激凌制造业。在 20 世纪 30 年代中期，国际女装工人工会在大纽约区有大约 25 万会员，其中 10 万是意大利移民及其后裔。与此同时，联合服装工人工会（Amalgamated Clothing Workers' Union）也吸纳了数千个意大利劳工，另有约 10 万名意大利劳工加入了建筑业多个部门的工会。②

相比之下，纽约的华裔移民在 19 世纪末和 20 世纪初的几十年中既未发起过罢工斗争，也没有认同美国的劳工运动。在某种意义上，纽约华人社区结构是横在移民加入主流工会道路上的一道屏障。华埠中各种移民组织的主要关怀是维持宗族和同乡组织间的和睦，而非改善劳工待遇和权益。除此之外，中华公所（Chinese Consolidated Benevolent Association）凌驾于所有宗族和地域组织之上，有权力将那些"桀骜不驯者"驱逐出华埠，进一步强化了中国的传统价值观，也加强了工作场所内的和睦气氛。1919 年，几十名在纽约餐馆打工的年轻华裔工人加入了世界产联（Industrial Workers of the World），要求雇主增

---

① Fenton, *Immigrants and Unions*, pp. 208-210; Pozzetta, "The Italians of New York City, 1890-1914", pp. 358-359; *United America*, December. 5, 1925.

② *United America*, October. 9, 1926; The Federal Writers Project, *The Italians of New York*, pp. 64-65.

加工资和降低工时。然而目标尚未实现，他们便感受到来自中华公所的压力，大部分人只得退出罢工。据《纽约时报》1928 年的报道，当全美反帝大同盟（All-American Anti-Imperialistic League）的干事来到华埠批评华尔街大亨和煽动劳工积极性时，却"应者寥寥，只是在抨击日本时，旁观者才有所回应"[1]。

20 世纪 30 年代，纽约华埠中的左翼分子试图激发华裔工人的阶级意识，并试图以阶级斗争为指导原则将他们组织起来。这些左翼分子是一些来自中国的留学生，大多数曾在 20 年代中期加入国民党，拥护当时国民党的激进政策如土地改革，等等；但随着国民党在 20 年代末逐渐右倾，这些学生便与国民党驻纽约机构脱离了关系，转而投身到美国共产党等左派组织中去，其中刘克敏、蒋希曾等人甚至加入了美国共产党。尽管他们与中共的关系直到今天仍不明晰，但确有像徐云英（Yung-ying Hsu）这样的人在 1949 年后返回中国，为新生的共产主义政权服务。纵观整个 20 世纪 30 年代，这些左翼分子最为关注的是中国内政，特别是反对帝国主义对中国的侵略。[2] 他们希望通过自己持续不断的宣传，能够使华裔劳工从阶级斗争的视角出发，将雇主视为敌人，然而他们的宣传活动却收效甚微。他们在 1933 年 7 月曾发起一项活动，试图在纽约华裔工人中间销售 100 份他们主办的半月刊《先锋报》，但截至 9 月，只出售了 33 份。该报编辑认为失败的原因在于"同志不够努力，而且读者不了解《先锋报》的重要性"[3]。

20 世纪 50 年代初，美国产联（Congress for Industrial Organizations）专门发起一场针对纽约华裔洗衣工人的运动，旨在将后者组织起来，

---

① 《维新报》（*Chinese Reform News*），February. 26，May 7，1919；*The New York Times*，August 6，1928。

② 《民气日报》（*Chinese Nationalist Daily*），February. 10，1927；《先锋报》（*Chinese Vanguard*），February. 15，1933。

③ 《先锋报》，September. 1，1933。

却发现他们极其冷漠。于是，产联便在这些洗衣店门前拉起纠察线，此举引起了华裔洗衣工的极大恐慌，他们都强烈地抵制产联的动员。纽约华裔手工洗衣联盟（Chinese Hand Laundry Alliance）支持的《美洲华侨日报》指出，华裔经营的洗衣店规模很小，与美国大型洗衣公司的情况迥然不同。在这些小洗衣店里不可能产生劳资纠纷，因此呼吁产联停止在他们当中发展会员。① 然而，纽约华裔工人最终还是发起了针对雇主的罢工——华裔洗衣工抗议工资下降，制衣女工则要求提高薪酬，只不过那已是 20 世纪 50 年代末的事了。进入 20 世纪 60 年代后，投身到国际女装工人工会等组织中的纽约华人也越来越多了。②

如前所述，意中两国移民大多是在 19 世纪 80 年代来到纽约的。然而，为何意大利移民能够在 20 世纪初一改先前对工会的冷漠态度并融入美国主流劳工运动，而华裔移民对待劳工运动态度的转变却迟到了半个世纪呢？要想解释二者之间的差异，首先有必要了解美国主流劳工组织对华裔工人的歧视。在加利福尼亚，加州工人党（California Workingmen's Party）是排华运动的急先锋。而劳动骑士团（Knights of Labor）和劳联这两大全国性劳工组织不但积极煽动排华，而且拒绝吸纳华裔劳工入会。但意大利移民的情况却非常不同。尽管他们也曾遭到泥瓦匠工会等纽约劳工组织的排斥，但情况不久就发生了变化。1900 年后，劳联对待欧洲移民的态度逐渐变得积极起来，开始主动吸纳意大利劳工入会。就劳工组织的态度而言，华裔劳工的遭遇显然不可与意大利人相提并论。③

---

① 《美洲华侨日报》（China Daily News），July 23，1952；《民气日报》，May 17，21，1951。

② 《美洲华侨日报》，April 4，5，6，7，1957，March. 5，April 7，1958。

③ David Montgomery，*The Fall of the House of Labor：The Workplace，the State，and American Labor Actirism*，1865 - 1925，New York：Cambridge University Press，1987，pp. 85-86；Philip S. Foner，*History of the Labor Movement in the United States*，Vol. II，New York：International Publishers，1975，pp. 58-59।

　　然而，如果我们据此就得出结论，认为劳工组织的敌视态度是导致华裔移民拒绝加入工会的唯一原因，那无疑是将问题简单化了。毕竟，世界产联曾在 20 世纪初尝试过吸收华裔等亚洲移民入会，但大多数纽约华裔工人对此却并没有多少兴趣，甚至迫使少数加入者退出这个激进的工会组织。虽然劳动骑士团在整体上对华裔劳工持排斥态度，但它的一些地方分会却并不尽然。例如，位于纽约地区的骑士团第 49 分会曾在 19 世纪 80 年代中期组建了两个华裔工会，但是当他们为华工分会申请证书时，却遭到骑士团总执委会的反对。此外，第 49 分会在 1893 年还呼吁国会废除《排华法案》，理由是中国移民"在这个大陆上修建了铁路，在荒野中整治了沼泽地，在沙漠中垦殖了农田；他们增加了这个国家的粮食供应，降低了食品价格"。也许是受到鼓舞，一部分在纽约的华裔洗衣工试图组建工会，并依附于第 49 分会。但迫于泰伦斯·包德利（Terence Powderly）——也就是劳动骑士团总负责人（Grand Master Workman of the Knights）——的压力，加入骑士团的华裔劳工最终只得退出。[①] 不过，即使有了第 49 分会的支持，华裔劳工在面对雇主时，也还是迟迟不愿反抗。有鉴于此，我们似乎不应该只是把注意力集中在主流工会的态度上，而是要把其他因素，特别是经济因素，考虑进去。下面我们将会看到，把两国移民的经济状况考虑进来，能为我们研究移民工人的斗争性提供一个新的视角。

二

　　大多数意大利劳工都无一技之长，他们抵达纽约后主要在制造业和建筑业谋生，这也是世纪之交纽约就业岗位最多的两个行业。在 20 世纪初期，纽约市的建筑工人、铺设地铁工人以及街道清理部门的员

---

① Foner, *History of the Labor Movement in the United States*, Vol. II, pp. 59-60; *The New York Times*, May 28, 1893, March 10, 1895.

工大多是意大利裔；而在拥有意大利血统的女工中，77% 在制造业中就业。虽然在对技术要求较高的部门中，意大利裔工人人数不多，但也绝非微不足道。①相比之下，纽约华裔劳工的经济机会就少得可怜了。对于这些亚洲移民来说，洗衣店和餐馆之类的小生意是他们的主要生命线，相当数量的华裔移民在这两个行业中谋生。1885 年，《纽约论坛报》（New York Tribune）估计，在纽约华埠有 4500 个洗衣工，而其他行业的华裔劳工还不到 800 人。1930 年的人口普查报告显示，在纽约以打工谋生的华裔劳工中，有近 83% 在餐饮和洗衣业中劳作。②

　　但这两个服务性行业其实并非早期来美华裔的目标。考察加州的早期中国移民后可以发现，采矿、修建铁路、建筑、制衣、制鞋和雪茄等多个行业中都有他们的身影。但由于白人工会采取了一系列行动抵制华裔生产的消费品，迫使雇主逐渐解雇他们的华裔工人，使得中国移民逐渐退出那些被白人劳工视为禁脔的行业，集中到洗衣店和餐馆等服务性行业中。尽管比起加州来，纽约对少数族裔的宽容度稍微高些，但至少就经济机会而言，华裔劳工的境遇并不比他们在加州的同胞更好。早在 19 世纪 70 年代，西海岸排华的喧嚣在纽约就有了回响，汤曼尼厅（Tammany Hall）打出了"反苦力"（anti-coolie）的旗号。劳工组织的敌意将大多数华裔移民阻挡在纽约制造业的大门之外，白人劳工甚至不能容忍华裔出现在洗衣业中，他们通过大规模抗议活动试图将后者赶出洗衣业，这样的活动在 19 世纪 90 年代和 20 世纪 20

---

① John H. Mariano, *The Italian Contribution to American Democracy*, Boston: the Christopher Publishing House, 1921, p. 33; Louise Odencrantz, *Italian Women in Industry, A Study of Conditions in New York*, New York: Russell Sage Foundation, 1919, p. 32; *The New York Times*, May 16, 1893; John J. D'Alesandre, "Occupational Trends of Italians in New York City," *Italy-America Monthly*, No. 2, February. 25, 1935, pp. 11-21.

② *The New York Tribune*, June 21, 1885; *The Fifteenth Census*, 1930, *Population*, Vol. V, General Report on Occupations, pp. 95-97.

和 30 年代此起彼伏。①

华裔和意大利劳工就业机会的差异对他们的生活产生了重要影响。对于意大利移民来说，较早被美国经济体系所接纳，无疑为他们提供了融入主流劳工队伍的机会。根据《哈珀斯杂志》（*Harper's Magazine*）的记载，纽约意大利移民早在 1881 年就已经"与来自不同国家的劳工融合在一起了"。到了 19 与 20 世纪之交，纽约市的石匠队伍中有 18% 来自意大利。1910 年，纽约制造斗篷、套装和衬衫的裁缝共有约 5 万人，其中 1 万—2 万是意大利裔。1912 年，意大利裔码头工人至少已达到纽约码头工人总数的 1/3。②意大利移民与美国主流经济的融合也给意大利裔社区带来了根本性的变化。在纽约，几乎到处都可以见到意大利工人，他们为了上下班方便，倾向于居住在工作地点附近，因此越来越多的意大利移民离开了聚居区，很多"小意大利"聚居区渐渐地名存实亡了，那些地区的居民已经不再以意大利移民为主。不但如此，由于来自意大利不同地区的工人现在必须在同一个场所工作，意大利裔劳工中的地域主义也逐渐淡化了，工人阶级的阶级意识则顺势崛起。与此同时，就业中的中介传统（padrone system）也遭受越来越多的抨击。20 世纪初以后，这个传统已不能有效控制意大利移民了。随着更多的南意大利农民来到纽约并成为非技术工人，他们也开始直接与为富不仁的老板们打交道。只要看看布鲁克林意大利裔码头工人的情况就能够了解到劳资双方的冲突。每天早晨，码头上挤满了等待工作的劳工，他们来自世界各地，常常要等上几个小时才能知道有没有人会雇用自己。同时，按时雇工的做法能够让领班收到一笔可观的

---

① *The New York Daily Tribune*, July 1, 1876, March. 18, 1890; *The New York Times*, March. 21, 1890;《维新报》, September. 6, 1922; and《国权报》（*Chinese Republic News*）, December. 20, 1931。

② Charlotte Adams, "Italian Life in New York," *Harper's Magazine*, Vol. 62, No. 371, April 1881, p.676; Fenton, *Immigrants and Unions*, p. 250, p. 396, p. 493.

回扣，这是他们收入的一大部分。类似这样的做法当然激起了工人对雇主的仇恨。1891 年 8 月 20 日，25 个意大利大汉追打查尔斯·基德曼（Charles Kinderman），这个中介人因为拖欠工资遭到一顿痛打。①

其他城市意大利移民的经历也证明了经济机会对劳工斗争性的影响。佛罗里达州坦帕市（Tampa）就为我们提供了一个很好的例子，这个城市在 20 世纪初以劳工运动之发达而著称。1901、1910 和 1920 年的三次雪茄工人总罢工中都活跃着意大利劳工的身影。尤其是第二次总罢工，意大利劳工不仅是这次行动的中流砥柱，而且是罢工结束后最后恢复工作的。坦帕的雪茄行业被为富不仁的西班牙老板所垄断，同时，行业中几乎 20% 的劳工是意大利裔，毫无疑问，这两个因素共同激发了劳工的斗争性。另一方面，新奥尔良和旧金山意大利劳工的斗争性并不强，在这两个城市中，意大利裔分别以小型商贸和捕鱼业为主。我们似乎可以说，这里意大利劳工的处境类似于纽约华裔工人的境况。②

华埠经济隔绝于主流社会之外，从劳工的斗争性这个立场来看，这绝不是好消息。许多纽约华裔自己经营餐馆和洗衣店，因此几乎没有机会融入纽约的劳工队伍。严格说来，工人阶级并不包括自我经营者，即使后者的工作是体力劳动，即使他们的工作极其辛苦。因为从理论上说，阶级意识来自雇主和雇工之间的冲突，因此自我经营的华裔劳工没有可能产生工人阶级意识。当然，有些华裔经营的企业也需

---

①　Fenton, *Immigrants and Unions*, p. 250; *Il Progresso Italo-Americano*, Aug. 21, 1891.

②　Gary R. Mormino and George E. Pozzetta, *The Immigrant World of Ybor City, Italians and Their Latin Neighbors in Tampa*, 1885-1985, Urbana and Chicago: University of Illinois Press, 1987, p. 106, p. 117, pp. 119-122, p. 128; Donna Gabaccia, "Neither Padrone Slaves Nor Primitive Rebels, Italians on Two Continents", in Dirk Hoerder, ed., *Struggle a Hard Battle: Essays on Working-Class Immigrants*, DeKalb: Northern Illinois University Press, 1986, p. 106.

要雇佣工人，但由于与美国主流社会的经济脱节，这些企业的员工几乎都是同宗和同乡。华裔的餐馆和洗衣店往往没有明确的劳动分工，但工作量却很大，因此合伙人也常常亲自干活。由于大多数雇工要么是亲戚，要么是乡党，因此在这些小企业中弥漫着浓郁的家庭氛围——他们以亲属词汇称呼彼此，最大限度地消解了东主和工人之间可能的摩擦。①

就这些家庭或准家庭企业而言，华裔工人和自我经营者一样，几乎不会产生阶级意识。尽管 1930 年代问世的华裔手工洗衣业联盟（Chinese Hand Laundry Alliance）在多个方面向华埠商界精英发起挑战，但最新的研究发现，这一接受了某些民主理念的组织更多的是一个行会而不是严格意义上的劳工组织。这个联盟在 20 世纪 40 年代的领导人谭连霭在 1941 年的一篇文章中承认华裔洗衣工人中缺乏阶级意识：

> 要组织工会，先要看看要想组织的范围是否适宜于工会才成，譬如拿衣馆来说，业衣馆的侨胞，雇主与工人的界限并不清楚，衣馆的主人，绝大多数就是工人，间中有请人做工的，惟数目极少，而且多是自己的兄弟朋友。讲到待遇之一层，我们做衣馆的人都知道，被请的伙计的食住和雇主一样。所以在衣馆业里头，劳资的界限并不分得清楚，并不需要工会组织。像我们衣联会这种组织，是唯一之正确的衣馆组织方式。我们衣联会之中心任务，不是去设法增加工资，去和雇主签合同，而是帮助会员料理衣馆的各种事务。②

---

① S. T. Chen, "A Review of the Situation in the Past Ten Years and a Look into the Future",《美洲华侨日报》, April 26, 1943。

② Lian-ai Tan, "Chinese Laundrymen and Trade Unionism",《民气日报》, August 7, 1941。

　　很明显，塑造华裔劳工对工会态度的关键因素是雇佣关系。当他们为华裔雇主打工时，地域和血缘纽带大大削弱了产生阶级意识的可能。而当他们为白人雇主打工时，也就是在脱离了宗族和地域关系网络的情况下，才会出现对雇主某种程度的不信任。1867 年，华裔铁路工人发起了抗议中央太平洋铁路的大罢工，一展其激烈的斗争性。因为不但他们的收入远低于白人劳工，而且工作条件也更为恶劣。① 旧金山的卷烟业中也可以发现类似的情况，1870 年时，10%的旧金山华裔劳工都在该行业做工。10 年后，这一数字进一步增长到 18%。尽管也有不少华裔卷烟工为同乡所雇，但他们罢工斗争的矛头所向主要还是白人业主。1884 年，华裔卷烟工举行罢工要求增加工资；在同年秋天的第二次罢工中，他们还要求和加入工会的工人享有同等的工作条件。然而，这些罢工更像是华裔工人对种族歧视的抗议，而不是典型的劳工对雇主的斗争，因此，我们不能确定阶级意识是否是导致罢工的主要原因。②

　　当然，一旦移民工人表现出斗争性，有组织的劳工的态度就是问题的关键了——如果主流工会选择接纳移民，那么后者很快就会融入成熟的劳工运动中。比如，在 1903 年，意大利裔建筑工人在一次罢工中成立了采石和挖掘工工会并得到劳联的认可。劳联还帮助意大利裔工人在随后几年的罢工中成功争取到许多权益。但是当华裔卷烟工在 1885 年发起罢工时，非但没有得到白人工会的帮助，反而被劳联指责为"自以为很有实力"。因此，在这些情况下，华人罢工往往只是自己的、孤立的工业行动。③

---

① Saxton, *The Indispensable Enemy*, p. 9.

② John W. Stephens, "A Quantitative History of Chinatown, San Francisco, 1870 and 1880," in *Life*, *Influence and the Role of the Chinese in the United States*, 1776–1960, San Francisco: n. p., 1976, p. 76, p. 78; Saxton, *The Indispensable Enemy*, p. 215.

③ Saxton, *The Indispensable Enemy*, p. 218; Montgomery, *The Fall of the House of Labor*, p. 86.

另一方面，当华裔劳工给同胞打工的时候，尤其是当他们身处纽约华人餐馆和衣馆那样的同宗同乡网络中时，雇主与雇工间的合作往往会超越他们之间的冲突。在这种情况下，即使有工会主动介入，华裔劳工往往也不愿意和自己的雇主决裂。但如果他们为异族雇主做工时，情况就不同了，华裔卷烟工的情况就是一个很好的例子。1885 年，《纽约论坛报》（*New York Tribune*）有报道说，在纽约的 300 名华裔卷烟工之中，有 200 人"组成了一个颇有效率的工会，他们每周在佩尔街（Pell Street）30 号聚会"。这篇报道没有解释为何华裔卷烟工参加了工会，但却指出其中大部分人受雇于梅登道（Maiden Lane）的古巴烟厂。这一案例说明，面对异国业主时，华裔劳工更易于表现出斗争性。[①]

要了解雇佣关系对于华裔劳工斗争性的关键性意义，不妨看看下面这个发生在新泽西州的华裔洗衣工的故事。詹姆斯·哈维（James B. Harvey）在新泽西州贝勒维尔（Belleville）拥有一家蒸汽洗衣店，他在 19 世纪 70 年代初从旧金山招聘了 160 名华裔洗衣工，取代那些热衷于罢工的爱尔兰女工。虽然我们不知道哈维究竟有多少工人，但据说他的买家扩展业务后，这家洗衣店有 275 名员工，其中 75 人为华裔。所以，如果我们推测哈维雇用了约 200 名工人，大概不会离题太远。那么，160 名华裔在 200 名工人当中可谓占据了不止半壁江山。事实证明，哈维手下的这些华裔劳工比起被辞退的爱尔兰女工来，其斗争性毫不逊色。据纽瓦克《周末之声》（*Sunday Call*）的报道，这些"华裔工人刚刚弄明白白人劳工可以通过罢工来增加收入，就立刻步其后尘"。而《北泽西高原人报》（*North Jersey Highlander*）也说，"华裔也学会了罢工，越来越像他们的白人邻居了"。据说这些华裔工人有一次甚至还手持砍刀追赶哈维。1885 年，哈维将洗衣店转让，新老板将华裔劳工解雇，他们的罢工活动这才结束。其中许多人来到纽约工作，

---

①   *The New York Tribune*, June 21, 1885.

但在随后几年中并未发起罢工。他们或是自己做东，或是到华裔东主手下打工。在一江之隔的新泽西和纽约，华裔劳工的斗争性竟然如此不同，其主要原因是雇佣关系发生了变化。①

不过，20世纪30年代旧金山华裔制衣工人的罢工似乎是一个例外。这是一场针对华裔业主的罢工，并且得到了白人工会的道义支持和资金援助。在大萧条时期，国际女装工人工会撤销了华裔劳工入会的禁令，并派遣多名干事前往旧金山唐人街，在制衣工人中间组织工会。恰逢此时，中国城血汗工厂的业主们和工人围绕着加薪问题的争执也趋于白热化。于是在1938年，唐人街最大的制衣工厂——全国一元连锁店（National Dollar Store）——的裁缝女工发起罢工，并成立了国际女装工人工会第341分会。《时代》（Time）杂志写道，"这是目前所知的全美国第一条华裔劳工拉起的纠察线"。这次罢工以胜利告终，部分原因在于得到了国际女装工人工会和劳联等工会的支持。② 然而，旧金山1938年的罢工只是表面看上去像是个例外，如果我们近距离观察此次罢工的动机以及唐人街制衣业的雇佣关系就会发现，这个"例外"并不能全盘推翻我在前面提出的关于雇佣关系决定劳工斗争性的论点。首先，裁缝女工之所以要求加薪，是因为她们希望将收入汇到中国救助她们的家庭，并支援祖国的抗日战争。其次，或许是更重要的，唐人街制衣业的结构与纽约华裔洗衣店迥然有别。全国一元连锁店雇用了大约200名员工，在这个人数众多的工作环境里，大家不可能都是同宗和同乡，这些传统的力量很难再制约阶级意识的生长。旧

---

① *The Sunday Call* (Newark, NJ), Octaber. 9, 1932; Ted Brush, "Chinese Labor in North Jersey," *North Jersey Highlander*, Spring, 1973, 19-20.

② 参见 Rose Pesotta, *Bread upon the Waters*, ed. John Nicholas Beffel, Ithaca, NY: Cornell University Press, 1987, pp. 67-77; *Time*, No. 31, March. 28, 1938, p. 56; Shih-shan Henry Tsai, *The Chinese Experience in America*, Bloomington: Indiana University Press 1986, pp. 109-110; Ronald Takaki, *Strangers from a Different Shore*, *A History of Asian Americans*, Boston: Little, Brown, and Company, 1989, p. 252.

金山华人制衣业的上述特征最终也出现在纽约华埠，不过那是 20 年以后的事了。

从 20 世纪 50 年代开始，纽约华裔参与的劳资争议也逐渐增多。到 60 年代末，华埠几乎所有裁缝女工都加入了国际女装工人工会。华裔制衣工最大规模的罢工发生在 1982 年，罢工是由于华裔东主拒绝加薪而触发的。最终在 2 万名工人罢工的压力下，雇主不得不做出妥协。60 年代中期以后，在纽约洗衣店和餐馆工作的华裔劳工中间也开始酝酿阶级意识。华裔熨衣工人在 1971 年开始自发组织起来，要求管理层增加工资。① 之所以会产生这样的变化，还有一个不容忽视的因素，那就是纽约华裔经济结构的改变。从 60 年代起，制衣业在纽约华裔经济结构中变得重要起来。传统的华埠商业大多由单个东主或由东家和工人共同所有，而新的制衣业则规模庞大，往往雇用几十甚至几百个员工，劳工和管理之间的界线截然分明。由于规模相对较大，制衣工厂已经不可能仅仅雇用同宗或同乡来替他们做工。实际上，许多新移民来自香港，他们与传统华裔移民在血缘和地缘上都没有多少联系。毫无疑问，没有了血缘和地缘的阻碍作用，纽约华裔工人的阶级觉悟也开始提高了。此外，我们还应该记住，在 1949 年后的中国，阶级斗争不仅是一个频繁出现的词汇，而且也是国家政治生活的基本原则——农民被动员起来斗争地主，工人奋起批斗的则是资本家。20 世纪 40 年代后从中国大陆移居美国的华人与此前主要来自广东的移民相比，对阶级斗争更为熟悉。而从 20 世纪 50 年代开始，老一代移民在华裔圈子中渐渐不再活跃，基于血缘与地缘的关系网也逐渐衰落，甚至瓦解。所以，这类组织已不能像从前那样牢牢地控制纽约华埠了。

---

① 　*The New York Times*, June 28, 1967；Peter Kwong, *The New Chinatown*, New York：Hill and Wang, 1987, p. 147, pp. 150－152；Gwen Kin Kead, "A Reporter at Large-Chinatown," *The New Yorker*, June 10, 1991, p. 71；《美洲华侨日报》，January 16, 1971；关于餐馆员工的斗争性，见 Kwong, *The New Chinatown*, pp. 143－144。

三

前面说过，意大利裔工人得以较早参加工会组织和劳工运动，一个重要原因是他们较早地融入了美国主流经济。此外，他们积极参加工运，在很大程度上也得益于意大利裔工匠和社会主义者的领导。1916 年，纽约意大利裔劳工中超过 15% 的人从事裁缝、制鞋、木匠等有技术的工作。用多纳·格巴契娅（Donna Gabaccia）的话来说，纽约是一个"工匠济济"的城市（artisan-crowded city），在这种激烈竞争的环境里，意大利裔工匠很难成为移民社区领袖（prominenti），而只能在自己的行业中操劳一生，这种形势使得他们从欧洲带来的激进主义继续发挥作用。纽约的意大利裔理发师很可能是最先组织起来发动罢工的。1886 年 5 月，他们与其他族裔的理发师联合起来，以罢工相威胁要求每天工作 13 小时。纽约意大利裔石匠组建工会的意愿亦可以追溯到 1890 年。1891 年，石匠工会在布鲁米街成立，而在此之前，已有少量来自意大利南部的移民加入了劳动骑士团。① 意大利裔工匠在美国劳工运动中的活跃，与意大利社会主义者的影响也密不可分，后者将工匠们组织起来，成立互助协会，其中一部分协会最终发展成为工会。此外，意大利社会主义者还在制衣工、理发师和建筑工中发挥领导作用，并且在意大利移民与劳动骑士团等主流工会之间建立了沟通的桥梁。比如石匠尼古拉·孔佛蒂（Nicola Conforti）一度是纽约最著名的意大利社会主义者，也是意大利裔石匠工会的领导人。②

---

① John J. D'Alesandre, "Occupational Trends of Italians in New York City," *Italy-America Monthly*, Vol. 2, February 1935, pp. 11-21; Gabaccia, "Neither Padrone Slaves Nor Primitive Rebels," p. 108; Fenton, *Immigrants and Unions*, p. 269, pp. 260-261, p. 385; *Il Progresso Italo-Americano*, July 2, 1891.

② Fenton, *Immigrants and Unions*, pp. 157-159, pp. 161-162, p. 385.

意大利工匠的激进主义主要源自旧世界的传统。当大批 contadini 开始跨越大西洋的时候，将集体行动与阶级斗争结合起来的观念已经被意大利，尤其是意大利北部的工匠和工人普遍接受了。19 世纪末大量出现的互助协会是工匠集体行动的第一步。更为重要的是，当移民海外的浪潮滚滚而来之时，许多互助协会早已发挥起工会的职能，对罢工已然驾轻就熟。与此同时，在意大利议会制度下，社会主义者已经吸引了许多支持者。1892 年，除无政府主义者之外，形形色色的社会主义者共同组建了意大利社会主义党（Italian Socialist Party），尽管这个政党很快就因内部争议而分崩离析，但其激进性却并未烟消云散。实际上，有些社会主义者和 contadini 一起漂洋过海来到美国，并在东部城市成为意大利裔工匠的领导者和组织者。比如尼古拉·吉格里奥蒂（Nicola Gigliotti）在 1880 年代曾在意大利波兹尤里（Pozzouli）一带组织过瓦工工会，而且是社会主义党候选人，来到美国后成为纽约意大利裔泥瓦匠中最重要的组织者。①

不过，我们强调意大利裔工匠的激进态度，并不意味着只有工匠才具有阶级意识。实际上，早在移民潮方兴未艾之际，意大利南部许多地区的农民中间也已经出现了某种意义上的阶级意识。南意大利农民仅靠几亩薄田难以养家糊口，因此他们还必须为大地主打工以补贴家用，这中间的剥削几乎无处不在。一位研究意大利移民的专家认为，意大利南部的佃农地位低下，"往往没有与地主讨价还价的筹码"，接着他又指出，

通过研究他们的打工活动可以发现一种更为严酷的局势……一个个忍饥挨饿，身无长物，只能凭力气谋生。所以他们只能压低身价，为的是争抢一个［工作］机会。他们无依无靠……只要觉得工资可以接受，南部农民们就赶紧应下这个工作。

---

① Fenton, *Immigrants and Unions*, p. 13, p. 15, p. 16, p. 19, pp. 393–394.

南部的农民饱受压榨而身陷窘境，对上层社会（signori）满含仇恨。另一位意大利移民研究者称，"当南部农民把自己与其他阶层的人相比较时，被剥削是他们的全部感受"①。

19世纪50年代中期之前，意大利南部的农民运动常常充满血腥。但到19世纪末，他们已经学会用准政治方式来表达自己的诉求了。在1848年西西里萨姆布卡（Sambuca）的农民运动中，当地的人口登记处被焚毁，税务官被殴打。但这也是萨姆布卡最后一场扎克雷（Jacquerie，14世纪的法国农民暴动——译者注）式的农民运动了。从那以后，农业罢工和投票给社会主义政党候选人等政治手段逐渐被农民运动所接纳，西西里以外的地区亦然。也许是受到农业资本主义的影响，19世纪末一场被称作"束带"（Fasci dei Lavoratori）的农民运动遍布西西里各地，尽管其诉求仍然囿于传统的千禧理念，但已经包含着一些现代政治的意味了。暴乱在继续，而且大多染上了政治色彩——例如发起农业罢工和成立由社会主义者领导的农会。农民运动的目标也多种多样，包括提高工资、签订新的分成制合同以及税制改革。② 如表1所示，在19世纪末20世纪初，农业罢工的烽火燃遍意大利各地。尽管南北之间在罢工次数和参加者数量上存在差距，但南部和西西里地区劳工斗争性的增强则是毫无疑问的。

---

① Robert E. Foerster, *The Italian Emigration of Our Times*, Cambridge, MA：Harvard University Press, 1919, p. 87；Leonardo Covello, *The Social Background of the Italo-American School Child*, A Study of the Southein Italian Family mores and Their Effect on the School Situation in Italy and America, Totowa, NJ：Roman and Littlefield Publishers, 1972, p. 61.

② Donna Gabaccia, *Militants and Migrants*, *Rural Sicilians Become American Workers*, New Brunswick, NJ：Rutgers University Press, 1988, p. 44, p. 55；Daniel L. Horowitz, *The Italian Labor Movement*, Cambridge, MA：Harvard University Press, 1963, pp. 31-32.

表1　　意大利1907年的农业工会和1901—1904年间的农业罢工

地区	工会（个）	会员数（人）	罢工次数（次）	罢工人数（人）
意大利北部	289	49884	701	171911
意大利南部及西西里	248	9222765	70923	—

资料来源：*Reports of the Immigration Commission*，Vol. 4，p. 161，table 17.

　　在探讨了意大利裔工匠的组织和领导作用之后，我们自然会产生一个问题：纽约华裔工匠和技术工人是否也领导过移民工人发起抗议？可惜因为资料不足，目前难有定论。不过从已有的吉光片羽来看，华裔在劳工斗争性等问题上的不同态度同样也受到移民职业背景的影响。1884年，大约50名已经归化为美国公民的纽约华裔在派尔街32号召开会议并组建了一个政治团体。会议秘书谴责共和党的政策，要其为《排华法案》负责，并将民主党称作强盗和盗贼。华裔卷烟工会（Chinese Cigarmakers' Union）主席李恭（Li Quong之音译）被选为大会临时主席。①

　　19世纪80年代，除卷烟工外，纽约华埠只有大约24名工匠，到1918年时数量甚至更少，整个华埠只有3名木匠、2名电工、6名机工和6名裁缝。不过华裔卷烟工的情况颇值得我们注意。如前所述，19世纪80年代中期已有许多华裔卷烟工加入工会。《纽约论坛报》1885年的一份报告显示，华埠卷烟工大约有300人，但30年后这些工匠却不见了踪影。卷烟工作对技艺的要求较高，因此这似乎说明，19世纪80年代中期，也就是《排华法案》生效之前，纽约华裔中也有相当数量的工匠。也许正因为如此，华埠的劳工斗争性在这一时期相对较高。② 19世纪80年代后，在《排华法案》的强力影响下，华裔工匠相

---

① *The New York Times*，July 30, 1884.

② *The New York Tribune*，June 21, 1885；Warner M. Van Norden ed. Who's *Who of the Chinese in New York*，New York：n. p.，1918，pp. 86 – 90；*The Fourteenth Census*，1920，*Vol. IV*，*Occupations*，Chapter VII，"Males and Females in Selected Occupations，New York City，" 1161. 据 *Who's Who of the Chinese in New York* 的数据，1918年华埠有6名卷烟工（第90页）。

对农民移民的比例迅速下降。尽管二者都受到种族歧视的危害，但前者所受影响无疑更为强烈。前面说过，纽约是一个"工匠济济"的城市，由于有大量工作机会，因此它吸引了大量工匠前来寻找工作。而本土工匠将外国，尤其是有色人种工匠，视为竞争对手。也许正因为这种强烈的排外情绪，纽约州（和其他一些州）才通过了一系列限制外国工人就业的法案。所以，到20世纪初，纽约华裔技术工人的数量急剧下降，而华埠的劳工斗争性和政治积极性也随之弱化。①

如果上述关于工匠在劳工运动中发挥作用的分析基本可信的话，那么来到纽约的工匠数量及其与农民移民的比例就是了解移民劳工斗争性的一个窗口。值得注意的是，与犹太人等其他欧洲移民相比，意大利移民中的工匠只占有很小的比例。因此，意大利移民对待工会的态度不像犹太人和其他欧洲移民那般积极。不过比起华裔移民来，意大利移民中工匠的比例毕竟还是高很多。这些数据表明，缺少工匠很可能是纽约华裔在劳工问题上缺少组织力量的原因之一。中国农民的宗族传统是其斗争性不强的另一个原因。广东省是大部分纽约华裔的故乡，农民聚族而居是广东的社会特色，宗族同时也是一种正式的社会组织，拥有共同地产，管理宗庙、家塾和慈善机构，对于当地政府也有很大影响力。在宋代理学家的倡议下，拥有共同祖先、占据同一地域的家庭结合成一个宗族，无论贫富。族长拥有很大权力，甚至可以处死不肖子孙。这种宗族传统在其他文化中很少见到。

不过最明显的差别还是在于归宗族集体所有的土地占有制。从祖先继承下来的土地一般归整个宗族所有。如表2所示，在华裔移民的故乡，近半数土地是由宗族所有。这些宗族共有的土地轮流由宗族成员耕种，租种这些土地的人往往也是合法的土地所有者。宗族土地的收益，多数交给全族（或宗族）的司库，以这样的形式为整个宗族共

---

① 参见 John Higham, *Strangers in the Land*, *Patterns of American Nativism*, 1860-1925, New Brunswick: Rutgers University Press, 1992, p. 72, p. 161。

享，包括接济族中贫困家庭、供养学童、抚恤鳏寡；或是铺路架桥、维护祖茔；抑或是举办各种庆典仪式。在20世纪中期以前，广东大多数村落都以一族为主，因此地主和佃户往往是同宗的关系，他们之间并不存在欧洲式的阶级关系。[1]

表2   向美国输送移民最多的八个地区家族土地所占比例

地区	比例（%）	地区	比例（%）
台山	50	番禺	50
恩平	40	顺德	60
开平	40	南海	40
新会	60	中山	50

资料来源：Han-sheng Chen, *Landlord and Peasant in China: A Study of the Agrarian Crisis in South China*, New York: International Publishers, 1936, p. 34.

当然，这绝不意味着中国农民一向都满足于自身境遇。实际上，贫苦农民经常表达对现状的不满，但是他们并未以阶级为线索组织起来。在大多数情况下，斗争矛头并不直接指向地主阶级，而是抗议政府的压榨。如果将19世纪末意大利南部和中国广东的农民运动进行比较我们就会发现，前者在抗议中经常打出国王、耶稣基督甚至马克思的画像；而后者的终极目标则是推翻皇帝和朝廷，而不是针对同属一族的地主。1851至1866年间太平天国运动的首领大多来自广东及其邻近省份，虽然只比西西里的"束带"运动早了几十年，但二者却截然不同。太平天国的目标是通过革命推翻清政府、建立新王朝，与西西里19世纪50年代中期以前的扎克雷式起义多少有些相仿。从整体上看，大量移居美国的广东农民并未将罢工视作争取利益的武器。

反观意大利移民，他们较早融入纽约劳动大军的主流，与剥削者的冲突培育了他们的阶级意识和斗争性。与此同时，工作场所则混合

---

[1]　Maurice Freedman, *Lineage Organization in Southeastern China*, University of London: The Athlone Press, 1958, pp. 12-14.

了新世界的现实和旧世界的传统。对于那些已经有了阶级意识萌芽的意大利移民而言，纽约的经历进一步促进了他们的斗争性。当工匠将他们的激进思想传递给农民移民时，情况就更是如此。尽管在意大利，工匠和南部农民之间存在着一道鸿沟，但在某些时候双方也会联系在一起。例如，农民是工匠的顾客，而且常常与工匠一起欢度节日。在19世纪90年代，西西里的许多工匠不仅与农民建立了固定的联系，而且还在农民运动中充当领导者和组织者。尽管在欧洲这种联系并不稳固，但在纽约，由于空间接近和生活模式趋同，双方的联系就越发紧密了。因此，许多农民移民常常超越了其半成熟的阶级意识，投入到劳工运动中去。实际上，许多曾参与"束带"运动的contadini都在美国城市中参加过罢工斗争。①

　　尽管华裔移民将故土的地主与佃农之间的宗族关系移植到美国，但一旦有机会加入劳动大军的主流，他们也会抛弃这一传统，与雇主进行抗争。正如他们在加州和新泽西州展现斗争性那样。也就是说，在相似的条件下，华裔移民也能够像意大利裔一样具有斗争性。不幸的是，华裔移民被困在华埠的家庭式或准家庭式的衣馆和餐馆里。他们既没有得到工匠的组织和引领，又被保守的工会组织排斥在外，因此阶级调和的传统得以大行其道。这就是为什么纽约华裔劳工长期缺乏斗争性，而且即使有为数不多的工会主动伸出橄榄枝，他们也不曾越雷池一步。

四

本文通过对意大利移民和中国移民工人的比较试图揭示，移民的

---

　　① Donna Gabaccia, *From Sicily to Elizabeth Street*, p. 51, p. 55, p. 56, p. 94, p. 110; Carlo Tresca, *Autobiography*, Center of Immigration Studies, University of Minnesota, p. 31, pp. 34-36; Fenton, *Immigrants and Unions*, p. 14.

劳工斗争性，即对雇主的抗议，与主流工会是否愿意接纳他们同样重要。由于雇主的严厉压榨，意大利裔劳工比华裔劳工更早地表现出斗争性。而后者虽然在加州和新泽西同样展现了斗争性，但他们在纽约却没有这样做，这一现象揭示出雇佣关系的重要性。在旧金山和新泽西，非华裔东主雇用了数量较多的华裔劳工；而在纽约，种族歧视使华裔劳工不得不在家庭式或准家庭式的小企业中谋生，这种环境阻挠了阶级意识的成长。经济机会的重要性也通过 20 世纪 50 年代后华裔劳工的斗争性显现出来。当华裔在纽约经济结构中的地位与意大利裔在 20 世纪初的情况相似时，中国移民工人展现出的斗争性并不逊色。

　　然而，强调经济机会并不等于贬低移民的政治和文化传统的作用。如果没有工匠和社会主义者的有效领导，意大利裔工人斗争性的形成可能会更为缓慢。而如果华裔移民中工匠和技术工人的比例更高，他们也可能会更早地展现斗争性。意大利南部农民阶级意识的萌芽，也是导致两个移民群体不同经历的重要原因。由于意大利移民在故乡已经有了罢工和与社会主义者合作的经验，他们更容易接受工匠的激进主义。中国移民不但缺少阶级意识和罢工经验，同时还有漫长的宗族传统，这就是为何华裔移民于 19 世纪 80 年代在加州发起罢工时也只是竖向地，沿着地缘和血缘的原则组织起来，而不是横向地沿着阶级的界线团结到一起。通过对上述因素的讨论也可以明白，为何华裔移民在 20 世纪 30 年代对试图激发其阶级意识的左派分子态度冷淡。

　　（原载 *Labor History* 1996 年第 37 卷第 4 期，由李文硕译为中文）

工作场所孕育的小团体忠诚

——纽约市意大利移民与中国移民小团体
忠诚的兴衰（1890—1970）

对于 19 世纪和 20 世纪初进入美国的移民而言，所谓小团体忠诚（group loyalties），是指他们只忠于自己的同乡和亲属等小团体，而不是忠于整个移民社区或忠于整个劳动者阶级。虽然这个问题对于我们理解移民在美国的适应过程十分重要，但学者却很少做过相关的探讨。即使偶然触及这个问题，他们一般也是强调母国传统在凝聚乡亲和族人方面所扮演的角色。例如，弗吉尼亚·海耶尔（Virginia Heyer）在她题为《纽约中国移民社会结构调查》的博士论文中写道："中国移民的社会群体是完全按照中国的社会单位划分的。在中国，他们是延伸家庭、村庄、家族和姓氏团体的成员，而在纽约，则是按照村庄、姓氏以及地域关系来划分不同的群体。"① 伊凡娜·刘（Yvonne M. Lau）也观察到类似的现象。她写道："早在 100 年前中国移民首次进入美国时，他们就迅速地仿照中国模式，建立起他们在美国的群体。"② 将小

---

① Virginia Heyer, "Patterns of Social Organization in New York Chinatown", Ph.D. Dissertation, Columbia University, 1953, p.54.

② Ivonne Lau, "Traditionalism and Change in a Chinese American Community," in Paul K.T.Sih and Leonard B.Allen eds., *The Chinese in America*, New York: St. John's University Press, 1976, p.118.

团体忠诚看作是中国移民根深蒂固的文化特质，当然不无道理。然而，它却无法解释为什么这些小团体忠诚会随着时间的推移而发生变化，更无法解释为什么欧洲移民——例如意大利移民——的小团体忠诚在第一次世界大战后开始减退，而类似的现象直到 20 世纪 60 年代才出现在中国移民当中。

与此同时，还有一些学者则坚持认为，华裔移民的小团体忠诚之所以长期存在，是美国的法律歧视和排华暴力导致的结果。斯坦福·莱曼（Stanford Lyman）在他的《旧金山中国移民社区调查报告》中提到："中国移民被剥夺入籍的机会与投票权近 100 年。他们与欧洲移民的不同之处在于：当地的政客不把他们当作拉票的对象。没有人理会他们——除非是在排华期间，所以［中国移民只好］自己组织慈善活动、防御机制以及政府机构。"[1] K. 司各特·黄（K. Scott Wong）表达了同样的观点："尽管地区性组织也有内部的小派别斗争，但美籍华裔对地区和宗族组织都十分忠诚，这不是因为他们不想成为民主社会的'公民'，而是因为他们要在陌生和充满敌意的环境里寻求保护。在陌生的土地上寻找归属感，互相帮助在此时就显得格外重要。"[2] 莱曼和司各特·黄都强调排华暴力以及法律歧视对中国移民适应过程的影响——例如，歧视性的立法剥夺了中国移民入籍和把妻子接到美国的权利——，这个观点当然也有一定的道理。然而，它却无法解释为什么纽约华人在面对困境时仍然坚持小团体忠诚，而不是以全社区的团结来应对来自主流社会的歧视。此外，以上两种理论均无法解释，为什么小团体忠诚在旧金山的中国移民当中比在纽约华人当中衰退

---

[1] Stanford Lyman, "Conflict and the Web of Group Affiliation in San Francisco's Chinatown, 1850-1910", in Stanford Lyman ed. , *The Asian in North America*, Santa Barbara, CA: American Bibliographical Center-Clio Press, 1977, p. 104.

[2] K. Scott Wong, "Liang Qichao and the Chinese of America: A Re-evaluation of His Selected Memoir of Travels in the New World," *Journal of American Ethnic History*, Vol. 11, No. 4, Summer 1992, pp. 10-11.

得快。

　　本文通过对中国移民和意大利移民进行对比，从一个新的角度来探讨纽约华人的小团体忠诚问题。如果我们从工作场所里的人际关系着眼就会发现，族群经济（ethnic economy）对于中国移民小团体忠诚的兴衰和变迁有很大影响。从 19 世纪 90 年代到 20 世纪 60 年代，华裔移民在纽约开设了很多小型洗衣店和餐馆，规模之小使得他们只能雇用同乡和亲属。当然，由于主流社会的歧视，他们也不可能雇用白人为他们做工。这种形势导致纽约的华裔无法在工作场所同来自广东其他地区的移民打成一片，他们的小团体忠诚被局限在同乡和同宗的小圈子里。到 20 世纪 50 年代，随着越来越多的中国移民到大型制衣厂和餐馆工作，他们第一次有机会接触到来自不同地区、既非亲属也非同乡的移民工人。于是，新的友情、新的人际联系和新的认同在工作场所中逐渐形成了，这种新的工作关系导致了以地缘和血缘（包括虚拟血缘）为纽带的小团体忠诚的衰落，代之而起的是工人阶级的团结和整个华人社区的团结。

一

　　和许多其他移民群体一样，大多数美籍华裔在 19 世纪和 20 世纪移民到美国，都是历史学家所说的连锁移民（chain migration）的结果，也就是以同乡带领同乡、亲戚跟随亲戚的形式移民到美国。这样，当广东农民远涉重洋来到北美的时候，他们同时也把地缘和血缘的纽带一起带到了新大陆。到达美国后，他们身处困境，无依无靠，上述的团体忠诚便成了他们互相帮助和组建社会团体的重要指导原则。在纽约，华裔的小团体忠诚最先表现在他们建立的地域性组织上。早在 19 世纪 70 年代，纽约华人社会尚未成型之时，来自广东的移民就和他们的同乡建立起一个个地域性组织，即他们所说的会馆或同乡会。1872 年，纽约华人社区出现了第一个地域性组织——鹤山会馆，而最大的同乡会——台山会馆——则在 1890 年问世。① 随着时间的推移，更多的会馆在纽约华人社区出现了。会馆的主要功能是为其成员提供各种帮助，例如，它的办公室通常用来做临时旅馆，接待刚刚到埠的移民。此外，会馆还兼有介绍工作和放贷的功能。②

　　比地域性组织稍迟，纽约中国移民还按照姓氏组成了所谓的宗亲会，或者叫姓氏公所（family name associations），目的是为了同姓的移民之间互相帮助。于 1886 年建立的李氏宗亲会是纽约华人社区最早出现的公所，大多数宗亲会都是在 20 世纪前半叶建立的。③ 尽管在很多情况下姓氏公所的成员之间并没有血缘关系，但他们仍然视彼此为亲属，并互相帮助。路易·朱（Louis Chu）的历史小说《一碗茶》（*Eat a Bowl of Tea*）就提供了很多虚拟亲属关系发挥作用的例子。例如，尽管王卓庭和王华基没有血缘关系，王卓庭还是把后者当弟弟看待，因为他们既是同姓又是同乡。他经常给这个"弟弟"提供及时的帮助。④

　　20 世纪 60 年代以前，中国移民当中小团体忠诚的主要作用是帮助同乡和亲戚求职，因为生存是移民的当务之急。实际上，很多会馆都有保证内部成员优先就业的传统，将他们安排到同乡开设的衣馆和餐馆里去做工。早期的三邑地区会馆甚至威胁说，任何会员，一旦发现雇用非同乡的移民，都会受到惩罚。⑤ 根据一位叫亚瑟·黄的移民回

---

① 吴剑雄：《海外移民与华人社会》（*Overseas Migration and Overseas Chinese Society*），台北允晨文化实业股份有限公司 1993 年版，第 292—293 页。

② Wong Chin Foo, "The Chinese in New York", *Cosmopolitan*, Vol.5, No.4, June 1888, p. 300.

③ 吴剑雄：《海外移民与华人社会》，第 292—296 页。

④ Louis Chu, *Eat a Bowl of Tea*, Seattle: University of Washington Press, 1993, p. 148, p. 176.

⑤ 《旅美三邑总会馆简史》（*A Short History of the San Yup Benevolent Association*），n. p. , p. 143.

忆，他在 1930 年刚到美国时，正是黄氏宗亲会帮他在餐馆里找到一份工作，令他免受饥寒。① 1938 年梁辛杨（Sin Jang Leung）初到纽约时，若不是同乡帮他找到工作，恐怕就要饿死他乡了。② 20 世纪 40 年代，《一碗茶》的男主角王本罗从美国军队退役后，在他的一个"亲戚"——实际上是同乡——的餐馆里工作，这个工作是他父亲的"堂哥"王卓庭帮他安排的。③

二

如前所述，早期历史学家倾向于把华裔的会馆和公所描绘成中国东南部地缘和血缘组织的复制品。当然，中国移民确实把亲属和地域关系的网络带到了美国，而会馆和公所也的确是在地缘和血缘网络的基础上发展而来的。然而，由于这些学者没有提及美国环境对移民适应过程的影响，这就很难说明为什么宗亲会在美国如此普遍，而在中国却极少见到。与此同时，既然小团体忠诚被认为是华裔移民根深蒂固的文化特质，这种解读也不能够解释为何美籍华裔的小团体忠诚会发生变化。在这方面，意大利移民的经历给我们提供了一个很好的借鉴，因为以地缘为基础的小团体忠诚在早期意大利移民当中也表现得非常突出，但不久就衰落了。

意大利移民从旧世界带来的小团体忠诚，通常决定了他们在纽约的居住模式。当 contadini 初到纽约之时，同乡通常都居住在同一条街道上。"整个村庄的人从意大利搬到了纽约的一条街上"，一位当代学

① Joan Morrison and Charlotte Fox Zabusky eds. , *American Mosaic*: *The Immigrant Expevieuce iu the Words of Those Who Lived It*, New York: E.P.Dutton, 1980, p. 77.

② Sin Jang Leung, "A Laundryman Sings the Blues", *Chinese America*: *History and Perspectives*, 1991, p. 14

③ Chu, *Eat a Bowl of Tea*, p. 27.

者在 1911 年时这样说。"同一条街上居住的可能是来自意大利同一个村落的农民；附近街道上居住的可能是来自另一个地区的移民，而他们的行为举止、风俗习惯以及情感道德都彼此不同。"① 例如，来自西西里西部的农民大都居住在伊丽莎白路，而来自西西里东部的移民则选择了凯瑟琳街和门罗街。那不勒斯人一般居住在摩贝利街，热那亚人喜欢住在布里克路，而北意大利人则以麦克都格街为家。② 这是因为在陌生而无助的环境中，意大利移民只能相信自己的同乡，因此也只愿意和同乡居住在一起。利奥纳多·库威罗（Leonardo Covello）是来自意大利南部的移民。他父亲曾对他说："和阿维格利安人（Aviglianese）在一起你总是安全的，因为他们和你来自同一个地区，永远会和你站在一起。"③ 实际上，意大利移民的互助组织几乎完全是建立在地缘纽带的基础之上。一位纽约的意大利人在 1903 年曾经评论说："外部的人无法知道纽约意大利社区究竟有多少互助组织，意大利半岛道德上的不团结也被移植到这里。每个省、每个镇甚至每个村庄都有自己的社会组织。"④银行的业务也常常植根于这种地域情结，即使其他银行的金融状况相对更为可靠，纽约的意大利移民也还是会把钱存到自己同乡开设的银行里去。⑤

---

① Alberto Pecorini, "The Italians in the United States", *Forum*, Vol.45, January 1911, p.17, in Francesco Cordasco and Eugene Bucchioni eds., *The Italians*, *Social Background of an American Group*, Clifton, N.J.: Augustus M.Kelly Publishers, 1974, p.155.

② Alberto Pecorini, "The Italians in the United States", p.17; Gino Speranza, "The Italians in Congested Districts," *Charities and Commons*, Vol.20, 1908, p.55, in Cordasco and Bucchioni eds., *The Italians*, p.140; and Jacob Riis, "Feast Dyas in Little Italy," *Century Magazine*, Vol.LVIII, August 1899, p.494.

③ Leonard Covello, *The Heart is the Teacher*, New York: McGraw Hill Book Company, 1958, pp.21-22.

④ *The New York Times*, March 8 1903.

⑤ Antonio Mangano, "The Associated Life of the Italians in New York City", *Charities*, Vol.12, 1904, p.482.

以上这些讨论并不意味着小团体忠诚在意大利和中国移民中间有完全一致的表现形式。大家都知道，意大利移民从未建立过类似美籍华裔那样的宗亲会，这一点就足以将两者区分开来了。移民到美国的意大利人总是和他们的亲戚保持着紧密的联系，他们通常住得很近，和邻居无异。"当我们一家人刚刚移民到美国的时候"，一个纽约意大利人回忆道，"我们住在布鲁克林的联合大街，因为比我们先来到美国的叔叔、阿姨和亲戚朋友都住在这"①。和在意大利南部的情况相比，纽约水牛城的意大利移民更倾向于和亲戚住在同一个居民区。亲戚通常为对方介绍工作，排忧解难。② 罗得岛普罗维登斯市的情况也大抵如此，父母兄弟要么住在同一所房子里，要么在同一个社区里彼此为邻。③ 不过，尽管意大利移民的亲戚之间联系紧密，但他们从来没有以姓氏为单位建立互助组织。此外，两组移民之间的不同之处还在于，意大利移民的小团体忠诚在"一战"后就开始衰退，而纽约华人中间的小团体忠诚则至少维持到20世纪60年代。

前面刚刚说过，纽约早期意大利移民的居住模式是按原来的省区划分的，然而这种划分方式在第一次世界大战后就渐渐消失了。一位调查者在1919年发现：

在旧的意大利移民社区，就像曼哈顿西边的情况一样，西西里人、热那亚人以及那不勒斯人可能住在同一幢房子里；因为住

① Salvatore LaGumina, *The Immigrants Speak: Italian Americans Tell Their Story*, New York: Center for Migration Studies, 1979, p.54.

② Yans-McLaughlin, *Family and Community: Italian Immigrants in Buffalo*, pp.64-67.

③ Judith E.Smith, *Family Connections: A History of Italian and Jewish Immigrant Lives in Providence, Rhode Island*, Albany, N.Y.: State University of New York Press, 1985, p.104.

在一起，所以，他们虽然彼此蔑视却又不得不相互忍耐。意大利移民社会的特点包括：邀请来自那不勒斯的女人拿着家务活到她来自西西里的邻居家去做，或者是来自热那亚的特蕾莎请求工头在他的工厂里给玛丽娅找一份工作，尽管玛丽娅是来自南部的巴西利卡塔。①

意大利移民地域主义的衰退在格林尼治村表现得更为明显。1910年时，这个地区 50% 的意大利人都是地域性互助组织的成员。到了1920 年，这个数字下降到 30%，1930 年的时候，就只有 10% 到15%了。②

其实，中国移民的小团体忠诚度也在发生变化。尽管这种忠诚在美籍华裔的日常生活中扮演了极其重要的角色，但是在 20 世纪 50 年代之后，这种小团体忠诚在纽约华人当中也有着不同程度的消退。比如，在 1969 年，纽约中国城调查小组采访了 565 个华裔居民，调查显示，78% 的人没有任何亲属参加宗亲会之类的团体。79% 的受访者在唐人街已经居住了 8 年甚至 8 年以上，这说明他们当中大多数人是在1965 年以前移民到美国的，那时候 1965 年的新移民法尚未实施。③ 因此，小团体忠诚的衰退是发生在老一代移民身上。

小团体忠诚在意大利和中国移民当中所发生的变化，说明它并不是根深蒂固的文化特质，这促使我们从一个更为广阔的视野来观察这个问题。其中当然包括种族歧视对中国移民适应过程所产生的影响。

---

① Odencrantz, *Italian Women in Industry*, *a Study of Conditions in New York*, pp.13-14.

② Caroline Ware, *Greenwich Village*, 1920 - 1930, *a Comment on American Civilization in the Post-War Years*, Boston: Houghton Mifflin, 1935, pp.155-160.

③ Chinatown Study Group, *Chinatown Report* 1969, New York: n.p., 1970, p.23, p.38. 国会在 1965 年通过的移民法是有史以来最平等的移民法案。然而它直至 1968 年才正式施行。

比如，中国移民之所以建立宗亲会，原因之一是他们未能和妻子儿女在纽约团聚，因此备感无助与孤独。本来，儒家传统道德就倾向于将妇女禁锢在家乡，让她们扮演传统的女性角色，在家里抚养子女和侍奉公婆。① 但是事情总有例外，总有人会藐视传统，或者在适应了北美的环境之后，决定将广东的家眷接到美国来。然而，自1882年美国国会通过《排华法案》后，接妻子到美国便不再是合法的了。直到1943年，中美在"二战"中成为盟国，出于战争和其他一些因素的考虑，美国政府才撤销了《排华法案》。在此之前，很多华裔男性移民都过着单身生活。他们没有家人在自己身边，又常常受到暴力袭击和各种骚扰，使得他们比意大利移民更加孤独和绝望。至少意大利移民是可以把家人接到美国的。考虑到这一背景，我们就能够更好地理解华裔移民为什么喜欢把"家庭"的含义扩大化，组成宗亲会之类的组织。"二战"后，随着种族主义逐渐减弱和《排华法案》的撤销，许多中国妇女才得以和她们在美国的丈夫团聚。不难理解，有了核心家庭和自己在一起，先前独居的男人参加宗亲会或者地域团体活动的兴趣也随之减弱了。

《排华法案》对中国移民小团体忠诚所产生的影响是显而易见的。不过，从表1中可以看出，在1920年之前，虽然意大利移民有权把妻子接到美国来，但他们当中大部分人却并没有这么做，他们和中国男性移民一样过着单身生活。

---

① 《关于从中国移民出洋的往来文件》第8号文件附件1，《英国议会文件》第一章，陈翰笙主编，《华工出国史料汇编》第二卷，中华书局1980年版，第9页；Sucheng Chan，*This Bittersweet Soil，The Chinese in California Agriculture*，1860-1910，Berkeley and Los Angeles：University of California Press，1986，pp.386-387；Judy Yung，*Unbound Feet，A Social History of Chinese Women in San Francisco*，Berkeley and Los Angeles：University of California Press，1995，pp.18-20。

表1　　　　　美籍意大利移民（按性别和年代划分，1871—1910）

年代	总人数（人）	人数（人）		百分比（%）	
		男性	女性	男性	女性
1871—1880	55759	41779	13980	74.9	25.1
1881—1890	307309	243923	63386	79.4	21.0
1891—1900	651893	317023	106902	75.0	25.2
1901—1910	2045877	1612996	432881	78.8	21.2

资料来源：*Reports of the Immigration Commission*，Vol.4，"Emigration Conditions in Europe"，Washington，D.C.，1911，p.138，不包括1893、1894、1895和1899年按性别统计的数字。

　　我们从上面的表格中不难看出，纽约小意大利居民大多也是单身人士，而且这种情况持续了近半个世纪。虽然意大利移民不像华人移民那样孤立无援，但他们同样弱小无助，然而他们却没有建立虚拟的亲属组织。① 因此，我们恐怕不能把妻子不在身边看作是美籍华裔看重宗亲会的唯一原因。有学者认为，外在的歧视和暴力会导致华人互助团体越来越倾向于合作，以便自我保护。② 然而，这一设想似乎并不能成立，纽约华人社区的分裂和缺乏团结就是一个很好的例子。

　　虽然小团体忠诚鼓励了同乡和同宗的中国移民互相帮助，以便适应美国的新环境，但是在同时，这种忠诚也分化了纽约华人。例如，同乡之间的亲密关系总是伴随着非同乡移民之间的疏离和排斥。"来自不同地区的移民之间总有一种陌生感和嫉妒之情"，一位纽约华人在19

---

　　① 大概只是在Mafia这样的黑社会团体中意大利移民才按照家庭的模式组织起来。个人服从家庭利益和尊敬权威等价值观往往是成立Mafia这种有严格纪律的犯罪组织的必要条件，至少那些广为流传的轶事是这样说的。同时，意大利移民中认教父、教母的风俗也常常方便了犯罪分子的组合，而Mafia时常被称为"家庭生意"。此外，伴随紧密家庭关系而出现的家族之间的世仇也会令人去找Mafia用非法手段为他报仇。不过，Mafia不是正规社会体系的一部分，它只涉及少数移民。

　　② See Chia-ling Kuo, *Social and Political Change in New York's Chinatown*, *The Role of Voluntary Associations*, New York：Praeger, 1977, p.18, p.28.

世纪末如此说道。① 或许最能说明美籍华裔分化的，是客家人和其他广府人之间的不和。众所周知，广府人一向仇视"外来"的客家人，四邑地区于 1854 年甚至在广府人和客家人之间爆发过惨烈的械斗。随着向美国移民，这两个群体也将仇恨带到了新大陆。1856 年，广府人和客家人因为世仇在加利福尼亚发生大规模械斗，有大约 900 名客家人和 1200 名广府人牵涉其中。② 广府人比客家人先到美国，得以在纽约中国城开设很多中餐馆。由于他们企图控制整个社区，所以总是极力将后到美国的客家人排挤出去。结果，客家人只能在唐人街以外的地方开设餐厅。③ 几十年来，血缘关系和虚拟血缘关系同样对纽约华人社区起到瓦解作用，正如一份华文报纸在 1946 年所描述的那样："在传统的美籍华裔社区，姓氏观念根深蒂固。尽管最近这种情况有所改变，但是姓氏观念仍然占据主导地位，因此，美国的华人社区流行着一句谚语：'看紧你的姓氏'。"④

　　路易·朱的历史小说生动地描述了 20 世纪 40 年代中国移民在纽约的生存状况，从中我们可以看到，不同姓氏的华人如何彼此倾轧和相互排斥。在小说中，由于阿松勾引了王华基的儿媳，后者一怒之下割掉了阿松的左耳。随后，阿松向纽约第五警局报案，立刻，纽约所有王姓的人都站到了王华基一边。当他们知道阿松原来姓邹的时候，都松了一口气，因为那一带姓邹的人并不多，阿松也就没什么人能帮助他了。王华基的一个朋友甚至对他说："你为什么不杀了阿松？没人会记得他的，在纽约，姓邹的恐怕只有他一个。"想到纽约邹姓的华人不多，王氏宗亲协会会长——也是王华基的虚拟堂兄——从中受到鼓

① Wong Chin Foo, "The Chinese in New York", *Cosmopolitan*, Vol. 5, No. 4, June 1888, p. 300.

② 《旅美三邑总会馆简史》(*A Short History of the San Yup Benevolent Association*), n. p., p. 140。

③ Kuo, *Social and Political Change in New York's Chinatown*, p. 38.

④ 《新报》, April 26, 1946。

舞，并决定帮助王华基。最后王姓族人迫使阿松从警局撤回他的投诉，还要求他离开纽约，并且五年之内不得返回。[1]

移民社区内部的矛盾当然不是中国移民所特有，早期的意大利移民也因为地域主义而分裂过。早在 20 世纪初期，单单在曼哈顿区，意大利移民的地区性互助组织就有 150 多家[2]，它们从不给非同乡的移民提供任何帮助。一位目击者在 1904 年时写道，"意大利本土的内部矛盾被带到了纽约，意大利移民并不是没有慈善和互助的品德，但这种品德不是广义上的。他可以把自己的面包分给同乡，可以为同乡做任何事情，但是不能指望他会对所有意大利人都这么好。"[3] 对此，另一位在豪斯敦街（Houston Street）意大利社区居住过的观察者也有切身体会，他发现，"来自不同地区的意大利人总是互相排斥"[4]。不过，如前所述，在"一战"之后，地域主义对意大利移民的分化作用已经开始降低了。

此外，一些全国性组织的建立和合并也导致了意大利移民小团体忠诚的衰退。1906 年以后，纽约越来越多的互助组织加入了全国性的意大利之子（The Order of the Sons of Italy）。在接下来的 10 年中，这个组织对小意大利社区影响越来越大。[5] 到 20 世纪初，芝加哥的西西里移民协会（Unione Siciliana）也开始吸收来自西西里不同村庄和不同地区的地域性组织，只要他们都是来自西西里就可以入会。此后，这个协会不断扩大，不但吸收西西里人而且还接纳来自意大利半岛的地域性组织。到

---

① Chu, *Eat a Bowl of Tea*, p. 187, p. 197, p. 218, pp. 223-224.

② Mangano, "The Association Life of the Italians in New York City", p. 479.

③ Ibid., pp. 479-480.

④ Broughton Brandenburg, *Imported Americans: The Story of the Experiences of a Disguised American and His Wife Studying the Immigration Question*, New York: F. A, Stokes, 1904, p. 12. See also Charlotte Adams, "Italian Life in New York", *Harper's Magazine*, Vol. 62, April 1881, in Cordasco and Bucchioni eds, *The Italians*, p. 133.

⑤ Fenton, *Immigrants and Unions*, p. 52, footnote.

了 1925 年，这个联盟本质上已经变成了一个全国性的协会，并且更名为美籍意大利人全国联盟（Italo-American National Union）。新联盟的宗旨是"加强民族内部团结，增强组织凝聚力"①。对抗种族歧视无疑是意大利之子这样的全国性组织出现的一个重要原因，因为这种斗争需要整个移民社区大集体的团结。一个纽约的意大利精英分子在 1926 年时评论道，"这个国家（按：指美国）的超级民族主义者将意大利人看作一个低等的和不受欢迎的种族，并且正试图通过立法手段从经济和道德上制服我们。我们都意识到了这种危险，而且意识到我们无法单独面对这种情形……我们必须强大，我们必须团结。"②

最近有一份关于旧金山唐人街社会组织的调查，从中我们可以看出，那里的美籍华裔小团体忠诚在 20 世纪第二个 10 年也开始减弱。到 20 世纪后期，宗亲会也没再扩大。随着以地缘和血缘为纽带的小团体忠诚的衰退，阶级对抗在旧金山华人中间变得越来越明显了。③ 相比之下，很多资料显示，"二战"后，纽约华人中间仍然保留着较强的小团体忠诚。如表 2 所示，从 20 世纪第二个 10 年到 40 年代末，会馆和姓氏公所都一直在发展。尽管新地域和宗亲组织成立的原因不一，但它们都和旧移民组织的派性之强有直接的关系。因为原有的会馆和姓氏公所不愿为来自不同地区和不同背景的新移民提供帮助，新移民就只能求助于相同背景的亲朋了，就这样，纽约华人的小团体忠诚一直

---

① Humbert Nelli, *Italians in Chicago, 1880-1930: A Study in Ethic Mobility*, New York: Oxford University Press, 1975, pp. 173-74.

② Francesco Rango, "Federation for Mutual-aid Associations", *United America*, February 27, 1926.

③ L. Eve Armentrout Ma, "Chinatown Organization and the Anti-Chinese Movement, 1882-1914", in Sucheng Chan ed., *Entry Denied: Exclusion and the Chinese Commuicty in America, 1882-1943*, Philadelphia: Temfole University Press, 1991, p. 159. 这种对抗当然还不是现代劳资关系的那种对抗，而是华人社区下层民众对商人和社区领袖的不满和抵制。

得到维持。即使我们认为，成立新的会馆和公所不足以反映中国移民地缘和血缘的忠诚度，但它至少说明，纽约华人的小团体忠诚在 20 世纪第二个 10 年到 40 年代末，仍然是十分强烈的。

表2　　　　纽约华人地区性组织及宗亲会（1910—1950）

年份	名称
1917	雷-方-邝氏宗亲会
1918	崇正会馆
1918	海晏会馆
1919	大鹏会馆
1920	中山会馆
1920	番禺会馆
1920	东安会馆
1920	邓-岑-叶宗亲会
1922	开平会馆
1924	恩平会馆
1926	陈-胡-袁氏宗亲会
1926	余氏宗亲会
1928	惠州会馆
1928	朱氏宗亲会
1929	林氏宗亲会
1929	江苏-浙江-江西会馆
1934	南海-顺德会馆
1937	新会会馆
1940	薛-司徒氏宗亲会
1941	谭-谈-许-谢氏宗亲会
1943	福建会馆
1947	华北会馆

资料来源：吴剑雄：《海外移民与华人社会》，台北允晨文化实业股份有限公司1993年版，第292—296页。

　　难怪《民气日报》在 1928 年时发表社论，强烈督促美籍华裔摒弃地域和亲属的小团体忠诚，以实现大的集体团结。① 《民气日报》在纽约华人中影响甚大，这篇社论有力地说明在 20 世纪 20 年代后期，纽约华人的地域和亲属忠诚仍然十分强烈。这种长久的联系解释了为什么在 20 世纪 50 年代之前，对亲属和虚拟亲属的忠诚始终是一股分化纽约华人的势力。②

　　当然，纽约华人社区有一个至高无上的组织，叫作中华公所 (The Consolidated Chinese Benevolent Association)。它成立于 1884 年，其职能类似一个政府，有权监管中国移民社区的商业往来和解决各类纠纷。根据中华公所的章程，一切商业活动都需要向其报备，并交纳相应的"税款"。③ 在解决纠纷和惩罚措施上，中华公所也拥有最终决定权。④ 在抗日战争期间，纽约华人都慷慨解囊，支援祖国抗战。不过有少数人却拒绝捐款。这些人被传到公所的办公室，罚站在木箱子上，脖子上还挂上一个牌子，上面写着"我是个冷血动物"，并处以 65 到 80 美金的罚款。⑤ 中华公所有时可以代表纽约华人团体采取一致行动，抗议来自主流社会的歧视和欺压。1954 年，美国移民局准备驱逐一批中国海员，纽约华裔海员联盟让受害人立即将这一情况汇报给中华公所，由公所代表他们和美国当局进行交涉。同时，中华公所还发布了一个

---

　　① 《民气日报》，January 17 and 18，1928.

　　② 事实上，纽约的曾氏公所是迟至 1953 年才建立起来的，而海南会馆则建立于 1956 年。见《民气日报》，August 14，1953，and September 1，1956. 虽然海南会馆是在原来琼崖会馆的基础上建立的，但它的更新毕竟还是显示了纽约中国移民地域主义的生命力。

　　③ "Notice of the CBBA"，《国权报》，January 13，1923；《美洲华侨日报》，January 29 and 30，1948。

　　④ Louis J. Beck，*New York's Chinatown*，New York：Bohemia Publishing Company，1898，p. 18.

　　⑤ 《民气日报》，September 7，8，and 20，1938；《新报》，November 23，1943.

类似的通知，要求那些海员到公所办公室说明情况。① 然而，说到底，中华公所并不真正代表整个华人社区的团结，尽管它享有很大权力。应该承认，直到 20 世纪 50 年代，中华公所一直致力于解决各个小团体之间的纠纷和争端，但它这种不断的努力，与其说是成就整个华人社区团结的成功，倒不如说是抑制华裔小团体忠诚的失败。② 不过，在"二战"期间，纽约华裔中间的确出现过短暂的集体团结，因为他们都迫切地支持祖国的抗日战争。然而即使在这个非常时期里，地缘和血缘的忠诚仍然存在于纽约华人社区中。1941 年成立的"谈谭许谢公所"就说明了这个问题。③ 1896 年，属于上述四姓的中国移民在旧金山成立了这个公所。然而在 1940 年前，纽约华人社会却一直没有接受这几个姓氏的移民。既然得不到上一代移民的接受，新移民就不得不成立自己的公所互相帮助了。无论如何，正如一位中国移民领袖所说，抗日战争的确削弱了纽约华人的地区和亲属忠诚，但同时他也提到，这种忠诚在战争结束后又恢复常态了。④

最近，L. E. 阿门特罗特·马（L. Eve Armentrout Ma）的研究发现，在 20 世纪初期，中国国内兴起民族解放运动，导致旧金山中国移民社区地域主义的迅速衰退。1898 年戊戌变法失败后，梁启超和康有为这两位改革的先锋开始在海外华人中活动，以期能够在中国移民的支持下再次实现变法。1899 年，他们在北美成立了保皇会。康梁二人均呼吁美籍华裔放弃地域主义，团结一致。⑤ 中国国内方兴未艾的民族主义对纽约华人社区也确有影响。保皇会在北美共有六个分会，东部

---

① 《民气日报》，July 23, 1954。

② 《民气日报》，April 1, 1950; see also Frank Rasky, "Chinatown's Own Suprume", *Saturday Evening Post*, March 18, 1951, pp. 18–19, p. 39, p. 58.

③ 《美洲华侨日报》，August 7, 1941.

④ 《新报》，April 26, 1946.

⑤ Ma, "Chinatown Organizations and the Anti-Chinese Movement", in Sucheng Chan ed., Entry Denied, pp. 156–159.

的总部就位于纽约，保皇会的机关刊物《维新报》报社也设在纽约的唐人街，梁启超本人曾于 1903 年到纽约活动，与当地华人进行了广泛交流。康有为在 1905 年也到访过纽约。①康梁二人曾强烈呼吁旧金山华人放弃他们基于地缘和血缘的党派之争。考虑到康梁的改革热忱以及对民族崛起的向往，他们在纽约逗留期间不可能不劝导那里的华人也放弃他们的小团体忠诚，但纽约华人显然没有做到这一点。现在的问题是：同样面临着种族歧视，同样面对改革派的民族主义诉求，为什么纽约华人不愿放弃小团体忠诚，团结一致呢？要深入思考这一问题，我们还需要考虑其他因素对中国移民适应过程的影响，特别是经济歧视这一因素。

三

在纽约，大多数意大利移民都在工厂或者建筑工地做工。在有些情况下，尤其在经济大萧条时期，工厂和建筑业提供的岗位都很少，失业率会直线上升。不过，尽管意大利移民来自不同地区，尽管他们当中的地域主义情结也相当强烈，但他们遇到这种情况时却没有把失业的愤怒发泄到同伴身上，而是谴责他们的雇主。② 相比之下，经济歧视限制了中国移民的就业机会。他们长期无缘进入纽约的工厂做工，而只能在餐馆和衣馆之类的服务性行业中求生存。为了避免外界的歧视，同时也为了和同伴保持紧密联系，这些移民当然都希望尽量在唐人街里面做生意。③ 因此，在唐人街开设餐馆和衣馆或者做其他小生

① 关于康梁改革派在纽约的活动，见 *New York Times*, June 28, 1905; K. Scott Wong, "Liang Qichao and the Chinese of America", p. 7, p. 10。

② 关于纽约意大利移民阶级意识的成长，参见本论文集第三篇论文"经济机会、工匠领导与移民工人的斗争性"，这里不再赘述。

③ 然而在实际上，不可能所有中国移民都在唐人街做生意。为了接近顾客，同时也为了避免和其他华人竞争，许多人不得不到白人居住的地区去开设衣馆和餐馆。

意，竞争就变得十分激烈了。来自广东省不同地区和属于不同姓氏公所的移民之间本来就有隔阂，经济竞争使得他们之间的矛盾变得更加激烈了，客家和广府移民为了在华埠开饭馆而大打出手就是一个突出的实例。不言而喻，经济竞争反过来又强化了美籍华裔的地域主义意识。在 20 世纪的前 20 年，纽约唐人街的秘密会社之间经常发生流血冲突。尽管发生斗殴的原因很多，但有限的就业机会和经营小生意的有限资源往往是导致冲突的最基本原因。因为秘密会社的头目和姓氏公所以及会馆关系密切，于是，地域矛盾和经济利益的冲突便常常交织在一起。例如，当客家人试图在中国城开餐馆时，总是受到被用做打手的广府移民的骚扰。[①]

对于中国移民来说，地缘和血缘关系是他们集资开办小生意不可缺少的一环。应该承认的是，对于没有一技之长的意大利移民来说，生活同样无比艰辛，因此，亲属和邻居之间普遍会互相帮助。不过，尽管意大利移民和美籍华裔在这一点上有相似之处，但他们之间的差异更值得我们注意。对于意大利移民而言，以家庭为单位的小生意从来都不是主要的生存模式，所以，他们也就没有必要通过亲戚或同乡的网络去筹集资金开办小企业。然而，餐馆、衣馆和杂货店之类的小生意则是纽约华裔的生命线。虽然开设洗衣店不需要很多成本，但对于普通的移民来说仍是一笔可观的数额，很多华人都无法独自筹集到足够资金。[②] 因此，对于想开洗衣店的华人来说，亲戚关系便成了一个募集资金的主要渠道。实际上，许多纽约华人都是向亲戚借钱来开店的。表 3 证明了这点。

---

① Kuo, *Social and Political Change in New York's Chinatown*, p. 38.

② 据一位纽约华人在 1888 年所做的估计，在纽约市开设一个小洗衣店大约需要 100 美金，显然不是每一个中国移民所能承受的。见 Wong Chin Foo, "The Chinese in New York", p. 298。

表 3　　　　　　　　纽约华裔 137 家企业原始资金来源（1900—1950）

资助者	数量（家）
个人积蓄	48
家庭成员	14
会（在亲友中间建立的一种互助组织）	55
亲戚	12
华人朋友	8

资料来源：Bernard Wong：*A Chinese American Community*：*Ethnicity* and *Survival Strategies*，Singapore：Chopmen Enterprises，1979，p. 119.

　　同样的，工作场所内部的形势也使得华裔的小团体忠诚得以长久存在。我们至今仍然不是完全清楚，为什么意大利人移民到纽约的 20 至 30 年之后，他们中间的小团体忠诚便开始衰弱了。然而可以肯定的是，他们的工作环境加快了小团体忠诚的瓦解。大家都知道，一个工厂或者一个建筑工地通常会雇用成百上千的工人，所以很多意大利移民都要和来自不同地区的同胞一起做工。不论是来自加拉布里亚、西西里还是那不勒斯，同样都是被剥削的工人这个经历很可能为意大利移民塑造了一个新的、更有意义的身份认同，相比之下，他们来自意大利的哪个地区已经不那么重要了。此外，随着"一战"之后越来越多的意大利人移民迁出小意大利社区，同乡居住在同一个街区的情况也逐渐消失了①，这无疑促进了意大利移民地域主义的衰退。然而，纽约华人的情况却与此大不相同。

　　华人洗衣店基本都是一人所有，或者两三个人合伙经营。② 需要帮

---

　　①　关于 20 世纪 20 年代后越来越多意大利移民迁出曼哈顿的小意大利，见 *The Fourteenth Census*，1920，Vol. II，Population，p. 730；*The Fifteenth Census*，1930，Vol. II，Population，p. 301；*The Sixteenth Census*，1940，Vol. II，Population，p. 166，p. 173，p. 180，p. 187，p. 194；1950 *United States Census of Population*，Bulletin，D-37，New York，N. Y，p. 9，p. 34，p. 85，p. 101，p. 141。

　　②　Leung，"A Laundryman Sings the Blues"，p. 14；Beck，*New York's Chinatown*，p. 61.

手的店主最多只雇 4 到 5 个工人。① 如前所述，很多会馆都禁止它们的成员雇用来自广东其他地区的工人。况且洗衣店的规模大都很小，所以店主也完全有可能只雇用他们的亲属或同乡。② 在 20 世纪前半叶，由于大多数纽约华人都在小型洗衣店和餐馆工作，亲属和同乡关系对于他们就十分重要了。为了生存，他们是不可能脱离地缘和血缘纽带的。许多在洗衣店和餐馆工作的华人都在店里过夜，这就意味着他们不仅和同乡、亲戚一起工作，而且还和他们生活在一起。③ 因此，中国移民很难有机会和非亲属或者来自其他地区的中国移民接触。此外，华人店主通常都和雇员同吃同住同劳动。这种局面再加上同乡和亲戚关系（或虚拟亲属关系），为他们营造了一种类似家庭的氛围，反过来又加强了他们的小团体忠诚，阻碍了阶级意识的发展。此外，我们还应该记住，从周一到周五，无论是洗衣工人还是餐馆工人，都没有机会接触外界人员。即使有些人居住在白人社区，他们也不可能和那些欧裔美国人交往。纽约华人的周末几乎都在唐人街度过，但这也不意味着和所有的广东移民打交道，因为他们在购买了一周的生活必需品之后，便到同乡会或宗亲会中去消遣，接触的仍然是地缘和血缘小圈子里的人。

当我们把经济歧视这一因素考虑进来以后，似乎就能够更好地理解为什么纽约华人的小团体忠诚直到 20 世纪 50 年代后才开始衰退。在美国参加第二次世界大战前夕，得益于罗斯福总统签发的第 8802 号

---

① Wong Chin Foo, "The Chinese in New York", p. 25; S. T. Chen, "A Review of the Past Ten Years and a Look into the Future",《美洲华侨日报》, April 26, 1943。

② 《民气日报》, August 7, 1941; Beck, *New York's Chinatown*, p. 61。

③ *Harper's Weekly*, December 1, 1888, p. 918, *East a Bowl of Tea*, p. 35; 在 1918 年，居住在摩特街（Mott Street）13、16、19 和 36 号以及住在佩尔街（Pell Street）31 和 34 号的中国移民都来自广东台山，而居住在摩特街 4 号和多耶尔街（Doyers Street）4 号的分别是来自广东鹤山和新会的移民，见 *Who's Who of the Chinese in New York*, pp. 25–85。

行政命令①，越来越多的第二代华人有机会到主流工厂去做工了。第二代华人生长在美国，地域和宗亲观念本来就比他们的父辈淡薄，现在，大工厂的工作环境更是加速了小团体忠诚的衰落。此外，老一辈衣馆和餐馆工人到 20 世纪 50 年代时已经开始退休。同时，20 世纪 60 年代，纽约华人的民族经济（ethnic economy）也得到很大发展，其中华人制衣厂和大型中餐馆的兴起进一步削弱了移民的小团体忠诚。尽管一些小型洗衣店依然只雇用同乡或亲属，但更大的工厂显然是很难做到这一点的。它们通常要雇用几十个，甚至上百个工人。② 规模较大的中餐馆，像 20 世纪 80 年代的银宫酒楼，也雇有 100 多名员工。③ 此外，1965 年后到达美国的新移民背景不一，除了广东以外，香港、福建、华北等地区都不断输送移民到美国，所以，大型的制衣厂和银宫这样的餐馆都不可能只雇用同乡或者亲属了。

在大型制衣厂和大型餐馆里，华人移民第一次有机会与来自不同地区以及没有亲属关系的同胞在一起做工。这种融合必然会加速纽约华人小团体忠诚的衰退。因为在大型制衣厂和餐馆里，老板和员工不再是同吃同住同劳动，导致了员工和雇主关系的疏远，这些和意大利移民 50 年前所经历的情况十分近似。现在，许多纽约华人也逐渐意识到他们是受剥削的工人，迫切需要团结一致。对于他们来说，地缘和血缘的纽带已经不那么重要，阶级团结的意识逐渐上升，超越了地域和亲属忠诚。20 世纪 60 年代后唐人街发生的一系列罢工事件就充分说明了这个问题。④ 尽管小型制衣厂仍然能够继续雇用同乡或亲属，然而它的规模毕竟已经超过了传统的小店，常常可以雇用几十个员工，这

---

① 罗斯福总统在 1941 年签署了第 8802 号行政命令，禁止在军工企业中进行种族歧视。但由于在备战时期，几乎所有的制造业都和国防有关，所以受益的少数族裔人数相当多。

② 《美洲华侨日报》，March 4, 1958。

③ Kwong, *The New Chinatown*, p. 144.

④ Ibid., p. 64, p. 152.

就为阶级意识的发展提供了很大的空间。最近伊丽莎白·J.派瑞（E-lizabeth J. Perry）对20世纪初期上海的外来务工人员做了一个调查。她指出，尽管地域忠诚具有很大的分化工人阶级的作用，但它同时也导致来自同一个地区和在同一个行业做工的工人紧密团结。因为在上海，来自同一地区的务工人员总是集中在同一个行业里，遵守共同的文化传统，自然会促进他们之间的团结。① 同时，派瑞认为，1965年后期，在制衣厂工作的纽约华人有着和20年代上海务工人员相似的经历。如果不考虑小团体忠诚的衰落和阶级意识的增强，我们就很难解释，为什么1960年以后的华人大罢工，能够吸引整个纽约华人社区的工人。

　　1980年，唐人街最大的中餐馆银宫的员工举行了罢工，首次展示出华裔工人超越小团体忠诚的阶级团结。当饭店员工走上街头罢工示威的时候，其他中餐馆的员工并没有袖手旁观，而是慷慨相助。② 1982年，纽约一家制衣厂的华裔女工也举行罢工，加上举行同情罢工的人，共有20000名制衣女工参与了这次行动。在随后的谈判中，工人要求工厂主修订劳动合同，增加工资，然而华人工厂主却拒绝接受工人的要求，理由是他们在谈判订单时被白人制造商排除在外，这当然是种族主义在作祟。华人工厂主呼吁员工加强民族团结，暂且不谈增加工资的问题，一致对抗种族歧视。然而，相比种族问题，制衣女工更关注自己的生计，她们坚持罢工，坚持要求加薪，再次表明阶级意识超越了家庭和亲属忠诚。而参加罢工的人数之多意味着唐人街所有的制衣工人都参与了这次行动，这无疑是史无前例的。一位罢工领导人说道："如果我们在工会领导下团结一致，就

---

① Elizabeth J. Perry, *Shanghai on Strike: The Politics of Chinese Labor*, Stanford: Stanford University Press, 1993, p. 29.

② Kwong, *The New Chinatown*, pp. 143-146.

能够取得胜利！让我们为这历史性的团结而欢呼。"①纽约华裔工人终于克服了小团体忠诚，甚至还克服了对族裔的忠诚，朝着阶级团结迈进了。②

既然纽约华人社区新工厂在雇用员工时已经不再局限于同乡或者亲属，这样一来，会馆和公所为其成员提供就业机会的功能就大大减少了。同时，在民权运动中诞生的一些新型社会组织——包括唐人街计划委员会以及唐人街青年会——开始为中国移民提供服务。这些团体标志着援助中国移民的新方法，并得到州政府和地方政府的资助，而不再依赖同乡和亲戚的小团体忠诚。唐人街计划委员会主席声称，在20世纪80年代，该委员会每天都为数千名中国移民提供服务，这是传统的同乡会和宗亲会无法做到的。③这种情况无疑也加快了纽约华人小团体忠诚的衰退。

四

将经济歧视的作用考虑进来，我们就能够更好地理解纽约华人团体之间的团结与分裂。很显然，主流社会对中国移民的歧视造成了很多不良后果。一方面，按照道理，制度化的歧视应该促进华人社区的团结，就像中华公所代表华人社区所采取的一些抗议行动那样。然而另一方面，华裔工人工作场所的规模之小，又在维持和加强以地缘和血缘为纽带的小团体忠诚。在20世纪60年代以前，中国移民为了生

---

① Kwong, *The New Chinatown*, pp. 151-152.

② 与此同时，特别是在不涉及阶级对抗的情况下，纽约华裔也成就了一定程度的社区团结。1975年，2500多名中国城居民走上街头，抗议第五警局的警察殴打一名华裔美国人。一名80岁的老年妇女对《纽约时报》记者说："我要参加抗议，因为我是华人。"说这话时，她旁边一位81岁的朋友对此表示同意。见 *The New York Times*, May 13, 1975。

③ Elizabeth Bogen, *Immigration in New York*, New York: Praeger, 1987, p. 106.

存而不得不依赖地缘和血缘的纽带，甚至援助祖国的抗日战争和抗击种族歧视的需要都未能让他们彻底克服对小团体的忠诚。经济学家和社会学家都曾详细地讨论过职业分割给美国工人造成的影响，并得出职业分割会阻碍阶级团结这一结论。[1] 然而，我们从上述的讨论中也可以看出，中国移民职业分割的程度超过了任何其他国家的移民。纽约华人的职业分隔程度是最大的，因为他们工作场所的规模都非常小。因此，华人移民在很长一段时间内既无法在内部形成阶级团结，也无法成就整个社区的族裔团结。

最后，如果纽约中国移民的确比旧金山华人对小团体忠诚有着更强烈更长久的感情，那么工作机会，尤其是工作场所的形势，或许能够帮助我们区分以及整合中国移民在这两个地区的经历。在旧金山，华人较少在洗衣店工作。此外，旧金山比纽约更早出现大型华人制衣厂。例如，1952 年的时候，旧金山只有 300 家华人开设的洗衣店，而在纽约，就算到了 1958 年，洗衣店的数量仍在 4000 到 5000 家之间。[2] 早在 1873 年的时候，旧金山的唐人街就有 28 家华人制衣厂，每家都雇用 50 到 100 名工人。到 1932 年，旧金山的华人制衣厂至少有 30 家。相比之下，1958 年时，纽约只有 15 家华人制衣厂。[3] 这意味着旧金山的华人移民先于他们在纽约的同胞到大型工厂里去做工，这种局面促进了来自不同地区和没有亲属关系的移民的融合，令他们团结起来对抗剥削工人的雇主。在旧金山，华裔工人早在 20 世纪 30 年代就举行过罢工，表明阶级意识和阶级团结已经超越了小团体忠诚。因此，小

---

① See, for example, David M. Gorden, Richard Edwards, and Michael Reich, *Segmented Work, Divided Workers*: *The Historical Transformation of Labor in the United States*, New York: Cambridge University Press, 1982, especially pp. 73–78, pp. 165–227.

② 《美洲华侨日报》, February18, 1952 and April 12, 1958.

③ Dean Lan, "Chinatown Sweatshops", in Emma Gee ed., *Counterpoints*: *Perspectives on Asian-America*, Los Angeles: Asian-American Studies Center, University of California at Los Angeles, 1976, pp. 351–352; 《美洲华侨日报》, April 14, 1958。

团体忠诚在旧金山华人中间的衰退，证明大型工厂有利于催生工人阶级的团结。

（原载 *New York History* 1999 年第 80 卷第 3 期，增加内容后成为拙作 *Surviving the City* 中的一章，由邱玉婷译为中文）

《妇女与工会：建立伙伴关系》
一书读后

　　《妇女与工会：建立伙伴关系》（*Women and Unions：Forging a Partnership*）① 是一部探讨美国女性工人与工会关系的论文集。编者朵罗茜·寇波（Dorothy Sue Cobble）在本书的导论中指出，虽然讨论美国劳工运动的优秀作品为数不少，同时关于女权主义的著作也日渐增多，但是却很少有学者将阶级与性别问题结合到一起进行分析。一般说来，研究美国劳工史的学者比较注重阶级对立的因素，却较少关注性别对立在劳工史上的作用，更绝少注意"阶级"和"性别"这两个因素之间的错综复杂关系。考虑到这个情况，《妇女与工会》可以说是综合考虑阶级问题与性别问题的一个有益的和值得欢迎的尝试。

　　大家都知道，美国的经济结构在第二次世界大战后发生了重大变化。随着制造业不断被移植到第三世界国家，服务性行业在国民经济中的比重持续增长，甚至超过了制造业在整体经济中的比重。经济结构的这一重大调整也带来了一系列新工作模式，包括每周工作五天、

---

① Dorothy Sue Cobble ed.，*Women and Unions：Forging a Partnership*，Ithaca，New York：ILR Press，1993.

每天工作八小时的作息时间①、小型工作场所的大量出现、生产的去中心化（decentralization）以及家庭与工作相分离模式的衰落。② 与此同时，经济结构的改变也令广大女性劳动者面临一系列问题和挑战：越来越多的女性工人是部分就业（part-time employment），单身母亲越来越多，她们放工后要承担繁重的家务，同时，妇女和儿童占美国贫困人口的大多数。不过，最重要的还是男女在工作上的隔离（job segregation）和同工不同酬的问题。由于在 20 世纪 90 年代妇女在美国劳动力中已经超过半数，所以，广大劳动妇女面对的这些困难和挑战也是美国劳工运动必须面对的重大问题。在这种情况下，工会还可以作为改善妇女生活条件的可靠组织吗？在美国历史上工会都为妇女提供过哪些帮助？妇女和工会之间应该建立怎样的伙伴关系才能满足男女工人的需要？有可能在女权主义和传统工会政策之间找到共同点吗？这些都是《妇女与工会》一书所关注的问题。《妇女与工会》共收集了30 多篇论文和评论，聚焦于美国劳工史上的几个关键问题：包括男女的工资差距、工人的家庭需要、在家里做工以及如何改造由男性主导的工会文化，等等。该书最主要的关怀，是在回顾历史上妇女与工会关系的基础上讨论如何在新形势下塑造新型的工会运动。由于篇幅所限，我们只能就其中几个具有代表性的问题展开讨论。

《妇女与工会》的前三篇论文旨在讨论工资差距和工作隔离问题。男女工人同工而不同酬的情况在美国历史上由来已久。尽管近年来情况有所改善，但妇女的工资普遍低于男性仍然是一个不争的事实。薪酬不平等与工作的隔离有直接关系。长期以来，技术含量较高、工资

---

① 应该注意的是，每周工作五天、每天工作八小时的工作制只是在 20 世纪中期才逐渐得到实现。在 19 世纪和 20 世纪初，每周工作七天、每天工作 10—12 小时的模式在美国非常普遍。八小时工作制是美国工人阶级长期斗争的结果。

② 在制造业占主导地位的年代，虽然也有少量劳动者在家中从事生产，但绝大多数工人都要到工厂去上班，所以家庭和工作场所是相分离的。

也较高的职位大都为男性工人所占据，而女工则主要从事技术含量较低、工资也较低的工作。这就导致了女性工人的收入低于男性工人的局面。20 世纪 60 年代发生的民权运动和妇女解放运动都包括了女性工人要求同工同酬的诉求。作为对这两个运动的回应，美国联邦政府先后出台了《公平就业法》（*Affirmative Action Law*）① 和《平等就业机会法》（*Equal Employment Opportunity Law*）。② 这些法案的目的，就是帮助少数族裔和妇女等弱势群体改善他们的境遇。面对这些情况，越来越多的妇女对工会产生了同情，希望后者能够借助《公平就业法》和《平等就业机会法》，来帮助女工实现同工同酬的目标。

女权主义者一向对美国劳联等主流工会怀有成见，认为工会是由男性主导的社会组织，本质上是和妇女的利益相对立的。然而《妇女与工会》一书的编者和部分作者却认为，《公平就业法》在帮助少数族裔和妇女就业方面确实发挥了积极作用。例如，工会曾经就《公平就业法》和资方进行谈判，要求雇主考虑妇女的利益，并多次起诉不肯合作的雇主，帮助不少妇女解决了就业问题。不过，本书的作者们也纷纷指出，虽然《公平就业法》在帮助妇女就业方面发挥了一定的积极作用，但它的局限性也十分明显。例如，它只是解决了妇女就业的问题，而工作隔离和同工不同酬的问题却依然没有得到解决。也就是说，《公平就业法》所解决的是个别人的困难，只有认真贯彻《平等就业机会法》，令更多妇女进入高技术含量和高收入的行业，才能真正解

---

① 按照《公平就业法》的精神，当一个少数族裔人士和一个白人申请同一份工作而二人的基本条件相若时，雇主应该果断地雇用少数族裔人士，以纠正历史上歧视有色人种所造成的后果。同样的，当一位妇女和一名男子申请同一份工作时，也应该照顾女性申请人。

② 《平等就业机会法》当然也是出于照顾和帮助少数族裔和妇女的目的而制定的，但它和《公平就业法》稍有不同。《公平就业法》要解决的是少数族裔和妇女就业问题，而《平等就业机会法》旨在帮助弱势群体的人进入由男性白种工人长期垄断的、收入较高的行业中工作。

决同工同酬的问题，也就是解决女性工人群体所面对的问题。换言之，要实现同工同酬，就必须打破工作隔离的情况，而要打破工作隔离就必须依赖《平等就业机会法》。可惜的是，《平等就业机会法》的贯彻执行却远比不上《公平就业法》所产生的效果。

当然，《平等就业机会法》并非毫无成效，但它只是解决了一部分职业女性的就业问题。就同工同酬来说，由于工会的帮助，秘书和一些服务性行业中女性的工资也稍有提高。但是要解决根本问题，就必须打破工作隔离的局面，使更多的妇女进入薪酬较高的行业中工作。《妇女与工会》的一位作者指出，工作的隔离，一方面是由于绝大多数妇女都是非技术性工人，很难进入技术含量较高的行业。另一方面，男性工人也不愿和妇女在同一个行业做工，甚至抵制女性工人进入他们占领多年的"领地"。男性工人之所以有这种思想，是因为他们向来都认为自己是赡养家庭的主角，如果妇女进入技术性行业，提高了工资，他们就会丧失作为一家之主的尊严。出于这个理念，男性占统治地位的工会往往不积极推动《平等就业机会法》的贯彻。然而他们却没有意识到，随着单亲家庭的增多，越来越多的妇女也成为家庭的主要赡养者。不帮助女性工人实现同工同酬，是整个工人阶级的损失。爱丽丝·库克（Alice H. Cook）在她的文章中警告说，主流工会占统治地位的思想，是认为妇女的主要作用是留在家中做家务，这种思想使得工会未能像重视工作场所里的问题那样重视女工的家庭负担。

不容否认的是，随着20世纪60年代后妇女运动的不断深入，女性的权益和就业情况都有所改善。同时，女工打破工作隔离和实现同工同酬的要求也日益强烈。这种局面给男性工人造成了很大压力，令他们感到自己在高技术、高工资行业中的垄断地位将被打破。与此同时，电脑的日益普及又导致许多工作的非技术化，使得妇女进入先前高技术含量的行业成为可能，这就更增加了男性工人的不安全感。为了阻止妇女进入他们的行业，有些以男性为主导的工会甚至和雇主串通，以阻止前者打破工作的隔离。男性工人为了阻止自己的阶级姐妹进入高技术行业而不惜与雇主相串通，说明在这个问题上性别的对立超越了阶级矛盾。另外，20世纪80年代是右翼共和党人上台执政和保守主义卷土重来的时刻。以里根总统为代表的联邦政府大力提倡"妇女的地位在家里"，根本无心贯彻《平等就业机会法》。所以，同工不同酬的局面一直得以维持。

由伊莲·伯瑞斯（Eileen Boris）、朱蒂丝·葛森（Judith Gerson）和凯瑟琳·克里斯钦森（Kathleen B. Christensen）分别撰写的三篇论文，主要是有感于工会对待在家中劳作的工人的态度而发。在美国历史上，主流工会一向把在家里做工的人看作是对工厂工人的一种威胁，而且试图禁止工人在家里做工。同时，基于在家做工的工人不易组织起来的想法，工会很少接近这支以妇女为主的工人队伍。然而，伯瑞斯的文章告诉我们，在家做工的工人同样具有斗争性，1877年纽约市波西米亚雪茄工人的罢工和1934年波多黎各女裁缝的工业行动都说明了这个问题。葛森以在家工作的秘书为例，由于没有监工的威胁，同时又具有非正式的通信网络，在家工作的工人并非像传统思想所认为的那样不易组织起来。

尽管工会为妇女工人做了一些有益的工作，但《妇女与工会》的作者们似乎一致认为，妇女解放——包括从男性沙文主义笼罩下解放出来和从雇主的剥削中解放出来——仍然只是一个目标，而不是现实。要实现这个目标，劳工运动必须进行自我改造，而改造劳工运动的一个重要方法是安排更多的妇女到工会的领导岗位上。不过，作者们指出，繁重的家务负担常常令妇女很难参加工会会议，而工会会议的日程也一向是按男性工人的需要安排的。由于男性的偏见和女性有限的时间，走上工会领导位置的主要途径——选举——对于广大妇女来说基本上是关闭的。所以，金·菲尔那（Kim Fellner）认为，有必要创造一种新的工会文化，一种尊重妇女需要、接受妇女价值观和包括新的女英雄和新传奇的工会文化。

众所周知，妇女解放运动和劳工运动常常有着不同的、有时甚至是相互冲突的关怀，而《妇女与工会》的一个重要贡献就在于检讨这两个运动之间的辩证关系，其他学者很少做过这样的分析。本书的作者们认为，虽然妇女运动和劳工运动有着不同的关怀，但它们应该互补。其中苏珊·库威尔（Susan Cowell）建议说，女权主义者应该增强阶级意识，她们应该理解，工作和家庭之间的紧张关系主要是劳动妇女面对的困难，而不是上层社会和中产阶级妇女需要解决的问题。同样的，工联主义者应该认识到，如果他们不将女权主义者的关怀放入工会议事日程的话，他们就不可能应对未来的挑战。爱丽丝·库克则进一步指出，由于女权主义者重视家庭，而工联主义者则希望把不断增加的妇女工人留在工会里，所以，一些帮助妇女解决家庭困难的措施——如争取建立托儿所和有薪假期——可能有助于在这两个运动之间建立一种联盟。

　　"二战"后美国经济结构的转型还带来了一些十分重要的理论问题，值得学术界的关注。首先，随着机械化、自动化和电脑化的不断加强，白领技术人员和专业人士的群体在不断扩大，这些人平日坐在办公室里操作电脑，远离体力劳动，似乎已经不再是工人阶级了，而是成为管理层的一部分。《妇女与工会》的编者问道：这种新工作世界的出现是否意味着美国工人阶级正在消失呢？此外，鉴于美国妇女大都在服务性行业中工作，需要面对顾客，而不是像以前那样仅仅和雇主打交道，顾客的态度又往往会影响雇员的工资。所以，人际关系由此变得更加复杂。这样一来，我们常说的劳资关系，也就是阶级关系，是否还有意义呢？再有，鉴于越来越多的妇女是部分就业，而且经常转换工作和雇主，她们和个别雇主的关系是短暂和疏远的，所以《妇女与工会》的编者还认为，这支带有偶然性的劳动大军不会再把雇主单单看作是朋友或单单看作是敌人。

　　《妇女与工会》的编者提出以上的疑问，却没有认真和系统地回答这些问题。

　　美国的经济结构发生改变后，越来越多的劳动者成为白领阶层，他们的工作性质和从事体力劳动的蓝领工人的确有所不同。我们也需要考虑，是否应该给白领阶层人士的身份重新下定义。不过，这里必须指出，除非有一天所有美国人都成了老板，社会上不再有雇工；或者除非所有美国人都成为独立工匠或自耕农，也就是说社会上不再有雇主，否则那些劳动者，无论是体力劳动还是脑力劳动，无论是白领还是蓝领，也无论是长期为一个公司工作还是短期打工，都是受雇的劳动者，雇佣关系永远会存在下去，也就是说阶级对立永远会存在下去。在服务性行业工作的人需要面对顾客，而顾客的态度有时会影响雇员的薪酬，这也是一个不争的事实，但是，顾客的因素只是影响到雇主对某个雇员的看法，它不会改变雇主和雇员之间的阶级关系。

《妇女与工会》收集了一篇由弗吉尼亚·杜瑞瓦吉（Virginia duR-ivage）和戴维·雅格布斯（David C. Jacobs）合撰的题为《社会政策与部分就业：西欧的经验》的论文。我们从这篇论文中了解到，西欧国家的妇女，特别是部分就业的女工，在改善生活条件方面比她们的美国姐妹提前了一大步。两位作者指出，解决部分就业带来的问题，主要不是指改善工作条件和解决边缘化的问题，而是要解决工作稳定、平等薪酬和工作灵活性的问题，这些都是美国没有做到的。前面刚刚说过，美国的经济结构在"二战"后发生了重大变化。但这一变化并非美国所独有，同样的变化——包括大批妇女转变为部分就业——在西欧国家也出现了，甚至比美国的情况有过之而无不及。例如，截止到 20 世纪 80 年代，妇女占美国部分就业群体的 2/3。而在联邦德国，90% 的部分就业的人是妇女，在奥地利是 88%，比利时的比例是 87%，瑞典是 85%，法国是 83%，英国是 78%。① 同时，西欧国家部分就业的妇女同样是集中在服务性行业中。按照道理，部分就业对于妇女的

---

① 只是在意大利，从事部分就业的妇女的比例较低，是 62%。见 Virginia deRivage and David C. Jacobs, "Social Policy and Part-Time Work, Lessons from Western Europe," in Cobbleed. , *Women and Unions*, p. 177。

社会和经济地位是十分不利的，因为她们很难享受到和充分就业妇女同样的权益。然而，当美国工会还在为部分就业的妇女争取一些最基本的权益时，西欧部分就业的妇女在许多方面已经和充分就业的女性享受相同的社会福利了。

先来看医疗保险的情况。自 20 世纪 40 年代开始，美国国会中每年都有人提议建立全民医疗保险，但从未获得通过。[①] 同时，美国工人还享受不到有薪病假，他们一旦生病，往往就会失去工作。但西欧则是另外一番情景。西欧国家（除了英国）的法律规定，所有公民都有权享受照顾年幼子女的有薪假期、有薪病假和有薪娱乐假。而且，几乎所有西欧政府都采取了措施，以保证充分就业和部分就业的人士每年 4 至 5 周的有薪假期。[②] 更为重要的是，西班牙、比利时、法国、联邦德国、葡萄牙和瑞典等国家不但制定了最低工资法，还制定了法律，保证充分就业和部分就业工人薪酬的平等。[③] 而这些都是美国部分就业人士，特别是妇女，可望而不可即的目标。此外，几乎每个西欧国家都有全民退休金，其中在德国和瑞典甚至部分就业人士也享有退休金。当然，西欧部分就业的女性比美国女工享受到更好的福利绝不意味着那里的女性工人都已经过上了无忧无虑的生活。事实上，西欧的福利制度并非完美无缺。例如，部分就业的工人在失业或被解雇时也就失去了福利的保障。在美国和西欧，大部分失业保险往往取决于受雇时的条件。然而，尽管杜瑞瓦吉和雅格布斯关于西欧经验的论文很有意

---

① 奥巴马总统经过数年的努力，在 2015 年终于促使国会通过了所谓“全民医疗保险”。不过，奥巴马此举不但举步维艰，而且严格说来，所谓“奥巴马医疗保险”（Obamacare）不过是强制所有公民自己购买保险而已，政府仅仅给予少量补贴，这和西欧的社会福利简直是天壤之别。而且，特朗普当选为第 45 任总统后，立即着手废除奥巴马医疗保险。

② deRivage and Jacobs, "Social Policy and Part-Time Work, Lessons from Western Europe", p. 179.

③ Ibid., p. 183.

思，但遗憾的是，她们却没有深入探讨美国在社会福利方面落后于西欧的原因。

美国在实现男女工人平等以及充分就业与部分就业平等方面落后于西欧，说明了以下几个问题。首先，要确保部分就业的工人享有和充分就业人士同等的福利，政府不但要对弱势群体有足够的同情，而且还需要掌握足够的资金。然而，大家都知道，西欧的社会民主主义思想远远超过美国。每逢左翼和中间偏左的政党——包括社会民主党、社会党和工党——上台执政，都会大幅增加富人的税收，使得政府有条件改善社会福利。相比之下，美国从未大幅增加过富人的税收，这说明美国的资本主义制度比西欧更加亲雇主，更加远离普罗大众。就劳工运动来说，美国的主流工会，尤其是劳联和产联，都坚决拥护私有制，坚决奉行经济工联主义和反对政治工联主义。这些工会也很少旗帜鲜明地要求大幅增加富人的税收以改善工人阶级的处境。

就政治文化来说，美国人——包括上层社会、中产阶层和主流工会的上层——比西欧人更加信奉"上帝只会帮助那些自己帮助自己的人"（God helps those who help themselves）的信条。出于这个信条，美国政府自然会认为，富人之所以富有，是他们努力工作的结果，而工人阶级和弱势群体的困难处境则是因为他们工作不够努力，是咎由自取。因此，政府不应该用前者努力工作得到的报酬去补贴那些不努力工作的人。出于这种思想，美国政府不可能去"劫富济贫"，靠增加富人的税收来改善工人的福利。① 同时，出于这种思想，工会领导人也不

---

① 美国共和党代表工商业资产阶级的利益，一向主张减税，这已经不再是新闻。另外，从罗期福新政时期开始，民主党的选民基础开始扩大，包括工会、天主教徒、犹太教徒、移民、妇女和少数族裔。民主党执政时，一般会适当增加税收，增加政府的福利开支，和有限度地给穷人提供一些帮助。但即便如此，民主党社会改革的力度也远不能与西欧左翼政党同日而语。

会主张彻底改变资本主义制度，或者哪怕是局部改变资本主义制度。①

　　总而言之，截至20世纪90年代，美国妇女工人仍然属于弱势群体（到目前依旧如此），仍然面对着不公平的政策与现状。而如何解决这些问题，不但向主流工会提出了挑战，同时也为劳工运动提供了一个大有作为的机会。《妇女与工会》的编者认为，为了真正解决妇女工人面对的困难，有必要建立一种新的工联主义。大家都知道，在20世纪30年代以前，行业工会在美国劳工运动中占统治地位。按照行业工联主义（craft unionism）的组织原则，只有工匠和技术工人方可以入会，而广大的非技术性工人——包括新移民、妇女、黑人和其他少数族裔——则被拒于工会大门之外。这种组织原则显然不符合工人阶级整体的利益，所以，到20世纪30年代，它已经跟不上时代的潮流了。于是，一种新工联主义——产业工联主义（industrial unionism）——便应运而生，其代表形式就是美国产联。由于产联将所有产业工人都吸收到他们的组织当中，不分种族、不分性别，所以，它将美国的劳工运动推向了一个新高潮。甚至劳联也感受到某种压力，开始调整政策，它的一些成员工会甚至慢慢地向产业工联主义靠拢。不过，到了20世纪后期，随着经济结构的改变，仅仅依靠产业工联主义已经不能解决新形势下美国工人面对的所有问题了，特别是妇女所面对的工作隔离和同工不同酬的问题。在这种形势下，建立新工联主义，实属必要。在我看来，如果建立一种新工联主义是可能的话，那么这个新工联主义必须既考虑到阶级对立，也要考虑到性别矛盾和种族隔阂。也就是说，新工联主义者在重视雇主和雇工之间阶级对立的同时，还必须意识到，目前美国工人阶级中有超过一半是女性，而在女工当中又有很多是少数族裔工人。只有顾及这些因素，才能将更多的劳动者吸收到

---

① 当然，在20世纪初期，美国也出现过旨在改变资本主义制度的工会和政党，如世界产联（Industrial Workers of the World）和美国社会主义党。但这些组织都未能成为美国政治生活的主流，而且由于政府的镇压和其他原因，存在的时间都很短。

工会当中，才能更有力地和雇主阶级争取权益，美国的劳工运动才能够获得新的生命力。

　　总而言之，《妇女与工会》作为一部讨论主流工会与女权主义关系的论文集，是值得欢迎的。但书中也有不足之处。除了前面提到的，杜瑞瓦吉和雅格布斯没有深入探讨美国在社会福利方面落后于西欧的原因以外，书中关于少数族裔妇女的讨论远远不够，其中只有一篇论文讨论纽约华人女工的文章。考虑到妇女工人中有近 1/3 是少数族裔，她们作为工人受到雇主的剥削，作为女性受到工会领导层的冷遇，同时作为有色工人又受到白人社会的歧视，是最值得同情的。

（本文原为书评，刊于 *Labor History* 1998 年第 39 卷第 2 期，

由王心扬译为中文）

圣母敬奉与祖先崇拜

——宗教传统在纽约意大利裔与华裔移民
适应过程中的作用（1890—1970）

    意大利和中国移民在纽约市的经历为我们提供了一扇窗户，借此可以了解 1890—1970 年宗教在美国城市中，特别是在各个移民团体中，所扮演的多重角色。意大利移民和中国移民的经历在很多方面都有相似之处——他们大都来自乡村；在大多数美国人眼中，他们都是不愿在北美扎根的"匆匆过客"（birds of passage）；他们都遭受过来自主流社会的歧视，而且美国主流社会常常带着贬义将他们相提并论，甚至将意大利移民称为"来自欧洲的中国人"。不过，意大利移民与中国移民之间又的确存在明显的差异，其中在宗教信仰方面的差别尤其明显。Contadini，也就是意大利移民，敬奉圣母玛丽亚（Virgin Mary）；而大多数华裔移民则恪守祖先崇拜的习俗。

    意大利人对圣母玛丽亚的敬奉是天主教的一支，或者可以说是天主教的一个歧出，至少在名义上这种信仰是制度化的（institutionalized）。相比之下，华裔移民的祖先崇拜则代表着一种多神信仰，其神学理论和仪式在很久以前就已经扩散并融入世俗的社会制度当中。① 在这两组

---

① 关于制度化宗教和扩散型宗教之差异的探讨，参阅 C.K.Yang, *Religion in Chinese Society*, *A Study of Contemporary Social Function of Religion and Some of Their Historical Factors*, Berkeley, Los Angeles and London：University of California Press, 1961, pp.294-295。

移民适应美国社会的过程中，宗教信仰上的种种不同也导致了他们适应模式的差异。换言之，要研究意大利和中国移民不同的适应模式，除了要注意美国环境——包括政府政策和本土居民对待外来者的态度——的影响，还有必要了解移民的宗教生活，而在此前的历史研究中这个课题却并未得到足够的重视。

长期以来，许多研究亚裔美国史的学者在面对中国移民的适应模式时，往往倾向于强调美国社会的歧视对其产生的影响，却忽略了移民自身的文化基因。① 即使偶然有学者对华裔移民的宗教信仰有所关注，他们也只是聚焦于中国移民的宗教社团，而不是他们的宗教价值观或宗教取向。② 他们也从未留意过华裔的宗教传统对于移民返迁和社区团结等重要问题的影响。通过比较纽约市意大利和华裔移民的宗教经验，本文旨在说明，影响移民融入美国社会的因素是多重的，在这幅多样化的图景中，宗教是不容忽视的一环。

我完全意识到，本文的论述并不能涵盖两组移民之间所有的可比之处。意大利人信仰圣母玛丽亚与华裔移民信奉祖先，只是两种文化

① 例如 Bernard Wong 曾对纽约与秘鲁利马市的华裔移民进行过比较，但他的研究主要是考虑了美国和秘鲁的社会环境对移民适应过程的影响，却忽略了移民自身的文化因素。见 Bernard Wong, "A Comparative Study of the Assimilation of the Chinese in New York City and Lima, Peru", *Comparative Studies in Society and History*, July, 1978, pp. 335-357。

② 比如 Wesley Woo 的文章 "Chinese Protestants in the San Francisco Bay Area", in Sucheng Chan ed., *Entry Denied, Exclusion and the Chinese Community in America*, 1882-1943, Philadelphia: Temple University Press, 1991, pp. 213-245。亦可参见 S. W. Kung, *Chinese in American Life, Some Aspects of Their History, Status, Problems, and Contributions*, Westport, Connecticut: Greenwood Press, 1962, pp. 53-55, pp. 87-88 and p. 219. Shih-shan Henry Tsai 的专著 *The Chinese Experience in America* 是为数不多的涉及华裔移民宗教价值观以及宗教社团的著作之一，但所论无多。见 Tsai, *The Chinese Experience in America*, Bloomington and Indianapolis: Indiana University Press, 1986, pp. 42-45, pp. 143-147。

传统之间的一种比对；除此之外，两组移民之间还存在很多其他的差异。例如，意大利移民来到美国时已经是受过洗礼的天主教徒，而绝大多数华裔移民则同基督教会毫无关系。但双方的宗教经验也不必每个环节都具有可比性，毕竟本文最主要的关怀，是分析意大利传统中的一神信仰与中国多神崇拜在两组移民融入美国社会过程中到底产生了怎样的影响。

一

尽管意大利移民在名义上都是天主教徒，但如果严格按照罗马教廷的标准，他们的宗教信仰中有不少地方违背天主教正统教义。其中之一，就是 contadini 敬奉本地圣徒而非直接信仰上帝，这也被萨尔瓦诺·托玛西（Silvano Tomasi）称作天主教的"民间特色"（folk quality）。[①] 历史学家鲁道夫·维库利（Rudolph Vecoli）曾经指出，对于意大利农民来说，"上帝就像国王一样遥不可及，但他们本地的圣者和圣母则是像地主一样的紧要人物，供奉这些圣者是他们生活中的大事。"[②] 此外，反教士主义（anti-clericalism）也是意大利南部宗教信仰的一个特征——当地农民不信任神父，对教会怀有偏见，也不常去教堂做礼拜。[③] 因此，在天主教会眼中，这些 contadini 不啻是一群异类。

---

① Silvano M. Tomasi, *Piety and Power*, *The Role of the Italian Parishes in the New York Metropolitan Area*, 1880-1930, New York: Center for Migration Studies, 1977, p. 33. 关于 contadini 的宗教信仰，可参见 Rudolph J. Vecoli, "Prelates and Peasants: Italian Immigrants and the Catholic Church", *Journal of Social History*, Vol. 2, No. 3, Spring, 1969, pp. 228-229。

② Vecoli, "Prelates and Peasants", p. 228.

③ 见 George Pozzetta, "The Italians of New York City, 1890-1914", Ph.D. dissertation, University of North Carolina, Chapel Hill, 1971, pp. 274-275, pp. 277-279。

　　在意大利南部和西西里岛，敬奉本地圣徒是一个历史悠久的传统。意大利农民跨过大西洋时，也将他们对本地圣徒的信仰带到了纽约。在所有为意大利人所敬奉的圣徒中，最受尊敬和爱戴的是耶稣的母亲——圣母玛丽亚（Virgin Mary）。移民们相信玛丽亚的神力，相信她可以治愈各种顽疾，也相信她会为贫者哀者送来祝福。要想了解意大利移民对圣母玛丽亚的信仰，不妨看一看纽约市东哈莱姆区（East Harlem）小意大利的情况。在这个意大利移民的聚居区里，对圣母的敬奉早在19世纪80年代就已经相当引人注目了。不久，在115街上就出现了意大利人建立的教堂——卡尔敏山圣母教堂（la Madonna del Carmine）。在每年的7月16日，也就是斋戒日这一天，来自哈莱姆以及纽约其他地区的意大利移民都会聚集在教堂内外，共度这个一年中最重要的宗教节日。其他意大利移民可以供奉另一种圣母玛丽亚的神像，但他们参与节日庆典的热情与居住在东哈莱姆的意大利人相比毫不逊色。20世纪初，一位旁观者评论道，"没有任何诱惑能够让意大利人错过这些庆典"。① 庆典开始后，有些虔诚的信徒甚至赤足而行，以表达自己对圣母的虔敬。② 尽管纽约的意大利移民生活窘迫，但他们却十分乐于为圣母玛丽亚供奉钱财，希望圣母能够保佑自己在美国出人头地。

　　然而，敬奉圣母玛丽亚、崇拜圣徒塑像以及在他们所信奉的偶像前点燃成千上万支巨大的蜡烛，这些行为都无法被美国本土的正统天主教徒所接受。19世纪80年代末，一个天主教记者写道，"这些意大利移民带到美国的是天主教中最差的糟粕，他们的素质是所有国外天主教中最差的。在纽约，成千上万的意大利人甚至不知使徒信条（Apostles' Creed）为何物，他们中的大部分——不论男女——都缺乏

① Antonio Mangano, "The Associated Life of the Italians in New York City", *Charities*, Vol. 12, 1904, p. 480; *The New York Times*, July 18, 1920, July 16, 1936.

② *The New York Times*, July 18, 1920.

起码的宗教常识，例如三位一体、道成肉身和救赎"①。不难想象，纽约天主教会难以容忍意大利移民的种种诡异之举。在历史学家罗伯特·奥西（Robert Orsi）看来，"除非这些节日庆典（按：指对圣母的敬奉仪式）由教区牧师掌控，除非这些庆典能够让意大利人定期去教堂并承认红衣主教的权威，否则美国的天主教会是不会接纳这些节日的"②。

　　然而，鉴于 contadini 对教会的强烈反感，将他们纳入现有的教会体系绝非易事。大家都知道，在波兰和爱尔兰，由于外敌的入侵和欺凌，那里的天主教常常与民族主义交织在一起，天主教会甚至成为民族团结的象征。但是在南意大利（mezzogiorno），天主教却常常与残暴统治的政府结合在一起。在南意大利农民的意识中，天主教会意味着压迫和腐败，反教士主义正是他们最根深蒂固的意识之一。③ 但是，仅仅基于天主教会的批评而将 contadini 排除在教会之外，将无助于我们理解南意大利宗教传统的深层含义。有一点很重要，南意大利的家庭虽然由丈夫掌控，但是却以妻子为中心——孩子们尊敬并且害怕父亲，但他们与母亲的关系却富有情感。考虑到这样的文化背景，当意大利农民迁移到新大陆并且面临艰苦环境之时，他们自然会格外地敬奉一位具有慈母形象的女性圣者。实际上，移民们常常将圣母玛丽亚称作"妈妈"。④ 此外，我们还应该注意到，尽管 contadini 对待教会十分冷漠，但这并不说明他们从来都不光顾

---

　　① Bernard J. Lynch, "The Italians in New York", *The Catholic World*, April, 1888, No.47, p. 69.

　　② Orsi, *The Madonna of 115th Street: Faith and Community in Italian Harlem*, 1880-1950, New Haven: Yale University Press, 1985, p. 55.

　　③ 关于南部意大利人对天主教会的反感，目前最好的论述仍然是 Vecoli, "Prelates and Peasants", 尤其是第 221—229 页。亦可参见 Orsi, *The Madonna of 115th Street*, pp. 83-84, 以及 Brandenburg, *Imported Americans*, p. 69。

　　④ Orsi, *The Madonna of 115th Street*, p. 164.

教堂。事实上，意大利移民的洗礼和婚礼都是由天主教会的神父主
持的。尽管 contadini 并不频繁去教堂，但这不意味着他们否认自己
是天主教教徒。实际上，他们之所以移民新大陆，原因之一就是为
了改善自己以及自己家庭的生活，从而成为真正的、有尊严的天主
教教徒。① 或许我们可以断言，从整体上看，意大利移民信仰一位强
有力的圣者，他们的宗教生活并非毫无组织性，他们的婚礼、洗礼
和庆典都整合在天主教会当中。下面我们将会看到，南意大利的宗
教竟然有助于这些移民在新大陆安顿下来。

　　大多数意大利移民来到美国，是为了赚钱，以便将来回到故乡
买下一片属于自己的土地。这种寄居者心态和中国移民相比并无二
致。然而，进入 20 世纪后，越来越多的意大利移民却决定在美国
定居了。到了 20 世纪 20 年代以后，更有越来越多的意大利移民涌
入纽约。毫无疑问，纽约市不断增多的经济机会是促使他们定居下
来的一个关键因素。同时，意大利深受"一战"的影响，经济衰
退、生计困难。故乡对 contadini 的吸引力无可避免地下降了，这种
形势当然也促使他们在美国定居。此外，意大利移民作为白种人，
无论受到多少歧视，毕竟可以成为美国公民，这也令他们看到了在
美国发展的希望。不过，对圣母玛丽亚的敬奉同样有助于改变他们
的过客心态。

　　首先，从旧世界漂洋过海而来的圣母和圣徒的形象，一方面肯定
是象征着纽约意大利移民社区与南意大利之间的联系。这些圣徒"移
民到"新大陆，不断提醒着意大利移民他们在故国的生活，尤其是家
乡庆典期间的装饰和烟花。毫无疑问，对圣徒的敬奉为 contadini 架起
了纽约与南意大利之间的精神桥梁。② 然而，另一方面，这些圣徒们也
促使意大利移民在新大陆扎下根来。既然圣母自己也随着 contadini 一

---

① Orsi, *The Madonna of 115th Street*, p. 18.

② Ibid., p. 167.

起"移居"纽约,她自然也就"批准了"这些农民跨海西行。实际上,卡尔敏山圣母教堂的神父斯琪皮欧尼·图菲尼（Scipioni Tofini）正是利用这一事实说服了教皇为圣母玛丽亚加冕的。图菲尼告诉教皇,仁慈的圣母不但关怀意大利移民,而且也关怀着所有的美国人。① 久而久之,意大利移民对圣母的敬奉也就成为纽约文化生活的一部分,因为每逢圣母庆典日,无数非意大利裔的纽约居民也都赶来观看 contadini 举办的游行。这使得意大利移民意识到,自己也是纽约和美国历史的组成部分,无疑是加速了他们对美利坚合众国的认同。② 毕竟,圣母是无所不在的,意大利移民即使不在故乡也可以敬奉圣母。因此,在时间的推移中,对圣母的敬奉渐渐削弱了 contadini 的寄居者心态。

意大利移民对圣母的敬奉还让这些移民们逐渐放下了他们带到新大陆的地域主义观念。当纽约的小意大利渐成气候的时候,地域情结是导致意大利移民不团结的一个主要因素。从意大利移民开始定居纽约的 19 世纪 80 年代到"一战"期间,本来在意大利是乡里乡亲的人们喜欢在纽约比邻而居。他们的社交也只局限于乡邻之间,来自意大利不同地区的移民之间甚至很少通婚。纽约意大利移民的互助组织几乎完全以其成员的地域来源为界线。一位《纽约时报》的记者在 1903 年时发现,在意大利移民社区里,来自"每个省、每个镇甚至每个村的人都有自己的互助组织","尽管所有组织的计划和服务大致相同,但它们从没有协调行动,成员也很少有交叉。他们各分畛域,相互攀比,却没有协调一致的活动"③。此外,不同的互助组织还供奉不同的圣徒。例如,东哈莱姆的圣母教堂里供奉的圣徒包括圣女安娜（Saint

① Orsi, *The Madonna of 115ᵗʰ Street*, pp. 167-168 and p. 189.

② 例如,《纽约时报》等主流媒体每年都报道意大利人的宗教庆典活动,亦可参见 Orsi, *The Madonna of 115ᵗʰ Street*, p. 189。

③ *The New York Times*, March 8, 1903.

Ann)、圣徒卡斯玛斯和达米安 (Saints Cosmos and Damian)、圣者罗克 (Saint Rocco)、幼年耶稣 (the Infant of Prague) 和芒特佛金圣母 (the Madonna of Montevergine),其中每一个都是意大利南部某镇居民所供奉的圣徒。① 不过,就供奉的广泛性、包容性和虔敬的程度而言,这些圣徒均无法同圣母玛丽亚同日而语。实际上,玛丽亚的地位高于所有圣徒,这一现象也说明了圣母的仁慈和影响力。这是促使纽约意大利移民地域情结逐渐淡化的一个重要因素。

居住在纽约的意大利移民,无论其来自何地,无论信奉哪一个圣徒,他们无一例外地都敬奉圣母玛丽亚。② 实际上,许多来自纽约其他地区甚至来自全国各地的意大利移民也来到哈莱姆参加敬奉玛丽亚的庆典。③ 卡尔敏山教堂的建设和落成尤其反映出意大利移民圣母信仰的广泛性。哈莱姆的意大利移民,无论男女老少,无论是加拉布里亚人还是那不勒斯人,莫不无私而满怀热情地投身到教堂的建设中去,有钱者不吝其银,有力者不惜其力。这种整个意大利移民社区的广泛参与,在 1927 年教堂钟楼的修造中达到顶峰——钟楼高于街区内的所有建筑,象征着意大利移民社区刚刚形成的统一以及移民地域主义的消退。④

考虑到上述情形,我们就不难发现,意大利移民中间的地域情结在 "一战" 后持续淡化绝非偶然,因为正是在这段时期,所有的 contadini 逐渐聚集在圣母玛丽亚的信仰之下。1919 年有调查者指出:

在旧的意大利移民社区,就像曼哈顿西边的情况一样,西西

---

① Orsi, *The Madonna of 115ᵗʰ Street*, p. xix.

② Laurence Franklin, "The Italian in America: What he had been, What he shall be", *The Catholic World*, April, 1900, No. 71, p. 77.

③ *New York Tribune*, July 12, 1903.

④ Orsi, *The Madonna of 115ᵗʰ Street*, pp. 65-66, p. 180 and p. 187.

里人、热那亚人以及那不勒斯人可能住在同一幢房子里；因为住在一起，所以，他们虽然彼此蔑视却又不得不相互忍耐。意大利移民社会的特点包括：邀请来自那不勒斯的女人拿着家务活到她来自西西里的邻居家去做，或者是来自热那亚的特蕾莎请求工头在他的工厂里给玛丽娅找一份工作，尽管玛丽娅是来自南部的巴西利卡塔（Basilicata）。[1]

当然，纽约市的环境也促进了意大利移民地域情结的淡化。19 世纪末 20 世纪初，建筑业和制造业是纽约就业岗位最多的部门。大部分 contadini 无一技之长，都进入这两个部门做工。在 20 世纪第二个 10 年，纽约环卫部门、地铁建设行业和建筑业的工人都以意大利移民为主。而意大利裔女工当中有 77%在制造业中工作。[2] 毋庸置疑，上述每一个行业都有成百上千的意大利劳工。来自不同地区的意大利人在一起工作，使得 contadini 意识到自己不仅仅是西西里人、那不勒斯人或加拉布里亚人，而且更重要的，自己也是意大利人。[3] 与此同时，在大西洋的另一边，意大利法西斯主义的崛起增强了意大利移民的民族主义意识，也有助于他们地域主义的削弱。但对圣母的敬奉仍然是其克服地域情结的一个重要因素，因为圣母眼中的意大利人是不分地域的，而意大利人对圣母的敬奉也是不分地域的。

圣母敬奉是一种一神信仰（monotheism），这种单一神性也有利于意大利人逐渐融入主流天主教，尤其是在 20 世纪 40 年代以后。在早

---

[1]　Odencrantz, *Italian Women in Industry*, pp. 13-14.

[2]　*The New York Times*, May 16, 1893; John H. Mariaro, *The Italian Contribution to American Democracy*, p. 33; Odencrantz, *Italian Women in Industry*, p. 32.

[3]　在 1900 年前后，纽约市的意大利社区曾举行意大利统一的周年庆祝仪式，当游行队伍高喊意大利万岁（Viva Italia!）的口号时，旁观的意大利移民竟然完全不知道 Italia 是他们统一后的祖国，而认为她是一位新女王，足见他们的地域观念有多么深厚。

期，意大利移民独特的宗教信仰的确在他们与美国天主教会之间形成
了一条鸿沟。不过，尽管如此，纽约天主教会依然相信，意大利移民
最终一定会融入美国社会，因此不遗余力地向他们传教，试图将其引
入正规的天主教会。① 开始时，天主教会试图将意大利移民与爱尔兰和
德国等天主教移民相融合，但成效有限。许多因素，如语言障碍、意
大利移民对歧视的反感及其保存自身文化传统的愿望，更不必说他们
对教会根深蒂固的不满，都使天主教会的努力归于失败。② 不过，毕竟
也有一项努力付诸实践，即建造独立的、专供纽约意大利人使用的
教堂。

为意大利人设立教区的动机来自天主教会和意大利移民双方。从
1900 年至 1924 年，纽约共成立了 44 个意大利裔教区和教堂。与此同
时，天主教会还从意大利选派了越来越多的教士来到美国，以便为数
量不断增长的意大利移民提供服务。③ 然而，直到 30 年代末，天主教
会将意大利移民美国化的努力仍未取得显著成效。比如，尽管天主教
会不断鼓励意大利移民将子弟送入教会学校，但大部分移民仍然选择
公立学校。实际上，意大利移民对陌生人和公立机构有着根深蒂固的
不信任，并且希望孩子能够早日工作以贴补家用，因此他们起初并不
打算让孩子读书。④ 但当他们决定送孩子上学时，比起教会学校来，
contadini 更信任公立学校。例如在 1911 年，公立学校与教会学校中意

---

① *The New York Tribune*, July 12, 1903, and Tomasi, *Piety and Power*, p. 44.

② 关于将纽约意大利移民融入天主教会的早期尝试，参见 Tomasi, *Piety and Power*, pp. 74-92。

③ Tomasi, *Piety and Power*, p. 97 and p. 99.

④ Michael R. Olneck and Marvin Lazerson, "The School Achievement of Immigrant Children, 1900-1930", *History of Education Quarterly*, Winter, 1974, Vol. 14, No. 4, pp. 475-476; Mariam Cohen, "Changing Education Strategies among Immigrant Generations: New York Italians in Comparative Perspective", *Journal of Social History*, Vol. 15, No. 3, 1982, pp. 446-448.

大利移民子弟的比例高达 10：1。① 意大利移民对天主教会根深蒂固的反感也使得天主教会的努力付诸东流。教士们反对纽约意大利人为敬奉圣徒而举行的庆典尤使后者感到不满。1923 年，一群愤怒的意大利人袭击了布鲁克林教区长的住宅。根据《纽约时报》的报道，他们"拆掉了房门，几乎毁了这栋房子，因为布鲁克林教区不允许他们抬着圣徒塑像游行"②。

　　纽约意大利人宗教生活的重大变化发生在 20 世纪 40 年代，尤其是"二战"之后，天主教的主流仪式逐渐取代了他们对圣母玛丽亚的供奉。③ 这一变化在第二代和第三代意大利移民身上尤为明显，他们比父母和祖父母更频繁地去教堂做礼拜。④ 尽管在第一代和第二代意大利移民中只有 30% 参与教区俱乐部之外的活动，第三代意大利裔美国人参与此类活动的比例则高达 44.9%。⑤ 同时，第三代和第四代意大利裔居民与其他族裔——尤其是爱尔兰人——的通婚率也有所增高。在此期间，工作场所里的跨族裔融合也不断加快。⑥ 由于爱尔兰人到 20 世纪中期早已经美国化，意大利移民与爱尔兰人的融合加快了意大利移民融入美国社会的进程。

----

① Alberto Pecorini, "The Italians in the United States", *The Forum*, Vol. 45, January, 1911, in Cordasco and Bucchioni eds., *The Italians, Social Backgrounds of an American Group*, p. 157.

② *The New York Times*, September 4, 1923. 关于另一起袭击教士的案件，可参阅 Tomasi, *Piety and Power*, p. 141。

③ Orsi, *The Madonna of 115th Street*, p. 69 and pp. 71-72.

④ Nicholas Russo, "Three Generations of Italians in New York City: Their Religious Acculturation", *The International Migration Review*, Vol. III, No. 2, Spring 1969, p. 8; 亦可参阅 Russo, "The Religious Acculturation of the Italians in New York City", Ph. D. Dissertation, St. John's University, 1968, p. 254.

⑤ Russo, "The Religious Acculturation of the Italians in New York City", p. 254.

⑥ Mariano, *The Italian Contribution to American Democracy*, p. 27. 亦可参见 Russo, "The Religious Acculturation of the Italians in New York City", pp. 231-232.

　　20 世纪 40 年代后纽约意大利人宗教情结的根本转变绝非某个单
一原因可以解释。30 年代以后，纽约意大利人逐步离开小意大利，
搬入郊区和城市里的中产阶级社区，而且进程不断加快，这也推动
了其融入美国社会的速度。① 美国参加"二战"后，意大利移民大都
站在美国一方，这一态度也有助于其与美国社会的融合。意大利人
的爱国情怀一直持续到冷战初期，苏联和东欧各国的无神论进一步
促使纽约的意大利裔美国人接纳天主教会。② 圣母玛丽亚也成了冷战
中美国的守护神。意大利裔美国人甚至向圣母祈祷，希望她让苏联
褪去红色。不过除了这些促进融合的因素，我们也不要忘记，意大
利移民的宗教信仰与主流天主教之间的联系。如前所述，对圣母的
敬奉是一种独特的三位一体论，是天主教一神论的一种形式。毕竟
圣母是上帝的母亲，她的力量与上帝的力量是连贯一致的。下面我
们将会看到，意大利人对一位几乎全能圣者的供奉与纽约华人移民
的宗教信仰竟有天壤之别。

二

　　从某种程度上来说，华裔移民的宗教信仰更为复杂。尽管中国人
对天帝（Lord-on-High）的信仰可以追溯到由巫觋掌握国家大事的商
代（约公元前 1600—公元前 1027 年），但制度化宗教占据权力优势的
时期并不长久。商代之后，尤其是公元前 5 世纪儒家崛起之后，制度

---

　　① Danna Gabaccia, "Little Italy's Decline: Immigrant Renters and Investors in a
Changing City", in David Ward and Olivier Zunz eds., *The Landscape of Modernity*:
Essays on New York City, 1900 - 1940, New York: Russell Sage Foundation, 1992,
pp. 235-251.

　　② Orsi, *The Madonna of 115th Street*, pp. 69-70.

化的宗教便日渐式微并弥散到多个社会制度中去了。① 与此同时，多神信仰逐渐兴起，使得中国人敬拜不同的神祇以祈求不同之"运"。和基督教的全能（omnipotent）上帝相比，中国人所信仰的神祇各有职责，但没有一个是全能的。在大多数纽约华裔移民的故乡、即广东四邑地区（新会、开平、恩平和台山），当地农民供奉的神灵超过 20 个。②

如果说中国人没有一个凝聚同胞的全能的神，但却有一个共同的信仰——祖先崇拜。中国人可以选择信仰某些神祇，同时却不供奉另一些神灵，但不崇拜祖先的却不多见。在广东乡下，每个宗族都有宗祠供奉祖先，他们相信通过献祭、扫墓等行为供奉祖先的神灵，既是尽孝道的必需，又可以获得祖先的佑护。台山当地的方志《新宁县志》认为，"本地人认为建立宗祠非常重要。一个千人之多的大宗族也许建有十几座宗祠，甚至不到百人的小宗族也有至少一座祠堂"③。更为重要的是，祖先崇拜逐渐与儒家强调"慎终追远"的传统融合到一起，使得这个宗教传统变得更强有力。在台山，每年至少有五次大型祭祖活动，尤其是元旦、清明和重阳。④《新宁县志》收录了一个名叫吴志的人的信，信中谈及祖先崇拜的重要性："赖先祖余祯，我家人丁兴旺。尽管家道殷实，但我生活简朴，在意的只是先祖的坟茔，［应该］

---

① 孔子坚信应当重人事而轻鬼神，孔子说过："务民之义，敬鬼神而远之。"当弟子询问他如何敬奉逝者的灵魂时，孔子回答道："未能事人，焉能事鬼？"不过，尽管儒家思想推动了制度性宗教的衰落，但儒家思想的一部分——如慎终追远的传统——又与祖先崇拜的制度性宗教融合在一起。参见 Yang, *Religion in Chinese Society*, p. 304。

② 见台山、开平、恩平和新会等县县志；亦可参见 Ta Chen, *Emigrant Communities in South China*, A Study of Overseas Migration and Its Influence on Standards of Living and Social Change in the Emigrant Regions of Kwangtung and Fukien Provinces, Shanghai: Kelly & Walsh, 1939, pp.232-233 and pp.236-241。

③ 《新宁县志》（County Gazetteer of Xinning）, second edition, compiled in 1892, Hong Kong: 1921, p. 165。

④ 《新宁县志》，第 167—170 页。

时时供奉祖先以求荫蔽。"①

　　相比之下，尽管意大利移民与家族的关系非常紧密，而且家庭中的长辈受到尊敬，但他们的生活中并没有一个强有力的祖先神灵，而且他们也不相信祖先可以保佑现世福祉。西方传教士在中国的传教活动不可谓不尽力，但其结果却远谈不上成功，主要是因为中国社会对祖先崇拜的执着。发生在康熙年间的礼仪之争就说明了这个问题。在经历了多年的失败后，一位美国传教士总结道："如果中国人有崇拜的偶像，那就是他们的祖先……在各种各样的偶像崇拜中，中国人的祖先崇拜是其皈依基督教的最大障碍。"② 就像意大利移民带着对圣者的信仰跨越大西洋一样，华裔移民也把他们的多神信仰带到了美国。在纽约，中国移民依然崇拜多个神灵，祖先崇拜依然盛行其间。实际上，祖先崇拜之于广东农民的意义就像圣母玛丽亚崇拜之于 contadini 一样。相对于对圣母玛丽亚的敬奉，我们更容易理解祖先崇拜对于华裔移民的地域主义、寄居者心态，以及他们与主流基督教关系的影响。

　　如果说敬奉圣母有助于 contadini 的过客心态逐渐淡化，那么华裔移民的祖先崇拜却维持着，甚至强化了他们与故乡之间的纽带。祖先崇拜受到儒家伦理纲常的维护，表达了中国人对祖辈赐予生命的感激，对祖先佑护的渴望，同时也巩固了海外华裔移民与故土之间的血肉联系。儒家的核心理念——孝道——鼓励的是"父母在，不远游"的人生理念。对于为人子者，父母病重之时不离病榻、父母去世之后安葬棺椁，是不能逃避的责任。③ 因此，从理论上讲，祖先崇拜使中国人无法终生滞留他乡。尽管谋生的需求驱使许多广府农民背井离乡、跨海

----

① 《新宁县志》，第 366—367 页。

② Rev. P. W. Pitcher, "Chinese Ancestral Worship", *Missionary Review of the World*, February, 1894, Vol. 17, No. 2. pp. 84-85.

③ Ping-ti Ho, *A Historical Survey of Landsmannschaften in China*, Taipei: 1966, pp. 1-2.

淘金，祖先崇拜却让他们最终"衣锦还乡"。① 按照儒家的标准，游子
在外，如果只是寄钱回家却不能侍奉高堂于卧榻之侧，不能在父母亡
故后将其葬于家族墓地，仍然算不上恪守孝道。

在传统的广东，同一姓氏的宗族传统上聚居在同一个村庄，拥有
共同的祖先墓地和宗祠。对于来自广东乡村的移民而言，故乡就是
先祖精神与灵魂的象征，也是他的叶落之根。无论他漂泊到何处，
祖先的陵墓始终坐落在故乡。即便生长在美国，也会被视作本村本
乡的一员。1945 年，一名华裔美国空军士兵在缅甸与日军作战时阵
亡。在他的葬礼上，华裔移民出版的《新报》将其视作台山人，尽
管他生于纽约。② 对于纽约华裔移民怀乡之情的深入研究发现，其过
客心态之所以久久无法淡化，重要的原因在于他们侍奉双亲于卧榻
之侧的强烈愿望，以及在先祖陵前祭奠的责任心。1945 年，广东建
设协会在纽约华埠成立，其成立宣言明确表达了广东移民对其祖先
陵寝的关注：

> 我们华人大多来自粤省，我们比任何民族都更加热爱祖国和
> 故乡。为了改善生活，我们漂洋过海，来到美国；但祖先的土地
> 和陵寝，以及家族的大部分成员仍然留在中国，因此，我们的怀
> 乡之情从未枯竭，真心地期望家乡更好。实际上，恶劣的经济环
> 境让我们背井离乡……倘若家乡经济发达，很多海外华人都会返
> 回故乡。③

---

① 大部分到中国其他地区谋生的农民子弟也都定期回乡，或退休后返回故土。
见 Francis L. K. Hsu, *Americans and Chinese*, *Passages to Differences*, Honolulu: University
of Hawaii Press, 1985, p. 303。

② 《新报》, June 1, 1945。

③ 《新报》, July 19, 1945, 另外可参见《新报》, August 13, 1945; May 22,
1946。

1955 年，纽约一份华人报纸上刊登社论分析华裔移民之过客心态难以磨灭的原因，认为中国的传统不断提醒华裔移民，"幸福来自故乡，因此中国人喜欢回去"①。一年后，这份报纸再次刊文，认为华人移民最终回到故乡是中国的优秀传统，因为这表示"无论树有多高，也不会忘根"②。1957 年，另一份纽约华人报纸还否认了华人移民不再回故乡扫墓的说法③。当然，这并不是说，华人不能在海外另建宗祠，以行祭祀之礼。但建立新祠堂有严格的规定。除了必须得到宗族领袖的许可，而且往往要花费巨资举办仪式。然而在纽约，华裔移民明显不愿意建立新的祠堂，这与他们受到的来自主流社会的歧视有很大关系。

意大利移民可以归化为美国公民，并融入纽约社会，但华人对此却无能为力。根据国会在 1790 年通过的《归化法》（Naturalization Law），只有自由的男性白人移民才可以归化为美国公民，因此在 1943 年《排华法案》正式废除之前，华裔移民都无法获得美国公民身份。纽约华人遭受的歧视可谓既深且巨。早在 1870 年，汤曼尼厅（Tammany Hall）就发起了反苦力集会。1890 年，纽约市洗衣店主联盟举行特别会议，"决定开展一场专门针对华裔移民的运动"，"通过系统性的改革，以关闭纽约、布鲁克林和新泽西所有由蒙古利亚人种经营的洗衣店"④。由于纽约华人面临的经济机会极其有限，洗衣业几乎是他们唯一的谋生行业。⑤如果联盟的计划付诸实施，华人无疑将被排挤出纽约。该联盟甚至动员市议会通过"限制华人在纽约各区数量的法案"⑥。20 世纪中期以

---

① 《民气日报》，May 2，1955。

② 《民气日报》，March 18，1956；《美洲华侨日报》，June 18，1958。

③ 《美洲华侨日报》，April 10，1957。

④ *The New York Times*，March 21，1890.

⑤ *The New York Tribune*，June 21，1885. Ci Ru，"The Laundry Industry at the Current Stage"，《美洲华侨日报》，December 19，1946。

⑥ *The New York Times*，March 21，1890. 但其结果无从得知。

前，华裔妇女不得赴美与家人团聚。① 因此，在排华法的通过和废除之间的 60 年里，纽约华裔社区基本上是个单身汉社区。华裔移民一方面将妻子儿女留在广东家乡，另一方面又受到跨族裔婚姻的限制，因此与意大利移民相比，他们的怀乡情怀更浓更烈。1892 年，根据《排华法案》实施的要求，纽约华人必须到有关部门去登记注册。② 几年后，又有华人因为参与投票而被逮捕。③ 在这种被排斥的生存状态中，宗祠的建立全无必要，即使建立起来，先祖的灵魂在这里也不得安息。面对如此严峻的歧视，祖先崇拜使华裔移民的回乡之愿更加强烈。直至 20 世纪 50 年代初，纽约华人始终摇摆于定居北美与返回故乡之间。

与意大利人对圣母玛丽亚的敬奉不同，中国移民的多神信仰不利于他们放弃根深蒂固的地域主义。尽管祖先崇拜是华裔移民的共同信仰，但由于每个家族都有自己的祖先，所以，这个信仰不但不利于将所有移民凝结在一起，而且在某种程度上加剧了他们之间的疏离。在纽约华人社区，同姓之人往往组成宗亲会。尽管其中不乏虚拟血亲（fictive kinship），但同宗恳亲会的理念就在于，同姓之人源自同一个祖先。此外，纽约华裔还以地域为纽带组成同乡会。祖先崇拜同样是中国移民地域情结的精神根基。在广东，由于传统上每个家族聚居在同一个村庄里，因此，同乡之人往往也是同宗之士。实际上，宗亲会和同乡会的成员和领袖多有重合。同时，大多数纽约华裔在洗衣业谋生。华人的洗衣店通常由一人或是几个人合伙拥有和经营。由于受到主流社会的排斥，华裔洗衣店主往往雇用亲戚或乡党。④ 这意味着来自不同

---

① 1875 年的《赔基法》（*Page Law*）本意在于阻止妓女进入美国，但却时常被移民管理部门用来阻止华裔女性入境。1882 年《排华法》通过后，《赔基法》的少数"漏网之鱼"也被彻底断绝。

② *The New York Times*，July 22，1892.

③ *The New York Times*，August 17，1904.

④ Lian-ai Tan，"Chinese Laundrymen and Trade Unionism"，《民气日报》，August 7，1941。

地域的移民在工作中来往不多。

从表面上看，中国移民崇拜不同的祖先与意大利移民敬奉多个本地圣徒颇有相似之处，但是在华人心目中却不存在一个像圣母玛丽亚那样的、受到全体移民敬奉的全能的神祇，因此无法形成涵盖整个华人社区的统一信仰，也就是说，缺少使华裔移民放弃地域和宗族情结的精神力量。1946 年，纽约的一份华人报纸刊文批评了虚拟血亲分裂华人社区的情况：

> 过去华侨社会的封建思想，异常浓厚，姓氏观念更牢不可破。直到现在，虽比前略有改变，但姓氏观念仍重……故常有大姓轻视小姓的现象。而大姓之内，又分门别户，大房歧视小房。弱小者有时因环境所迫，遂联合起而组织团体，以资抵制。这种情形是一种封建的部落思想表现。不过，姓氏团体的组织，倘大家都致力于"治国齐家"之道，实未可厚非。然而，演变结果，致有"家族为先"的情形。华侨社会有句俗话："盯住头顶那个字"，就是"家族为先"的明证了。①

前面刚刚说过，意大利移民的地域情结在 20 世纪 20 年代以后逐渐淡化，但是在纽约华人中间，地域情结和虚拟血亲却一直持续到 60 年代末。1938 年，在纽约华人社区中，共有 16 个宗亲会和 10 个同乡会。② 到1966年，二者的数量分别增加到 23 个和 21 个。③

---

① 《新报》，April 26, 1946。

② "Addresses and Phone Numbers of Chinese Organizations in New York City", in the *Special Bulletin of the Fifth Anniversary of the Chinese Hand Laundry Alliance of New York*, New York, 1938, pp. 91–92.

③ "List of Chinese Business & Social Organizations in New York City", *Bulletin of the 32nd Anniversary of the Chinese Laundry Association*, Inc. New York, 1966, pp. 37–43.

如果说意大利人对圣母玛丽亚的敬奉有利于他们最终融入主流天主教，那么祖先崇拜则令大部分华裔移民远离基督。① 尽管最初来到纽约的华裔移民——主要是海员和工匠——经常前往第四大道的基督堂做礼拜②，但19世纪80年代后大量来到这里的农民移民却并非如此。根据纽约第一华人长老教会在其专刊上的说法，20世纪初，"由于西海岸排华情绪高涨，纽约的华人数量显著增多，但我们教堂信徒数量的增加却并不明显"③。之所以如此，是不是因为基督教会缺乏向华裔移民传教的热情呢？当然不是。实际上，教会将华人来到美国视作传教的良机，并且不遗余力地向他们传教，这也是教会将中国和全世界基督教化的努力的一部分。事实上，教会是为数不多的对华裔移民表现出一定善意的团体。④ 有些传教团甚至在华人进入美国和寻找工作时为他们提供协助。⑤ 教会同化华人的决心令人惊叹——19世纪末致力于同化华裔移民的萨莫维尔博士说道，"如果说向海外传教是我们的责任，那么在美国传教更是不可移易的义务"⑥。不过，尽管教会的决心

----

① 由于华人的多神信仰和基督教的单一神信仰是两种文化差异的核心因素，因此为简明扼要，我将天主教会和新教诸宗放在同一门类即基督教。尽管天主教与新教之间有许多差异，但这种差异在华人皈依方面并不突出。

② 见 John K. W. Tchen, "New York Chinese: the Nineteenth-Century Pre-Chinatown Settlement", *Chinese America: History and Perspectives*, January 1990, p. 164。

③ "Bulletin of the First Chinese Presbyterian Church in the City of New York", *The 100th Anniversary of the Founding, 58th Anniversary of the Naming of the First Chinese Presbyterian Church in the City of New York*, 1868-1968, New York, 1968, p. 9.

④ 参见 Wesley Woo, "Chinese Protestants in the San Francisco Bay Area", in Sucheng Chan ed. *Entry Denied*, pp. 214-216。

⑤ 见 *The New York Tribune*, February 1, 1881 and September 23, 1903; *The New York Times*, July 30, 1883; F. Benson, "Chinese, The Heathen at Our Door", *The Home Mission Monthly*, Vol. XXV, 1903, p. 36。

⑥ *The New York Times*, July 30, 1883.

坚定，但成效却并不尽如人意。① 按照 1883 年的一项统计，参加改革派长老教会、斯普林长老会、三一浸信会、万众浸信会、第七循道会和公理会等教会的华人有 435 人，真正入教的只有 39 人。②

纽约华人基督教会的情况也并不理想。中华长老会的特刊分析说，从 1910 年成立一直到 1926 年，"本堂只有成员 166 人……15 年间，每一年的会员人数从未达到过 90 人"，其原因在于，"鲜有华人携家人一同来美，因此他们攒够钱后，一定会衣锦还乡"③。当然，要理解华裔移民对教会传教的冷淡，不能不了解整个美国社会对待中国移民的态度。针对华人的种族歧视不仅让他们难以将美国视作新家，也让他们对教会传教的动机心存疑惑。实际上，《排华法案》让他们失去了对美国社会的信任，正如历史学家蔡石山所言："既然教会宣扬华人可以进入白人的天堂，为何他们不能自由地进入白人的国家？"④

与此同时，我们也不能忽视中国移民中传统文化的力量。有报道显示，华人社区内部对广大移民行为的种种规定和要求——例如，要求大家都要从事祭祖活动，等等——也弱化了教会在那里的传教活动。芝加哥的情况或许有助于我们对纽约华人境况的理解。在芝加哥，少数皈依了基督教的华裔移民时常面临来自华人社区的压力。在 19 世纪末和 20 世纪初，南克拉克街的华人社区曾要求 3 名皈依基督教会的中国移民各缴纳 3 美元以用于祭祖。由于拒不支付，3 人被当地华人诬告而被警方逮捕。⑤ 尽管最终 3 人被无罪释放，但此类威胁已足以让华裔

---

①　*The Home Mission Monthly*, Vol. IX, January, 1887, No. 1, pp. 13 – 14; Charlotte C. Hall, "These From the Land of Sinim, Work among the Chinese in New York", *Missionary Review of the World*, Vol. XX, March, 1897, p. 184; and *The New York Tribune*, November 28, 1897.

②　*The New York Times*, July 30, 1883.

③　"Bulletin of the First Chinese Presbyterian Church in the City of New York", p. 10.

④　Tsai, *The Chinese Experience in America*, p. 44.

⑤　*The Home Mission Monthly*, Vol. XXIV, 1902, p. 255.

移民远离其他宗教。更为重要的是，深受多神信仰上千年影响的华人，很难抛下旧传统，转而信奉一神信仰的基督教。况且按照基督教教义，一旦信仰了上帝，就必须放弃对祖先的崇拜，这也是华人很难接受的。因此，直到 20 世纪中期，大部分纽约华人仍然对基督教淡然处之。正如《纽约时报》1946 年的一篇报道所言：

> 纽约华埠里教堂遍布，甚至一个街区就坐落着三座。但不信教的华人却鲜有光顾。这里有大约 12 名佛教徒，而天主教堂每到周日却拥挤不堪，但他们全是住在不远处的摩贝利街（Mulberry Street）的意大利人。去年冬天，刚从中国来到纽约的田主教（Cardinal Thien）来到华埠主持揭幕中华圣母（Our Lady of China）的画像，只有大概 50 个华人参加。[1]

不过，在第二代华裔美国人的影响下，20 世纪 60 年代迎来了纽约华人基督徒数量的激增。到了 70 年代，由于各种积极因素的影响，许多亚裔美国人都经历了社会地位的变迁，终于离开了祖辈居住的社区，就像意大利移民在 40 年前所做的那样。与此同时，在北美出生的华裔美国人大都接受了美国主流社会的价值观，因此，年轻一代的华裔比起他们的父辈更易于接纳基督教。60 年代末大量涌入纽约的华裔新移民大多来自香港，和传统的、来自广东农村的移民相比，他们中间很多人在到达美国之前就已经不同程度地西化了，其中一大部分已经是天主教徒。[2] 不过直到此时，大部分第一代华裔移民仍然游离在基督教会之外。

---

[1] *The New York Times*, December 15, 1946.

[2] *The New York Times*, December 16, 1967.

三

　　总之，意大利移民和华裔移民融入美国社会时呈现出迥然有别的模式，而其中圣母敬奉和祖先崇拜也扮演了不容忽视的角色——前者促使意大利移民放下其寄居者心态、逐渐融入美国社会，而后者则延缓了华裔移民对美利坚"新家"的认同，并使其地域主义和虚拟亲属网络延续下来。之所以如此，一个重要原因在于，意大利移民将圣母玛丽亚视作无处不在、无所不能的神祇，而华人的信仰世界中则缺少类似的全能的神祇。尽管圣母供奉有颇多民间信仰色彩，但毕竟是天主教的一支。相对于多神信仰的华裔移民，一神信仰的意大利移民融入主流天主教要容易得多。纽约的政治经济状况同样深刻影响了移民融入美国城市的进程。实际上，移民在美国的经历往往是其旧传统与美国新环境相互作用的结果。意大利移民之所以能够较快放下其过客心态，当然不仅仅因为他们敬奉圣母，同时还因为他们在纽约有更多的经济机会。反观华裔移民，我们有理由相信，倘若他们在美国遭到的歧视更少，他们就可能在纽约建立自己的宗族祠堂，打消自己的寄居者心态。

（原载 *Studi Emigrazione*：*International Journal of Migration Studies* 2001 年第 144 期，现恢复到压缩之前的篇幅，由李文硕译为中文）

论罗得岛多尔起义的性质

——兼议美国早期工匠的政治性格

　　"人人生而平等"可能是美国《独立宣言》中留给人印象最深刻的警句。然而，1776年的美国革命却没有给所有美国人都带来政治上的平等，因为先前殖民政府所制定的种种不公平的制度，并没有随着英国人的撤退而一起离开北美大陆。在罗得岛（Rhode Island），殖民政府1663年的特许状规定，只有那些拥有134美元不动产的人和他们的长子才具有选举权，而占人口多数的工人和农民以及大部分商人和工厂主则无权在选举中投票。这项规定直到19世纪初仍然主宰着罗得岛的政治生活。不过，争取普选权的努力在美国革命后不久便开始了。被剥夺选举权的人以上诉和请愿的方式，要求州政府制定一部宪法以取代现存的特许状，同时要求所有成年男子都享有投票权。而旧制度的受益者（主要是大土地占有者）则顽固地维护1663年的特许状，对要求普选权的呼声置若罔闻。双方的斗争持续了几十年的时间。最后，争取普选权的人士意识到，不采取激烈的行动便很难实现自己的目标。于是，在1841年，他们决定自行召开制宪会议，拟定了一部保障男性公民选举权的宪法。特许状政府自然不能容忍这种越轨行为，当即宣布这部主张普选权的法典违宪。而争取普选权的人则推举律师托马斯·多尔（Thomas Dorr）为"人民政府"的州长。州政府随即宣布戒严，并调动民兵来镇压这些异见人士。由于力量悬殊，起义很快就被镇压下去了。但是武装起义这种斗争方式却迫使特许状政府最终决定扩大选举权。

多尔起义在美国人民争取公民权利的斗争史上占有光辉的一页。同时，它还鼓舞了劳工运动的士气和促进了工人阶级的团结。不过，迄今为止，国内还没有学者专门讨论过这次事件。美国虽然有一些学者发表过有关多尔起义的专著，但大都是从政治史或法律史的角度去探讨这次运动的意义。[①] 同时，他们大都忽视工人阶级在争取普选权运动中所发挥的作用，而把起义解释成中产阶级的改革运动。[②] 本文在很大程度上是从社会史的角度探讨工人阶级，特别是工匠（artisans）[③]

[①] 国外研究多尔起义的重要著作包括：Arthur M. Mowry, *The Dorr War: The Constitutional Struggle in Rhode Island*, New York: Chelsea House, 1983. 该书在 1901 年首次出版，并在 1970 年和 1983 年两度再版。作者认为，多尔起义中的"主要问题是宪法问题。……问题是人民有没有权利为他们的政府制定宪法"（第 4 页）。Marvin E. Gettleman, *The Dorr Rebellion, A Study in American Radicalism*, 1833–1949, New York: Radom House, 1973. Gettleman 提到，他这本书的重点是讨论"激进主义意识形态的发展以及意识形态和政治策略之间的互动"（序言第 21 页）。George M. Dennison, *The Dorr War, Republicanism on Trial*, 1831–1861, Lexington: the University Press of Kentucky, 1976. 该书主要是探讨民众主权思想发展史上的一个关键时刻（序言第 11–13 页）。

[②] Mowry 和 Dennison 在他们的书中几乎很少提到工人，Gettleman 是少数注意到工人阶级作用的学者之一，他甚至注意到工匠在 1833 年首先发起争取普选权的运动，不过他还是认为"多尔在运动中发挥了核心作用……中产阶级专业人士是运动的领导人和意识形态的发言人。"见 Gettleman, *the Dorr Rebellion*, pp. xix–xx. 本文所谓的"中产阶级（middle class）"主要是指商人、工厂主、律师和医生等专业人士。使用"中产阶级"而避免使用"资产阶级（capitalist class）"一词，主要是因为：第一，有关多尔起义的著作都一律使用"中产阶级"一词，沿用同一个词语可以避免给读者造成混乱。第二，多尔起义发生在工业革命初期，当时罗得岛的上层人士主要是大地主阶级，下层则是工厂工人，而工厂主、商人、律师等人则处于两者之间，所以"middle class"还有中间阶级的意思。

[③] 工匠（artisan, mechanic, tradesman 或 craftsman）主要是指具有专门技术的工人，他们的技术必须经过学徒的训练才能够获得。相比之下，普通的工厂工人则没有专门的技术。

在起义中所扮演的角色。这项研究结果显示，罗得岛的工匠不但首先发动了争取普选权的运动，而且在中产阶级犹豫和彷徨的关键时刻把斗争推上武装起义的道路，从而迫使州政府做出让步。基于这些事实，我们不应该继续把多尔起义看作是以中产阶级为核心的政治运动，而应该把它定义为工人阶级和中产阶级的联合行动。这项研究还告诉我们，多尔起义所涉及的不仅仅是宪法之争，工匠和中产阶级之间的复杂关系也是起义中暴露出来的重要问题，它同样影响到日后罗得岛历史的发展。工匠在运动中一方面表现得比中产阶级更为激进，而另一方面又乐于接受中产阶级的领导。本文通过分析美国工业化初期工匠既受雇主的剥削同时又渴望有朝一日自己也成为雇主的矛盾状况，来解释罗得岛工匠的双重政治性格。

一

首先我们来看一下究竟是哪些人率先发动了大规模的普选权运动。有关多尔起义的原始材料告诉我们，早在 1832 年，普罗维登斯（Providence）的一些工匠便开始了要求普选权的群众运动了。当时，中产阶级改革派们仍然还是用请愿的方式表达他们的主张。工人们每个星期都会在市政厅聚会，讨论有关选举权的问题，发言的主要是工匠但也包括其他工人。根据一位目击者回忆，与会的工人都激动地讲述着对于被剥夺选举权的不满，而且表现出相当可观的政治才能。① 罗得岛工人阶级的两个杰出代表，赛斯·路德（Seth Luther）和威廉·梯凌盖斯特（William Tillinghast），在全州多个地方做了巡回演讲。其中路德《关于普选权的致辞》是 1833 年最重要和最引人注意的激进主义演说。路德在这个著名的演说中指出，他的致辞不是给那些绅士们听的，那

---

① Jacob Frieze, *A Concise History of the Efforts to Obtain an Extension of Suffrage in Rhode Island*, Providence：B. F. Moore, 1842, pp. 22‑23.

些人可能觉得一个出师不久的木匠的话不值得一听。不过，他要争取的是工人阶级对这个问题的注意。① 路德认为，罗得岛 12000 个公民被 8000 个自封的自由人征税和统治，实属荒谬；而 1663 年的殖民地特许状是和《独立宣言》、《美国宪法》，以及罗得岛权利法案的精神背道而驰的。② 这位激进的木匠号召罗得岛被剥夺选举权的人站出来保护自己的政治权利，不要和特许状政府合作，不要纳税，也不要去服兵役。路德郑重地宣布："如果可能的话，我们将用和平手段达到目的，但如果有必要，就只好诉诸武力！"③ 我们"宁愿死在最后的阵地上，也绝不会放弃与生俱来的权利"④。有学者认为，在 1841 年之前，没有人怀疑过殖民特许状的权威性或合法性⑤，显然是忽视了工人阶级在运动中所扮演的角色。

在 1833 年 4 月的一次公众集会上，另一位激进分子，理发师梯凌盖斯特，也做了演讲。梯凌盖斯特明确表示，罗得岛的工人决心不惜任何代价去争取普选权。他警告说，我们要让那 5000 个贵族地主试一试镇压 12000 个被剥夺了选举权的公民会有什么结果，要让他们尝一尝多数人的力量。⑥ 在一个月后的另一次集会上，工人散发了一份由主席路德和秘书梯凌盖斯特签署的传单，再次表达了争取普选权的决心。工人们认为，所谓普选权，就应该像马萨诸塞州的宪法所规定的那样，意味着每一个美国公民只要符合在本州居住和纳税这些条件，就有权

---

① Seth Luther, *Address on the Right of Free Suffrage*, Providence：S. R. Weeden, 1833, pp. 4-5；路德的原话是"争取一个不同的阶级对这个问题的注意"，这当然是指工人阶级。

② Luther, *Address on the Right of Free Suffrage*, p. 9.

③ Ibid., p. 21, p. 23.

④ Ibid., p. 21.

⑤ Mowry, *The Dorr War*, p. 8.

⑥ Luther, *Address on the Right of Free Suffrage*, appendix, p. x；路德在前面提到 8000 个自封的自由人，可能是印刷错误。

在选举中投票。①

工人阶级在普选权运动中表现出来的激进主义和当时劳工运动的状况密切相关。② 罗得岛是美国最早开始工业化的地区之一，因此它不但拥有一支庞大的工人阶级队伍，而且这里的工人极富斗争精神。1824 年波塔基特（Pawtucket）的纺织工人罢工是北美最早的一次纺织工人大罢工。③ 同新英格兰其他地区的情况一样，罗得岛的工匠在劳工运动中表现得比工厂工人更为积极。美国东北部最早的劳工报刊之一，《新英格兰工匠》（*The New England Artisan*），就是由波塔基特的工匠创办的。这里的工匠还建立了新英格兰地区最早的劳工组织——新英格兰农民、工匠和其他工人协会（The New England Association of Farmers、Mechanics and Other Workingmen）。④ 然而他们很快就意识到，没有真正的公民权，就难以选出工人阶级的代表到议会中去，也就难以实现 10 小时工作制和平等教育权等劳工运动的目标。1833 年，参加农民、工匠和其他工人协会第三次会议的代表们指出："我们要选派尽可能多的、能按我们的观点行动的公民去占据州议会的席位，以便实现彻底的变革。"⑤

不过，工人阶级虽然是普选权运动的发动者，但是在 1833 年底，情况开始发生变化。这时候，有中产阶级人士告诉争取普选权的工人，

---

① Frieze, *A Concise History of the Efforts to Obtain an Extension of Suffrage in Rhode Island*, p. 23.

② 英国的宪章运动也激发了罗得岛工匠的政治积极性，见 Luther, *Address on the Right of Free Suffrage*, p. 7-9。由于篇幅的关系，本文无法就宪章运动的影响展开讨论。

③ Susan Benson, "Preface of Gary Kulik's Article: Pawtucket Village and the Strike of 1824: The origins of Class Conflict in Rhode Island", *Radical History Review*, Spring 1978, No. 17, p. 2; Kulik, "Pawtucket Village and the Strike of 1824", p. 5, p. 24.

④ Kulik, "Pawtucket Village and the Strike of 1824", p. 13.

⑤ *Proceedings of the Working men's Convention*, Boston, n. p., 1833.

马萨诸塞的居民已经为选举权的扩大而感到后悔，他们情愿采取罗得岛的选举方式。① 这个消息竟使工匠们感到迷惘。他们组织了专门委员会，向一些政要请教上述传说的真实性。在给弗兰西斯·贝利斯（Francis Beilies）的信中，工人们写道："我们向最高的权威请教，有关马萨诸塞（选举）的消息是否属实，如果属实的话，我们将向即将召开的会议建议放弃我们为之努力的事业，而且，为了公众的利益，我们宁愿牺牲自己的权利。"② 虽然贝利斯说他本人并没有听到在马萨诸塞有人对扩大选举权感到后悔，也没有听到有人表示喜欢罗得岛的投票方式③，但这时又有人告诉工匠们，如果罗得岛一旦扩大了选举权，那么情况可能就会像纽约那样，成千上万的移民随时会通过投票而损害本土公民的权利和经济利益。④ 这一席话再次使工匠们陷入困惑。他们致信给当选总统马丁·范布伦（Martin Van Buren）说，如果他们的意见被中产阶级政客否定，那么他们将会一声不响地放弃目前的斗争。⑤ 虽然范布伦的答复似乎带有鼓励性，但工匠们却继续向一些政要请教。⑥

　　和政客们的书信往来常常需要很长时间，漫长的等待和一些负面

---

① Tillinghast and Others to Francis Beilies, April 22, 1833, in the *Dorr Manuscripts*. 手稿保存在美国布朗大学约翰·海（John Hay）图书馆。贝利斯是当时罗得岛的一位知名政客。

② Tillinghast and Others to Francis Beilies, April 22, 1833, *Dorr Manuscripts*.

③ Beilies to Tillinghast and Others, April 29, 1833, *Dorr Manuscripts*.

④ Tillinghast and Others to Martin Van Buren, May 31, 1833, *Dorr Manuscripts*.

⑤ Tillinghast and Others to Martin Van Buren, May 31, 1833, *Dorr Manuscripts*. 在美国历史上，本土工匠对移民工人一向怀有疑惧，担心后者和他们争夺工作的机会。19 世纪 30 年代已经开始有爱尔兰人移民到罗得岛，土著工匠自然会担心移民工人取得政治权利之后会威胁到他们的经济利益。

⑥ Martin Van Buren to Tillinghast and Others, July 9, 1833; Tillinghast and Others to N. R. Knight, July 25, 1833, *Dorr Manuscripts*.

的答复使工匠们深感不安，他们的斗志逐渐消沉了。① 与此同时，中产阶级人士也开始了争取普选权的群众运动。1834 年春天，一些来自北部工业城镇的商人和专业人士成立了罗得岛宪政党（Rhode Island Constitutional Party），争取扩大选举权。不过，和工匠们激进的言辞相比，宪政党的语调是非常温和的。这些中产阶级人士劝告工人们聚集到有声望的领袖周围，因为只有这些领导人才可以最明确地表达大家争取普选权的意愿。② 基于现有的材料，我们暂时无法确定宪政党的规劝是否真的发生了作用。但从此以后在争取普选权的舞台上确实很少见到工人出来做演讲了。自 1834 年起，争取选举权运动的积极分子几乎都是医生、律师和制造商等中产阶级人士。③

宪政党的纲领和早些时候工人活动家的要求有明显的不同。工匠们要求的是所有男子的普选权，而宪政党更为关注的则是北部城镇在州议会要有均等的代表权。这一点当然不难理解，因为大部分制造商都来自北部工业城镇，他们自然是希望本地区能选出更多的议会代表。宪政党人还郑重宣布：他们并非不尊重罗得岛的创始人，而且无意追求党派利益或任何不可告人的目的。至于如何改革罗得岛的政治制度，这些中产阶级绅士只是希望州议会召开特别会议，草拟一部宽松自由的宪法。④ 后来，宪政党和辉格党决定实行联合，而两党在 1834 年选举之前所推出的是同一个候选人。⑤ 然而，宪政党人在 1834 和 1837 年的两次选举中均告失败，中产阶级改革派的士气在选举失利后则一蹶不振，罗得岛宪政党也在 1837 年宣告解散。⑥ 1834 年后，随着中产阶

---

①　从 1834 年的一份宽面印刷品中可以看出工人不安和失望的情绪，见 *Dorr Manuscripts*。

②　Dan King to Tillinghast，March 4，1834，*Dorr Manuscripts*.

③　Gettleman，*The Dorr Rebellion*，p. 23.

④　Ibid.，p. 24.

⑤　Nehemiah R. Knight 是两党共同推出的候选人。

⑥　Gettleman，*The Dorr Rebellion*，pp. 26–30.

级打出扩大选举权的旗帜，随着罗得岛工会运动开始衰落，工人阶级的政治积极性也急剧下降了，最后，在 1837 年，经济衰退和梯凌盖斯特的去世使得工人阶级争取普选权的运动告一段落。① 我们稍后会分析工人阶级为什么会听信中产阶级的劝告并接受后者的领导，不过应该再次指出，罗得岛争取普选权运动的发动者是工人阶级，而不是中产阶级，而 3 年以后，在新一轮争取普选的运动中，又是工匠把斗争推向高潮。

二

　　工人阶级第二轮争取普选权的运动是由罗得岛 1840 年 1 月通过的一项新法案所引发的。这项新法案规定，拒绝服兵役属于违法。② 然而有钱人可以雇用替身去当兵，服兵役的负担便主要落到工人阶级的肩上了。如果罗得岛的工人对前一轮争取普选权的斗争已经有些淡忘，那么这项新法案无疑是在提醒他们：没有选举权便无法改变不合理的现状。于是，普选权的问题立刻又在工人当中引起了热烈的讨论。普罗维登斯的工匠在讨论中再次发挥了主导作用。③ 经过反复认真的讨论，工匠们决定召开会议以便寻求扩大选举权的最佳途径。这一次，他们决定不再和当时的政党搞在一起，于是，普罗维登斯的工匠和其他工人组成了一个激进组织——罗得岛普选权联合会（the Rhode

---

　　① 工人的政治积极性和他们在劳工运动中的积极性一向紧密相关，这一点我们稍后会继续讨论。

　　② 见 Gettleman, *The Dorr Rebellion*, pp. 34-35。当然一部分农民（包括地主的幼子）也要承担兵役负担。但从总体上讲，负担最重的是工人阶级，因为到 1840 年时，罗得岛的工业人口已经超过它的农业人口，见 David Montgomery, *Citizen Worker*, p. 17。

　　③ Frieze, *A Concise History of the Efforts to Obtain an Extension of Suffrage in Rhode Island*, pp. 28-29.

Island Suffrage Association）。1833 年争取普选权的工人领袖——木匠路德和石匠富兰克林·库雷（Franklin Cooley）等人——再次在联合会的活动中扮演了积极的角色。① 我们前面引述过的那位目击者说，当时各个政党的领袖（及土地占有者）都同普选权联合会保持距离。在很长一段时间内，联合会的成员几乎一律是工匠和其他工人。② 3 月 27 日，罗得岛普选权联合会通过了它的宪章，其序言写道：

> 所有的人生性上是自由和平等的。我们认为这是美国宪法中一个简单明了的原则，也是自身非常清楚的一个命题。不承认这一点，共和主义就是一句空话。……不论对财产的获得如何有必要、如何值得赞扬，它并不会增加财产占有人的天赋权利，也不会减少那些不占有财产的人的天赋权利。……普选权是一个共和国的首要原则。③

我们刚刚说过，普选权联合会表示过无意和当时各政党搞到一起。但工匠们显然没有做到这一点。1840 年 12 月，普选权联合会得到一份叫作《新时代及宪政导报》（*New Age and Constitutional Advocate*）的周刊的支持。这可能是工匠和中产阶级再次开始联合的一个信号，因为这份周刊的创办人是一位叫作约翰·布朗的医生和淡啤酒制造商。后来布朗又被推选为普选权联合会的主席。④ 然而，尽管中产阶级人士再次被推到领导的位置上，工人阶级仍然是争取普选权运动的主力军。例如，路德仍然是运动的主要发言人，他那"如果有必要，就只好诉

---

① Gettleman, *The Dorr Rebellion*, p. 34.

② Frieze, *A Concise History of the Efforts to Obtain an Extension of Suffrage in Rhode Island*, p. 29.

③ Frances H. McDougal, *Might and Right*, Providence：A. H. Stillwell, 1844, p. 69, p. 71.

④ Gettleman, *The Dorr Rebellion*, pp. 36-37、37 页注脚第 17。

诸武力"的警句不但成为争取普选权的战斗口号，而且还为日后的激进行动奠定了思想基础。① 联合会还筹集资金，支持路德在全州各地就选举权问题做演讲。路德 1841 年 4 月在纽波特（New Port）做的演讲长达两个半小时，礼堂里座无虚席。《新时代及宪政导报》评论说："自从美国革命的那些日子以来，这个城市还没有听到过比这更具有爱国热忱的演讲。"② 普选权联合会还在普罗维登斯组织了一次有近 4000 人参加的游行。示威者举着各式各样的标语。有的标语写道："人是靠贤能造就出来的，而选民则是靠泥土造就出来的。"还有的写道："美德、爱国主义和才智面对 134 美元的泥土。"当然，最有威胁性的还是"如果可能的话，我们将用和平手段达到目的；但如果有必要，就只好诉诸武力！"③ 只是到这个时候，一些政客才出来支持普选权联合会。两位民主党人，纽波特的多提·皮尔斯（Dottee J. Pearce）和格罗赛斯特（Glocester）的山姆·阿特维尔（Sam Y. Atwell）都在集会上讲了话。由于纽波特一向反对改革，皮尔斯和阿特维尔的支持似乎是一个令人鼓舞的迹象。④ 可能是由于受到这个鼓舞，普选权联合会决定 5 月份在纽波特再次召开群众集会以扩大运动的影响。值得注意的是，托马斯·多尔直到这时仍未积极地投身到运动中来。当联合会的秘书邀请他到即将召开的集会上致辞的时候，多尔虽然表示了对争取普选权人士的崇敬，却谢绝了这一邀请。⑤

　　尽管一些中产阶级人士仍旧在踌躇和彷徨，但普选权运动的中坚分子——主要是工匠——却决心继续斗争下去。1841 年 5 月纽波特的集会是这场改革运动的关键一步。开幕典礼异常庄严，有些与会者甚

---

①　Louis Hartz, "*Seth Luther, The Study of a Working Class Rebel*", *The New England Quarterly*, September 1940, No. 13, pp. 406-408.

②　*The New Age and Constitutional Advocate*, May 14, 1841.

③　McDougal, *Might and Right*, pp. 78-79; Mowry, *The Dorr War*, p. 63.

④　Mowry, *The Dorr War*, p. 63, p. 65.

⑤　Dorr to Jesse Calder, May 4, 1841, *Dorr Manuscripts*.

至携带着枪支和佩刀。会议通过了一系列决议，谴责殖民政府制定的特许状，批评州议会中不平等的代表权，并且指出，罗得岛全体人民有权制定一部属于他们自己的宪法。① 直到 1841 年 8 月，普选权联合会再次邀请多尔参加 10 月份召开的起草人民宪法的会议时，这位律师才做出积极的响应。②

在起草人民宪法的过程中，争取普选权的队伍里已经出现了裂痕。在 1842 年 1 月庆祝人民宪法获得批准的讲话里，多尔遗憾地注意到，有声望和有学识的人很少公开站出来支持人民的权利。③ 同时，一位目击者留意到，当人民政府成立和多尔被选为州长时，是手上磨出厚茧的工匠和皮肤晒得黝黑的农民给了他最热情的支持。④ 后来，当人民宪法遭到州议会的拒绝时，普选权联合会中的阶级分野变得更为明显了。州政府刚刚宣布戒严，阿特维尔便和工人激进分子划清了界限，其他一些支持过普选权的律师也不再支持人民宪法了。⑤ 而争取普选权的中坚分子，绝大部分是工匠和农民⑥，却表示要拿起武器来捍卫人民宪法，去保卫人民的权利和他们的宪法。铁匠戴维·帕敏特（David Per-

---

① Mowry, *The Dorr War*, pp. 64-66, 石匠库雷是会议的主持人之一。

② Parley Mathewson and David Blacke to Dorr, August 11, 1841; "Dorr to Mathewson", August 12, 1841, *Dorr Manuscripts*. 杂货商马休逊是会议的主席，钟表匠布莱克是会议的秘书。

③ Dorr's Notes for a Speech at a Providence Rally, January 7, 1842, *Dorr Manuscripts*.

④ McDougal, *Might and Right*, p. 231.

⑤ Gettleman, *The Dorr Rebellion*, p. 92.

⑥ 许多农民加入到普选权运动中来，主要是因为土地占有者的幼子也有没选举权；同时，在罗得岛，有一部分农民同时也是工匠。例如，参加在切帕切特村扎营的本杰明·克兰达尔（Benjamin Grandall）是一位农民兼鞋匠，埃利亚布·维普尔（Eliab Whipple）是一位农民兼屠宰匠。见 *Providence Daily Journal*, July 8, July 13, 1842. 此外，罗得岛有不少造船木匠来自农村，他们的工作季节性很强，一旦工作结束，就又返回乡下。

menter）在写给多尔的信中说，"那时候你会看到成千上万颗温暖的心和成千上万个强壮的臂膀，只要一声令下，这些人就会向着自由的旗帜前进。"①

州政府显然觉得仅仅依靠戒严令还不足以镇压普选权运动，于是决定向联邦政府寻求支援，同时派出民兵去把守军火库。或许是作为一种鼓励普选权支持者的姿态，多尔决定去攻打军火库以便夺取更多的武器。在进攻军火库的过程中，路德始终抱着一门火炮冲锋陷阵。②他被誉为"战斗打响后少数不逃跑的战士之一"，因为当普选权联合会的火炮证明不中用的时候，多尔麾下的许多士兵都跑掉了。③后来多尔又重组人马，在费多罗尔山（Federal Hill）上建立起阵地。不过，普选权联合会的战士只剩下50人，他们面对的是1000支毛瑟枪和6门大炮。④在这种寡不敌众的情况下，他们只好从山顶撤退，很多人被政府军生擒了。如果我们查阅《罗得岛议会1842年6月任命的审讯最近一次叛变中被捕人士的专门委员会记录》，那么便可以发现，进攻军火库和守卫费多罗尔山的多尔士兵当中大多数（55%）是工人。⑤

我们在前面已经讨论了工人阶级为什么会积极地投身到普选权运动中去。如果对于工人阶级来说，扩大选举权是改善工作和生活条件的必要前提的话，那么普选权对于中产阶级来说却没有如此的紧迫，因为他们在议会中多少已经有一些代表（而工人阶级在那里却不占有

---

① David Parmenter to Dorr, May 30, 1842, *Dorr Manuscripts*.

② *Providence Daily Journal*, July 11, 1842.

③ Hartz, "*Seth Luther*", p. 407.

④ McDougal, *Might and Right*, pp. 252-253.

⑤ "Records of Commissioners Appointed by the General Assembly of the State of Rhode Island in June 1842 to Examine the Prisoners Arrested during the Late Rebellion", *Dorr Manuscripts*. 农民占这些士兵的16%，中产阶级人士占29%。

任何席位）。① 而且，随着工业化的深入，中产阶级在经济上已经具有相当的实力，他们担心过于卷入普选权运动会影响到自己财产和事业的安全。虽然中产阶级会由于选举权的扩大而选派更多的代表到议会中去，但工厂主和商人对于工人获得选举权却心怀疑虑，因为工人一旦有了更多的政治权利之后，就必然会更为积极地投入到劳工运动中去，向他们的雇主提出更多的要求。这就决定了在斗争的关键时刻，中产阶级改革派往往踌躇不前。

工人阶级的勇敢和中产阶级人士的胆怯形成了鲜明的对照。在进攻军火库失败后，许多中产阶级改革派不但辞去了他们在人民政府中的职位，而且还谴责多尔政府种种"破坏性的"和"可悲的"做法。② 与此同时，很多工人却在做反击的准备。铁匠帕敏特再次致函多尔，表示如果州政府采取进一步行动的话，"我们就可以冲出包围，而且应该开始另一次冒险行动"③ 另一位铁匠则自豪地说，为了普选权的原则，他情愿朝着炮口前进，即使那些"大人物"都逃跑了，他也会这样做。④ 不过，民兵已经得到增援，而且控制了首府普罗维登斯。在这种情况下，反叛者们决定转移到北部工业区去。他们可能是鉴于有工厂工人参加了对军火库的进攻，于是在切帕切特村（Chepachet Village）扎下营来，因为切帕切特距离工业重镇温索基特（Woonsocket）很近，那里有许多工人都支持争取普选权的斗争。在切帕切特设营的过程中，路德担任了组织秘书，负责作记录和处理军营

① 这一点是不言而喻的，因为比较富裕的工厂主完全可能拥有 134 美元的不动产。

② McDougal, *Might and Right*, p. 247.

③ Parmenter to Dorr, June 17, 1842, *Dorr Manuscripts*.

④ "Records of Commissioners Appointed by the General Assembly of the State of Rhode Island in June 1842 to Examine the Prisoners Arrested during the Late Rebellion", *Dorr Manuscripts*.

中的各种事物。① 当时的许多报纸都写道："如果以前普选权运动的领袖见到这位粗鲁的工人就皱眉头的话，他们现在倒好像非常愿意让他在战场上发挥重要作用，而他们自己现在正忙着和整个普选权运动划清界限。"② 同进攻军火库时的情况一样，参加在切帕切特扎营的大多数多尔士兵（69%）是工人，尤其是工匠。③

可以想象，工匠对中产阶级人士的怯懦深感憎恶。路德在从监狱写给朋友的信中抱怨说："那些刚刚有一点危险迹象便逃离战场的人"，现在"正由女士们给佩戴花环，让我们这些穷鬼在战斗中首当其冲，而我们得到的奖励却是监狱里的虱子"④。虽然工人愿意和特许状政府的军队继续战斗，但由于越来越多的人，尤其是人民议会的成员，都反对进一步的军事行动，多尔决定放弃在切帕切特的基地。当民兵到达切帕切特时，反叛者们已经离开阵地，但民兵在附近还是抓获了不少普选权联合会的人。⑤

不过，工人并没有被军事镇压所吓倒，许多人表示会把斗争继续下去。在审判结束时，路德宣布说多尔州长的政府是罗得岛唯一的政府，而他是凭着对上帝的良心而行动的。⑥ 路德被释放后，仍然花很多时间就罗得岛的事物做演讲，继续推动争取普选权的事业。虽然特许状政府把起义镇压了下去，但武装暴动这种激烈的斗争方式却使得大

---

① *Providence Daily Journal*, July 11, 1842.

② 见 Hartz, "*Seth Luther*", p. 407。

③ "Records of Commissioners Appointed by the General Assembly of the State of Rhode Island in June 1842 to Examine the Prisoners Arrested during the Late Rebellion", *Dorr Manuscripts*.

④ Luther to Walter Burges, September 5, 1842, *Dorr Manuscripts*.

⑤ Gettleman, *The Dorr Rebellion*, pp. 137–138.

⑥ "Records of Commissioners Appointed by the General Assembly of the State of Rhode Island in June 1842 to Examine the Prisoners Arrested during the Late Rebellion", *Dorr Manuscripts*.

土地占有者们惶惶不可终日。当议会中的保守派坚持反对普选权的时候，主张让步的参议员威廉·斯波瑞格（William Sprague）争辩说，不论我们多么不喜欢做出让步，只有让步才能化解激进主义运动。"我担心倘若不按照我的建议去做的话，我们将永无宁日。"① 经过反复辩论，尽管保守派仍在反对，州政府还是决定扩大选举权。在 1842 年 6 月的会议上，州议会的多数成员都赞同尽早召开新的制宪会议，并建议所有成年男子都参加投票，选举制宪会议的代表。② 1842 年秋天起草的新宪法规定，所有成年白人男子，只要他们缴纳 1 美元的人头税或拥有土地，就享有投票权。

三

我们虽然已经厘清各个阶级在普选权运动中所扮演的角色，但还需要对美国早期工匠的政治性格做进一步的探讨，才可能更为准确地重新评价多尔起义的性质。事实很清楚，在斗争的关键时刻，中产阶级常常表现出怯懦和彷徨，而路德、梯凌盖斯特和帕敏特等一大批勇敢的工匠们则始终活跃在斗争的最前线，甚至不惜舍生取义。正是工人阶级的这种激进态度才最终把运动推上武装起义的道路。在明确了工匠在普选权运动中的决定性作用之后，我们显然不应该继续把多尔起义看作是以中产阶级为核心的改革运动了。不过，我们也不能因此而断定这纯粹是一次工人阶级的政治运动。毕竟，中产阶级在运动中常常被推到领导的位置，他们的专业知识在起草人民宪法的过程中也发挥了有益的作用。③ 同时，尽管工匠对中产阶级人士的怯懦非常不满，但他们对中产阶级政客却相当推崇。在 1834 年第一轮争取普选权

① Gettleman, *The Dorr Rebellion*, p. 129.

② Mowry, *The Dorr War*, p. 204.

③ 由于篇幅的关系，本文不可能全面和系统地讨论中产阶级在运动中的作用。

的运动中，他们就是在听信了政客们的劝告之后而偃旗息鼓的。当时，工厂工人完全没有机会和中产阶级政客进行接触，但工匠却可以和政客们频繁通信，讨论他们所关心的政治问题。① 在第二轮普选权运动中，他们又和中产阶级改革派一道拥戴多尔律师做人民政府的州长。这种矛盾的表现是由工匠在工业化过程中的特殊地位所决定的。

在 19 世纪初的罗得岛，工业化的不断深入意味着工匠正面临一个十字路口。一方面，大部分工匠都受雇于工厂主——路德就是其中一个；工厂主延长工作时间和提高工作强度的做法自然会造成他们的不满。路德在一次讲话中就批评了工厂主，因为他们禁止工匠师傅雇用每天只工作 10 小时的木匠。② 同时，工厂制度的建立也使得工匠的地位受到威胁——机器的运用使得生产日益简单化，工匠的技术也就变得越来越不重要——这也正是一部分工匠成为劳工运动先驱的原因。然而另一方面，工匠和工厂主之间也存在着一定的亲和力，很多工匠往往是集工人和雇主的双重身份于一身。工业化的不断深入虽然使大部分工匠的地位岌岌可危，但有一小部分人，尤其是工匠师傅，却有可能上升到工厂主的地位。1833 年普选权运动的一位积极分子富兰克林·库雷当时自称是一个"地位低下的工人"③，但到 1840 年再度加入普选权运动时，他已经拥有一个专营纪念碑、墓碑和建筑基石的商

---

① 当时和政要们通信的有理发师梯凌盖斯特、铁匠劳伦斯·理查德兹 (Lawrence Richards)、鞋匠威廉·米切尔 (William Mitchel)、木匠赛斯·路德、鞣皮匠威廉·米勒 (William Miller)、钟表匠戴维·布劳 (David Brow)、石匠富兰克林·库雷 (Franklin Cooley)、工匠本杰明·卓伊 (Benjamin Joy)、雕刻师威廉·杰瑞 (William Jerry) 和装订师托马斯·多耶洛 (Thomas Doyle)，见 Tillinghast and Others to Francis Beilies，April 22, 1833, *Dorr Manuscripts*。

② Seth Luther, *An Address to the Working Men of New England*, *on the State of Education and on the Condition of the Producing Classes in Europe and America and on the Safety of our Republic*, New York, n. p., 1833, p. 25.

③ 在写给政要的信中，梯凌盖斯特和库雷等人自称是地位低下的工人 (humble workingmen)，见 *Dorr Manuscripts*。

店了。

　　正因为在工业化的初期很多工匠仍然抱着有朝一日成为工匠师傅甚至成为工厂主的梦想①，所以他们和中产阶级成员在意识形态上颇有相通之处。比如，纽约的工匠常为自己的行业和技术感到自豪，却不够重视日益明显的贫富之别。在重要的节日里，他们总是高举着本行业的徽章和工具，排成整齐的序列沿着百老汇街游行。雇主和雇工（工匠）一向是走在同一个队伍里，组成代表本行业的象征性团体，以显示同一行业内部的团结与和谐。制桶匠举着的标语上写着："像兄弟般地互爱"，鞋匠们的箴言则是"团结就是力量"。② 源于费城的美国联合工匠公会（The Order of United American Mechanics）在 19 世纪 40 年代既接受工匠也接受小企业主做会员，而工匠通常都推选雇主们做公会的首领。③ 这些都足见工匠和雇主阶级之间的亲和性。

　　对私有财产的拥护是美国早期工匠意识形态中的又一个显著特点，而这一特点和他们对行业利益的维护是联系在一起的。美国早期工匠通常把共和主义中的"公民权"理解为保护私有财产的权利。托马斯·潘恩（Thomas Paine）就特别强调私有财产的重要性，他认为人的自然权利应该包括"获得和占有财产的权利"④。在法国大革命期间，潘恩在建立共和体制和普选权等问题上表现得甚至比雅各宾党人都更为激进，但是当有些法国人要求更为彻底的社会改革时，他却非常不愿意放弃自由竞争和私有财产的原则。艾瑞克·方纳（Eric Foner）深刻地指出，"就其本质来说，'工匠'实现独立的愿望表明他们对私有财

---

① Bruce Laurie, *Artisans into Workers*, *Labor in Nineteenth-Century America*, Urbana and Chicago: University of Illinois Press, 1997, p. 50.

② Wilentz, *Chants Democratic*, p. 90.

③ Laurie, *Artisans into Workers*, p. 98.

④ Tom Paine to Thomas Jefferson, in Philip S. Foner ed. *The Complete Writings of Thomas Paine*, New York: Citadel, 1945, Vol. 2, p. 1298.

产的尊敬。"① 继潘恩之后的其他工匠领袖也都非常重视私有财产。19世纪初曾经做过小工匠师傅的工人领袖托马斯·斯基摩尔（Thomas Skidmore）就深受潘恩思想的影响。斯基摩尔认为劳动可以确保一个人占有财产的权利②。工匠虽然并不富有，但在他们的心目中，生产工具和专业技术就是他们的神圣财产，是必须极力捍卫的东西。新英格兰最杰出的工人领袖——罗得岛的路德，也非常重视私有财产。他曾经宣布，"有人指责我们要分割财产……我以全体工人的名义，觉得自己有权告诉大家，这种指责是错误的，是彻底错误的，而且是恶意的"③。即使在他那篇《关于普选权》的著名演讲里，路德也十分和善地对有钱人说："我要对所有有权势的人说，还我们公道，我们会和你们一起保护你们的财产。"④ 在 1828 年的一次宴会上，有些工匠还同工厂主一起，向"美国制度"敬酒。⑤ 在他们的演说中，工匠们常常是从《权利法案》（*Bill of Rights*）和《美国宪法》中寻找论据。路易·哈兹（Louis Harts）认为，正是这些自然法的原则，促使路德呼吁工人阶级不要纳税，不要服兵役，促使他喊出"如果有必要，就只好诉诸武力"的口号，也促使他勇于冲锋陷阵。⑥ 这无疑是道破了问题的要害。美国早期工匠的这种双重性格决定了他们一方面在普选权运动中比中产阶级更为激进，而另一方面却甘心接受中产阶级的领导。

在 19 世纪上半叶，罗得岛的工匠还远远没有同工厂工人打成一片，以至于大多数工厂工人未能加入到普选权运动中去，这种状况也

---

① Eric Foner, *Tom Paine and Revolutionary America*, New York: Oxford University Press, 2005, p. 39.

② Thomas Skidmore, *The Right of Man to Property*, New York: A. Ming, 1829, p. 42, pp. 55-57, p. 79.

③ 引自 Hartz, "*Seth Luther*", p. 411。

④ Luther, *Address on the Right of Free Suffrage*, p. 22.

⑤ Kulik, "Pawtucket Village and the Strike of 1824", p. 12.

⑥ Hartz, "*Seth Luther*", p. 412.

使得我们很难把多尔起义解释成纯粹工人阶级的政治运动（因为工厂工人毕竟占工人阶级的大多数）。前面刚刚说过，工匠对自己行业的执着超过了对阶级分野的重视，结果造成了工匠在政治运动中常常和中产阶级以及农民结盟，而忽略工厂工人的现象。在 1833 年新英格兰农民、工匠和其他工人协会的会议上，来自纽黑文（New Haven）的工匠代表遗憾地说："没有来自工厂的代表参加这次会议，使我们担心工厂工人已经屈服于雇主的命令了……农民和工匠才是美国人民最后的希望。"① 其实，工匠和工厂工人的价值观有很多不同。工匠中的激进分子在这个时期所大力提倡的是戒酒、简朴、自律和自助等道德信条，这些主张和工厂主以及福音教会的立场相去不远，而工厂工人却仍然拘泥于传统的时间观和工作观。比如，绝大多数工厂工人仍习惯于在工作时间和放工后饮酒。既然要尽情地饮酒，当然也就很难做到俭朴，这些都是工匠的领袖所不能赞同的。② 更为重要的是，工匠所提倡的普选权并非真正毫无限制的投票权。在纽约，工匠们认为只有小手工工场才能真正体现共和国的各种价值。在他们看来，拥有少量财产的人可以既不像大资本那样腐败，也不像穷人那样容易被特权阶层所驱使。③ 罗得岛工匠所提倡的是拥有少量财产和纳税人的投票权④，这一点和中产阶级的立场相当接近，却使工厂工人心灰意冷，因为工厂工

---

① 引自 John R. Commons, *History of Labor in the United States*, Vol. 1, New York: the Macmillian Company, 1918, pp. 305-306。

② Kulik, "Pawtucket Village and the Strike of 1824", p. 29; Gutman, *Work, Culture and Society in Industrializing America*, pp. 19-20; Rosenzweig, *Eight Hours for What We Will*, pp. 35-64. 关于工匠禁酒的主张，见 Laurie, *Artisans into Workers*, p. 53, p. 92。

③ Wilentz, *Chants Democratic*, pp. 93-102.

④ Frieze, *A Concise History of the Efforts to Obtain an Extension of Suffrage in Rhode Island*, p. 23.

人是真正的无产者。此外，工匠所争取的普选权还只限于成年男子①，然而在罗得岛 8500 个纺织工人当中，有 2/5 是儿童，而在成年工人中女工的人数是男工的两倍。② 成年男子的普选权对于众多的女工和童工来说意义甚微。

工厂工人未能积极参加劳工和政治运动也有其自身的原因。在 19 世纪的前 20 年，罗得岛的工人发泄对雇主的不满情绪时，主要的斗争方式是捣毁机器和焚烧工厂。到了 30 年代他们才刚刚放弃这种原始的斗争方式，开始正规的鼓动和组织工作，但这时工厂主已经加强了自身的力量并强化了工厂的纪律。③ 同时，年龄、性别和技术的不同在纺织工人中间形成了一种竞争性的工作文化，使他们很难团结一致。④ 在 19 世纪，酒馆是美国工人阶级娱乐和社交的重要场所，在酒馆里他们不但可以发泄对雇主的不满，而且还可以获得有关劳工运动的各种信息。然而在罗得岛，由于工厂工人大都居住在小村庄里，很少有机会到酒馆去，所以他们失去了一个和其他工人，特别是工匠，进行交流的重要渠道，因而也常常被隔绝于劳工运动和政治运动之外。⑤

在探讨了美国早期工匠的政治性格之后，重新评价多尔起义的性质已经不再是一件困难的事了。很显然，把多尔起义确定为纯粹是中

① 应该指出的是，罗得岛工匠所争取的选举权除了只限于成年男子以外，还只限于白种人。不过，在 19 世纪 40 年代，罗得岛的黑人人口极少，种族对立并不突出，因而本文对于工匠所要求的普选权在种族方面的局限性略而不论。

② Anne Newton, "*Rebellion in Rhode Island: The Story of the Dorr War*", M.A.Thesis, Columbia University, 1947, pp. 35-36.

③ Kulik, "Pawtucket Village and the Strike of 1824", p. 24, p. 29.

④ Ibid., p. 29.

⑤ Kulik, "Pawtucket Village and the Strike of 1824", p. 29；关于罗得岛的大多数工厂工人在 19 世纪上半叶未能加入到劳工运动中去，见 Editha Hadcock, "Labor Problems in the Rhode Island Cotton Mills, 1790－1940", *Rhode Island History*, July 1955, p. 89。这里应该指出，虽然一部分工匠领袖和工厂主以及福音教会 （Evangelical Church） 在 19 世纪曾经大力提倡禁酒，但这个运动在工人当中的成效并不显著。

产阶级的或纯粹是工人阶级的政治运动都不够全面。中产阶级改革派虽然在运动中担任了领导，但大规模的普选权运动其实是由工匠发起的，而且在中产阶级表现出犹豫和彷徨的时刻，是工人阶级把运动继续向前推进，使其演变为武装起义，而正是武装起义才最终迫使特许状政府在普选权问题上做出让步。考虑到以上各种因素，把多尔起义确定为中产阶级和工人阶级（特别是工匠）的联合行动似乎更为合理。其实，这两个阶级在美国革命时期便已经开始合作了，当时，鼓吹革命最卖力的潘恩就是一位工匠。罗得岛的普选权运动既然是在完成美国革命尚未完成的任务，那么工人阶级和中产阶级在"拯救共和国"的口号之下再次联合起来是完全可以理解的。当然，在 1663 年的特许状这个殖民主义残余被清除之后，工人和雇主之间的对抗很快就提到日程上来了。不过，我们从罗得岛工匠的政治性格中可以看出日后由他们所领导的行业工会的保守主义倾向。工匠们对中产阶级意识形态的拥抱、对本身行业利益的执着、对工厂工人和移民工人（即没有技术的工人）的不信任以及对妇女利益的冷漠，似乎注定了他们日后不会像欧洲的工人那样，走上激进主义的道路。

（原载《世界历史》2006 年第 2 期）

亚裔美国史可以成为
美国移民史的一部分吗

本文的主旨是要指出，亚裔美国史（Asian-American history）按照道理本应该是美国移民史的一个不可或缺的组成部分，但是由于治美国移民史和治亚裔美国史的学者在认识上，或者说在意识形态上，仍然有相当的距离，所以它们至今大体上还是两个互不相关的学术领域。如果这两组学者都愿意摒弃意识形态上的成见，拓宽视野的话，那么亚裔美国史就很有希望成为美国移民史的一部分。但这是一个宏大的论题，涉及美国移民史和亚裔美国史两个学术领域，远不是一篇短文可以全面阐述清楚的。要解决这个问题还需要做更多的研究和进行更多的讨论。不过，暂时聚焦于问题的某几个方面，对于我们最终解决这个议题仍然是有益的。

美国是一个以移民和移民后代为主体的国家。在 19 世纪 20 年代至 20 世纪 20 年代美国工业化的这 100 年当中，共有数千万人从欧洲和亚洲移居到美国。① 除了少数人是因为宗教和政治的原因而背井离乡移居北美外，绝大多数欧、亚移民都是为了改善自己的经济状况而远涉

---

① 事实上，在这个时期也有人从加拿大、墨西哥和其他南美国家移民到美国。不过，由于本文的重点是讨论欧洲和亚洲移民的情况，所以对于来自加拿大和墨西哥的移民略而不论。

重洋来到新大陆的。到达北美之后，欧洲（特别是东、南欧）和亚洲移民大都成为非技术性工人（包括农业工人），都受到不同程度的歧视和虐待，也都从各自的文化传统中寻找互助的资源以求生存。然而尽管欧亚移民之间有很多相似之处，但迄今为止，学者却很少将这两组移民相提并论。移民史学家往往只把注意力放在欧洲移民身上，而治亚裔美国史的学者则认为，由于亚裔美国人受到严重的种族歧视，所以欧、亚移民的经历不可同日而语。从总体上看，亚洲移民的经历至今尚未成为美国移民史的一部分。我近年来所做的研究表明，欧、亚移民之间在很多方面都有相通之处，即使排斥亚洲和排斥欧洲移民的运动具有很大的不同——排亚运动具有种族主义性质——我们依然可以在这两个排外运动之间找到很多相通的地方。更为重要的是，在这些相通之处的基础上去考察排亚运动，比孤立地考察这个运动更可以突出种族主义的危害。

　　美国最具影响力的移民史著作中绝少讨论亚洲移民的情况，这是大家都知道的事实。奥斯卡·汉德林（Oscar Handlin）1951 年出版的《连根拔起的人：一部关于构成美国人民的那些伟大移民的故事》（*The Uprooted: the Epic Story of the Great Migrations that Made the American People*）① 是早期有关美国移民史的名著。不过汉德林讨论的对象几乎全部是欧洲移民，只是在极少几个地方间或提到亚洲移民。约翰·海雅姆（John Higham）的经典之作《国土上的陌生人：美国排外主义的模式》（*Strangers in the Land: Patterns of American Nativism, 1865–1925*）是研究美国排外运动最具权威性的著作②，自从 1955 年问世以来曾经再版 20 余次，其影响历 50 年而不衰。然而该书除了在少数几个地方

---

　　① Oscar Handlin, *The Uprooted: The Epic Story of the Great Migrations That Made the American People*, Boston: Little & Brown, 1951.

　　② John Higham, *Strangers in the Land: Patterns of American Nativism*, 1865–1925, New Brunswick: Rutgers University Press, 1992.

简略提到排亚运动以外，主要还是解释欧洲移民如何遭到排斥。这说明在海雅姆的心目中，所谓移民，说到底，还是欧洲人。

美国移民史不包括亚洲移民，这无疑是一个极不正常的现象。有学者早在 20 世纪 60 年代便呼吁将亚洲和欧洲移民等同看待。罗杰·丹尼尔斯（Roger Daniels）对于把亚洲移民史置于美国移民史的范畴之外曾经深表遗憾，他说："来自亚洲的人首先是移民，而且在没有找到能够证明相反情况的确凿证据之前，那些适用于所有移民的法则也适用于亚洲移民，这样的说法看上去更为合理。"① 然而，丹尼尔斯的呼吁似乎并没有引起移民史学家足够的重视，因为约翰·波德纳（John Bodnar）1985 年出版的《被移植过来的人：美国都市中的移民的历史》（*The Transplanted: A History of Immigrants in Urban America*）② 虽然被普遍认为是研究美国移民史最具权威性的著作，但该书主要还是讨论欧洲移民的历史，极少涉及亚洲移民。

我们现在无法准确地知道移民史学家为何不把亚洲移民包括在他们的讨论范畴之内，但比较肯定的是，很多早期学者深受欧洲中心论和同化论的影响，认为只有欧洲移民才会最终成为美国人，而亚洲人（尤其是中国人）则大都是寄居者，不能算作是移民，即使亚洲人有意在美国定居，他们由于文化和宗教的不同也不可能融入主流社会。值得一提的是冈特·巴斯（Gunther Barth）1964 年发表的著作《苦力：一部中国人在美国的历史》（*Bitter Strength: A History of the Chinese in the United States, 1850-1870*）。③ 巴斯虽然专治中国移民史，但他却明确地把中国移民和欧洲移民看作是截然不同的研究对象，他认为华工

① Roger Daniels, "Westerners from the East: Oriental Immigrants Reappraised", *Pacific Historical Review*, Vol. 35, No. 4, 1966, pp. 375-376.

② John Bodnar, *The Transplanted: A History of Immigrants in Urban American*, Bloomington: Indiana University Press, 1985.

③ Gunther Barth, *Bitter Strength: A History of the Chinese in the United States, 1850-1870*, Cambridge, M. A.: Harvard University Press, 1964.

都是寄居者（sojourners），无意在美国落地生根，而那些来自欧洲的人才是有意成为美国公民的移民。巴斯的观点在一定程度上可能道出了主流社会的学者不把亚洲移民放入美国移民史进行讨论的原因。此外，移民史学家也可能认为亚洲移民的人数远远少于欧洲移民，不值得大书特书。但这种看法还是没有脱离欧洲中心论的藩篱，因为人数少不等于不值得重视（况且亚洲移民的人数少在一定程度上也是由于种族歧视所造成的）。不过，如果在20世纪70年代之前美国移民史的研究还难以摆脱种族偏见和欧洲中心论的影响的话，那么到了80年代的中后期，"种族平等"和"政治正确（political correctness）"等价值观已经开始在学术界占据优势的情况下，波德纳这样的左翼学者仍然不把亚洲移民放入他的移民史著作中，这说明欧洲中心论在欧裔学者的心目中是多么根深蒂固。

　　自从20世纪60年代亚裔美国史成为一个独立的学术领域之后，亚裔美国学者当中也极少有人在美国移民史的框架之内去考察亚洲移民的历史。① 亚裔美国学者为何不把欧、亚移民的经历等同看待，目前也没有现成的答案。根据我所做的研究和推测，他们不愿把亚洲移民

---

　　① 迄今为止，只有极少的学者把欧亚移民放在同等地位进行研究。见 Sucheng Chan, "European and Asian Immigration into the United States in Comparative Perspective, 1820s to 1920s", in Virginia Yans –McLaughlin ed., *Immigration Reconsidered*, *History*, *Sociology*, *and Politics*, New York: Oxford University Press, 1990, pp. 37–75. 我本人也做过对欧亚移民进行比较的尝试，以便最终可以在美国移民史的总体框架之内考察欧洲和亚洲移民的历史，见 Xinyang Wang, "Economic Opportunity, Artisan Leadership and Immigrant Workers' Labor Militancy: Italian and Chinese Immigrant Workers in New York City, 1890–1970", *Labor History*, Vol. 37, No. 4, Fall, 1996, pp. 480–499; Xinyang Wang, "Devotion to the Madonna and Veneration of Ancestors: Religious Adjustment of Italian and Chinese Immigrants in New York, 1890–1970," *Studi Emigrazione: International Journal of Migration Studies*, Vol. 144, No. 38, 2000, pp. 895–900; Xinyang Wang, "When Families Came to America: Adaptation of Italian and Chinese Familial Traditions in New York City, 1890–1970", 台湾"中研院"《欧美研究》季刊, Vol. 25, No. 4, December 1995.

的经历当作美国移民史的一部分来进行考察，很可能是因为亚裔移民曾经遭受到种族歧视。他们担心如果把欧亚移民史放在一起进行讨论，会给人留下欧亚移民非常相似的印象，从而淡化种族歧视的危害。不过，很明显，这已经不是学术上的关怀，而是出于政治上的考虑了。但我们稍后将会看到，担心把亚洲移民的经历放到美国移民史的框架内会淡化种族主义的危害实际上没有必要。下面我们就寄居者心态和种族歧视这两个问题作一个简单的比较，来说明亚洲移民和欧洲移民之间本来就具有很多相通之处。

中国移民和其他许多亚洲人最初都抱着寄居者心态来到美国，他们打算在美国工作一段时间，在有了一定的积蓄之后"衣锦还乡"，这些都是毋庸置疑的历史事实。[①] 然而，最近20年的史学研究越来越清楚地指出，欧洲移民——爱尔兰人、保加利亚人、捷克人、罗马尼亚人、希腊人、意大利人等等（犹太人除外）——最初也都是抱着寄居者心态来到美国的：他们要在美国赚钱，然后返回家乡购买房屋和土地，以便过上小康的生活。南意大利农民的移民模式几乎完全由国内小块土地的买卖情况所决定：在土地买卖活跃的省份移往美国的人数就多，而在大土地所有制占主导地位的省份就很少有人跨越大西洋。这些意大利农民虽然大多是文盲或半文盲，但他们都清楚地知道什么时候是返回意大利买地的最佳时机。在美国的意大利农民甚至强烈要求国内的议会中要有他们的代表，原因是他们最终都打算"叶落归根"。[②]

前面说过，美国移民史的著作不包括亚洲移民也是由于同化论的

---

① 需要注意的是，日本人向美国移民的动机与其他亚洲移民颇有不同，日本移民当中有相当多的人打算在美国定居。其中一个原因是他们受到日本军国主义和扩张主义的毒害，肩负起在北美建立"新日本"的使命。参见本书第9篇论文"亚裔美国史学五十年：反思与展望"。

② Gino C. Speranza, "Political Representation of Italo-American Colonies in the Italian Parliament", *Charities*, Vol. 15, 1905, in Cordasco and Bucchioni eds., *The Italians*, p. 309.

观点在作祟。把亚洲移民看作是寄居者的观点和同化论实际上如出一辙，因为它们骨子里都认为美国人应该是欧洲人的后裔，而美国文化应该是由欧洲文化演变而来，亚洲人则很难融入这个文化。然而，自从 20 世纪 60 年代的民权运动以来，同化论已经失去了昔日的威严，越来越多的学者在自觉的层面上都接受了多元文化的观点。不过，有些人在潜意识层面上可能尚未完全摆脱同化论的影响，所以他们的著作主要还是讨论欧洲移民的历史。

　　亚洲移民曾经受到严重的种族歧视，这一点毋庸赘述。然而，我们不能因此而认为排欧和排亚这两个运动之间就毫无相通之处。首先，不论排欧和排亚运动如何复杂，也不论中产阶级政客在这些运动中扮演了何等重要的角色①，排欧和排亚的主力始终是以技术工人为主体的行业工会。本来，中国移民在 19 世纪 70 和 80 年代已经呈现出融入加州主流经济的趋势。然而白种技术工人却不能忍受这种状况继续下去。他们通过一系列抵制行动，使得中国移民在制造业中难以立足。加州许多针对亚洲移民的立法都是在白种技术工人的鼓动下最终获得通过的。最先在美国东部掀起排华浪潮的是马萨诸塞州北亚当斯市的一群鞋匠。他们在 19 世纪 60 年代末和其他工匠一起成立了圣·克利斯宾骑士团（The Knights of St. Crispin）。当克利斯宾骑士团在 1870 年举行罢工以捍卫自己行业利益的时候，雇主从西海岸引入中国移民取代罢工中的本土工人，遂导致克利斯宾鼓吹排华。② 从全国范围来看，19

---

　　① 本文的重点虽然是讨论工匠和技术工人在排外运动中所扮演的角色，但是必须指出，中产阶级政客在排外运动中也发挥了十分重要的作用。政客们经常装扮成本土工人的同情者，大声疾呼要停止输入所谓"廉价劳工"，以捞取本土工人的选票。例如，19 世纪 70 年代一位红极一时的政客亨利·乔治（Henry George）就先是号召打击欧洲移民，接着又鼓吹排华的。

　　② 不过，克利斯宾并没有从种族主义的立场出发主张排华，而主要是反对雇主输入廉价劳工破坏他们的罢工。详情参见本书第 12 篇论文"美国劳动骑士团种族政策的再探讨"。

世纪后期两个最主要的全国性工会——劳动骑士团和美国劳联——不但都坚决主张排斥中国移民，而且这两个以技术工人为主体的工会都拒绝接纳华裔工人入会。20 世纪初，行业工会又成立了排斥亚洲移民协会（Asiatic Exclusion League），将矛头指向日本和朝鲜移民。

　　排斥欧洲移民的主力其实也是工匠和技术工人。在 19 世纪 30 年代，美国的工业革命刚刚开始，新英格兰和纽约的工匠就多次流露出对雇主输入外国劳工以压低本土工人工资的不满。事实上，本土工匠和技术工人排斥欧洲移民的运动从 19 世纪上半叶到 20 世纪 20 年代从未停止过。1874 年宾夕法尼亚州发生的袭击意大利移民的事件颇具代表性，当时宾州的矿工正在举行罢工，矿主引进意大利移民继续维持生产，从而触怒了本土工人，对意大利人的袭击很快演变为暴力冲突，造成数人丧生。1886 年中西部的木匠也表达了对无限制的（欧洲）移民潮的强烈不满。他们说："我们这些本土的贫穷公民就像狗一样被外国人虐待……如果无限制的移民继续下去的话，情况不久将会恶化。"① 19 世纪 90 年代初，纽约的砖瓦匠坚决反对意大利移民从事地铁的建设工作，并最终获得法院的支持。此外，鼓吹排华的劳动骑士团和美国劳联同时也都反对来自东、南欧的移民。

　　本土工匠和技术工人排斥亚洲移民的"根据"是什么呢？概括说来，他们认为中国移民以及其他亚洲移民都属于廉价劳工，甚至是契约劳工或苦力（coolies 主要指中国移民）。因为契约劳工或者苦力都没有多少人身自由，所以他们总是能够接受低微的工资，而且经常被雇主用来破坏本土工人的罢工，结果不但会压低本土工人的工资，而且还会垄断工作的机会。事实上，本土工匠同样认为东、南欧移民是廉价劳工和契约劳工。宾夕法尼亚的本土工人在 19 世纪 70 年代曾经指控来自波兰、意大利和匈牙利的移民都是契约劳工。劳动骑士团的最高领袖包德利在 1888 年指出，来自东、南欧的移民很少有人不是受雇

---

① 　Higham, *Strangers in the Land*, p. 47.

主的引诱而来到美国的。1884 年，骑士团在匹茨堡召开年会时，决定在工会宪章里加上"反对输入外国契约劳工"的词句。[1] 由于这时中国移民早已经被排华法拒绝入境，骑士团的这一决议显然是针对欧洲移民的。

不难看出，在本土工匠和技术工人的心目中，东、南欧和亚洲移民在廉价劳工、破坏罢工和压低本土工人工资这些问题上并没有本质的区别。这种态度反映出在工业化不断深入的过程中技术工人对非技术工人的抗拒心理：因为工厂制的不断建立使前者的专业技术面临威胁，而操纵机器的主要是移民工人，所以他们排斥移民——不论是来自欧洲还是来自亚洲——的情绪相当强烈，这正是排欧和排亚运动之间的相通之处。在 19 世纪末，许多记者、劳工领袖和政客都把意大利移民称作是"来自欧洲的中国人"，这种讲法本身就说明亚欧移民之间并非毫无相通之处。

排斥欧洲移民和排斥亚洲移民的运动既然具有相同或相近的思想根源，那么我们是不是可以认为这两者之间就没有任何区别了呢？当然不是。亚裔学者一再提醒我们，排亚运动具有种族主义性质而排欧运动则不是种族主义的，这种看法当然是正确的。不过，我们必须注意，种族主义和非种族主义排外运动之间的区别主要并不是在于本土工人在攻击亚洲移民时使用了种族主义语言，甚至也不是表现在针对亚洲移民的暴力行动上，因为被本土工人攻击和杀戮的欧洲移民也不在少数。事实上，这两个运动之间最大的区别在于对亚洲移民的排斥被制度化了。我们大家所熟悉的 1882 年的《排华法案》（Chinese Exclusion Act）、加利福尼亚州 1913 年的《外国人购买土地法》（Alien Land Law）、1923 年最高法院关于"美国对巴嘎·辛·辛德"（U. S. v. Bhagat Singh Thind）一案的判决和国会 1934 年通过的《泰

---

[1] Terence Powderly, *Thirty Years of Labor*, *1859-1889*, Columlus: Excelsior Publishing House, 1890, pp. 445-446.

定·麦克达菲法案》（Tydings-McDuffie Act）① 都是对亚洲移民的排斥被制度化的最好实例。然而排亚被制度化往往是政客们为回应行业工会的要求而采取的手段。既然在本土工匠看来，东、南欧和亚洲移民在破坏罢工和压低工资这些问题上并没有很大区别（这些看法是否正确姑且不论），那么排亚被制度化而排欧没有被制度化就显然是种族主义在发挥作用了。很明显，承认欧、亚移民在遭受歧视这一点上也有相通之处，在此基础上再进一步探讨对亚洲移民的歧视，不但不会淡化，而且更可以突显种族歧视的有害作用。

总而言之，虽然克服意识形态上的成见并非易事，但只要移民史学家不再为欧洲中心论和同化论所囿，只要亚裔学者能够放弃一元论历史观，认识到欧、亚移民之间存在许多相通之处，即使在遭受歧视方面也具有可比性，那么亚裔美国史就有希望成为美国移民史的一部分。

（原载《世界历史》2007 年第 2 期）

---

① 《泰定·麦克达菲法案》是为了排斥菲律宾移民而制定的。由于在美西战争后菲律宾成为美国的殖民地，菲律宾人作为"美国国民"使用合众国护照进入美国，排斥他们比较困难。于是，国会在 1934 年通过了《泰定·麦克达菲法案》，决定 10 年后允许菲律宾独立，这样排斥菲律宾移民就合理合法了。后来由于日本的侵略，菲律宾在"二战"结束后才正式独立。

约瑟芬·法勒《日本和中国移民积极分子：美国与国际共产主义运动中的组织活动，1919—1933》一书读后

    长期以来，研究美国共产主义运动和亚裔美国史的学者大都忽视日本和中国移民中共产主义者的活动。即使有人偶然触及这个议题，他们也主要是在移民母国历史的框架中进行探讨，而不是将它看作是美国历史的一部分。有鉴于此，《日本和中国移民积极分子：美国与国际共产主义运动中的组织活动，1919—1933》（*Japanese and Chinese Immigrant Activists：Organizing in American and International Communist Movements，1919-1933*）一书的作者，约瑟芬·法勒（Josephine Fowler）决心要恢复这一段被遗忘的历史。《日本和中国移民积极分子》是一部综合了全球劳工史、亚裔美国史和美国及国际共产主义运动史的专著，书中讨论的一些问题值得我们认真进行反思。

    法勒在书中试图探讨美国共产党，特别是其中的日裔与华裔党员，在两个移民社区的组织和动员工作，探讨这些共产主义者同共产国际和苏联共产党的关系，以及探讨俄共和美共关于"东方"和"东方人"的观念如何塑造了美国和国际共产主义运动的制度结构和日常运作。同时，作者也十分关注无产阶级国际主义和种族、性别、民族认同以及民族主义之间的关系。然而，法勒要解决的问题过多，这是一本专著很难做到的。本书的贡献主要表现在作者关于日裔和华裔左派

分子在亚洲移民社区进行的动员和组织工作。同时，她对于无产阶级国际主义与民族主义之间关系的论述也颇有启发性。下面我们将从这两方面展开讨论。

日本和中国移民左翼分子主要是日中两国在北美的留学生，他们是两组移民中最早接受社会主义思想的人。虽然他们的终极目标是在各自的祖国发动革命和建立社会主义社会，但他们同时也不倦地去组织和发动日裔和华裔餐馆工人、海员和农业工人，鼓动后者加入美国劳工运动和共产主义运动。所以，法勒研究的落脚点是美国历史。读者从《日本和中国移民积极分子》一书中可以了解到，经过左翼分子不懈的努力，一部分日本移民确实加入了美国劳工运动。在纽约，有20名日裔工人加入了美国联合食品工人工会（Amalgamated Food Workers Union）。日裔工人协会（Japanese Workers Association）的长谷川曾只身从纽约来到西海岸做动员，并成功吸收了150名日裔工人加入这个工会。此外，长谷川还在西雅图建立了日裔工人协会的分会，为此，他曾经被当局逮捕并入狱两个半月。在旧金山，左翼分子组建了日裔印刷工人工会，并准备把洗衣工人、园艺工人及罐头制造工人组织起来。不过，上面列举的数字也说明，尽管这些左翼分子做出了很大努力，但他们发动和组织移民工人的成效却相当有限。

另一方面，中国移民左派在华裔社区中的组织动员工作也并不理想，他们的成绩甚至落后于日裔积极分子取得的进展。中国移民积极分子上世纪20年代创建了"全美反帝大同盟（All-American Anti-Im-perialistic League）"，总部设在费城。大同盟的主要目的是声讨帝国主义——特别是日本帝国主义——对中国的侵略，但它的骨干分子在美国东部中国移民聚居的城市中也致力于发动和组织华裔工人。左翼分子希望通过他们的努力，能够启发当地居民的阶级觉悟，以便中国移民工人最终会视他们的雇主为敌人，并加入美国的工人运动。但是，他们的努力远没有达到预期的效果。1928年夏天，反帝大同盟派人到纽约唐人街做演讲，听众却反应冷淡，《纽约时报》有报道说：

昨天下午，烈日当头，有 500 多人，其中绝大部分是华裔，在摩特街（Mott Street）和派尔街（Pell Street）的拐角处站立了两个小时，聆听全美反帝大同盟的代表做演说。这位代表解释了该同盟对华尔街、日本和英国［资本家］的看法。……虽然这些听众对演讲反应冷淡——除非在演讲者提到日本［对中国的侵略］时——，但人群直到演讲结束才散去。①

1933 年 7 月，反帝大同盟开展了一个竞赛，希望能在华裔工人当中推销 100 份他们的机关刊物《先锋报》，以达到启发华裔工人阶级觉悟的目的，但是到 9 月份，却只卖出 33 份。

关于广大的日中移民为什么未能融入美国劳工运动，法勒归纳了以下几个原因。首先，美国白人社会，特别是主流工会，一向歧视亚洲移民，而且拒绝吸收亚裔工人入会。这个观点当然是不错的。我们都知道，在 19 世纪末和 20 世纪初，美国两个全国性工会——劳动骑士团和劳联——都坚决主张排华。在成功排斥了中国移民之后，劳联又组建了"排斥亚洲移民联盟（Asiatic Exclusion League）"，将排外的矛头指向日本和韩国移民。主流工会一向指责亚洲移民不具有斗争性，然而当中国移民工人在 19 世纪 80 年代举行罢工时，劳联不但不给予支持，反而指责华裔工人态度傲慢。1903 年，当加州日裔和墨西哥裔农业工人举行联合罢工并申请加入劳联时，却遭到这家工会的主席萨缪尔·龚伯斯（Samuel Gompers）的断然拒绝。龚伯斯表示，劳联永远不会吸收中、日移民入会。在这种情况下，即使中、日移民接近美国劳工运动，后者也会将他们拒之门外。

同时，我们还应该记住美国的反激进主义传统。美国建国 200 多年来，主流社会对各种激进政治思想——社会主义、共产主义和无政府主义，等等——始终保持着高度警惕。国会在"一战"期间通过的

———————

① *The New York Times*, August 6, 1928.

《间谍法》和《与外敌通商法》就反映出美国社会对激进主义的恐惧。直到新政时期美共被政府承认为合法政党，美国社会一直将共产主义视为洪水猛兽。同时，法勒还提醒我们，由于日、中移民中的共产主义者大都是留学生，而不是真正意义上的移民，所以，他们随时都面临被移民局递解出境的危险，甚至被遣送回国。众所周知，20世纪20和30年代的日本正被军国主义所笼罩，而中国则处于白色恐怖之中。在这种情况下，这些积极分子一旦被遣送回国，就可能面临杀身之祸。这种状况大大限制了日、中左派在移民大众当中做动员工作。

不过，日本和中国移民中的共产主义者未能动员广大移民加入美国劳工运动，最根本的原因还应该到移民内部去寻找。简单地说，日、中移民工人未能加入美国劳工运动，主要是因为他们缺乏现代社会的阶级意识和参加劳工运动的动力。而阶级意识和参加劳工运动的动力都只能在工人与资本家的对抗中产生出来。我在本书第三篇论文《经济机会、工匠领导与移民工人的斗争性》中，已经详细检讨了中国移民未能产生阶级意识的原因。我在文中指出，中国移民由于无缘进入制造业工作，只能在规模极小的衣馆和餐馆里谋生，雇主和工友不是同乡就是同宗（或虚拟同宗），所以没有可能萌发劳资对抗性的阶级意识。同样的结论也适用于日本移民。日本移民出于各种原因，接近半数从事农业，其中多数是自耕农，其余则是农场工人。自耕农为自己打工，当然不可能萌发阶级意识。农场工人由于流动性极高，也不易组织起来。那些居住在城市的日本移民和华裔移民一样，没有机会进入大工厂做工。例如，20世纪初在纽约做工的3000名日裔工人当中，大部分是家庭仆役。不言而喻，这些工人当中是很难产生阶级意识的。法勒只注意到造成这种状况的外部因素，却没有探讨导致日、中移民对激进主义反应冷淡的内在原因，这不但是《日本和中国移民积极分子》一书的不足之处，同时也是亚裔美国史中长期存在的一大缺陷。

法勒所做的另一项重要工作，是从全球史的视角论述了日、中移民积极分子参加美国共产主义运动的历史。受到新兴的跨国主义思潮影响，法勒认为，日裔和华裔左派分子在美国的活动经常是一系列多边和跨国关系导致的结果：包括苏联和东亚国家的关系、莫斯科和亚洲移民积极分子的关系，以及亚洲移民和他们母国之间的关系。正是这些跨国联系导致了经常性的人员和思想交流。法勒告诉读者，在开始时，日裔和华裔左派分子的政治目标并非完全一致。日本移民中的社会主义思想实际上源于他们母国的社会主义运动和劳工运动。同时，最终返回日本的移民积极分子也将社会主义思想带回他们的母国。这个观点大体上是正确的。日本在明治维新后走上了工业化道路，工人与资本家之间的阶级对立逐渐被提到国家政治生活的日程上来，促使一部分知识分子寻求解放工人阶级的道路，遂接触到兴起于欧洲的社会主义思想。①

　　但是，如果说，在 20 世纪初，日本左翼分子要解决的问题是他们国内的劳工解放，那么，面对中国移民积极分子的则是一项完全不同的政治任务。日本在实现工业化的过程中同时成为一个帝国主义国家，萌发了侵略亚洲和称霸世界的野心，而中国自鸦片战争后则不断遭受西方列强和日本的侵略。对于中国移民中的左派来说，当务之急是如何使他们的祖国摆脱帝国主义和西方列强的控制与压迫。不过，尽管两国移民积极分子面对的政治任务不尽相同，但是，将日本的劳动阶级从资本家的剥削中解放出来，和把中国从帝国主义列强的压榨下拯救出来，两者并不矛盾，因为资本家对工人的剥削和帝国主义对落后国家的侵略，都和资本主义制度有密不可分的关系。正是这一点使得日裔左派分子能够超越狭隘民族主义，和中国移民共产主义者共同反对日本的侵略政策。

　　无产阶级国际主义与民族主义之间的关系是《日本和中国移民积极分子》一书中提出的一个极其重要的问题。我们从中可以了解到很

---

　　①　可惜由于各种原因，包括政府的引导和军国主义的影响等因素，日本的工人运动未能走上欧洲工运那样的道路。

多无产阶级国际主义超越民族主义的事例。例如，日、中移民积极分子时常共享资源。虽然日本移民当中有不少人同情日本的侵略扩张政策，但他们当中的左翼分子则积极支持中国的民族解放。中国移民共产主义者在 20 世纪 20 年代组建"全美反帝大同盟"东方支部时，得到了日本移民共产主义者的支持，他们还共同组建了中日反帝大同盟。虽然这个同盟未能充分发挥作用，但它的成立本身就显示出超越民族界线的同志之谊。此外，日裔共产党员在纽约和洛杉矶、堪萨斯城还建立了"不许干涉中国联盟"（Hands off China Alliance）。同样在 1929 年，当旧金山华裔洗衣工人举行罢工时，日裔工人俱乐部则散发传单，号召日裔工人出来支援他们的华裔工友，不要破坏后者的罢工。1933 年，日裔工人俱乐部还召开了支援中国革命的会议，会议通过的纲领主要是支持中国人民抵抗日本侵略和争取民族解放的斗争。

然而，法勒却发现，作为无产阶级先锋队的美共和苏共却未能克服"东方主义"观念和种族偏见。美共（最初名为美国工人党）在上世纪 20 和 30 年代固然支持过中国的民族解放斗争，但同时它又深受当时流行的排外主义影响，对移民怀有成见。当时，美共中有不少党员是 19 世纪末 20 世纪初来到北美的东、南欧移民。美共最初设立了一系列语言支部——芬兰语支部、波兰语支部、意大利语支部，等等，目的是方便这些移民党员用自己民族的语言参加党的活动，这无疑是支持多元文化的进步倾向。但是，到了 20 年代，随着主流社会排外运动的升级以及"美国化"（Americanization Movement）运动的广泛开展，美共也打出了将美国共产党改造成真正"美国政党"的旗号，并准备取消语言支部，显然是在积极回应主流社会的"美国化"运动。大家都知道，1924 年的移民法案不但彻底关闭了亚洲人向美国移民的大门，而且将东、南欧的移民配额缩减到最低限度。与此同时，所谓"美国化"运动，目的就是按照盎格鲁-撒克逊和新教标准去改造和同化那些属于"低等种族"的东、南欧移民，以便在完全排除亚裔和彻底改造东、南欧裔的基础上，建立一个"白种"的"美国种族"。"美国化运动"无疑是种族主义性质的政治运动。而美共对"美国化"运动做出积极回应，就注定了他们或多或少地会歧视亚洲移民积极分子。这不仅仅是无产阶级国际主义未能超越狭隘民族主义的表现，而且，用法勒的话来说，说明美共在一定程度上已经在拥抱这个新建立的"种族政权（racial regime）"。

此外，法勒还告诉我们，苏共同样没有克服"东方主义"思想，而且还具有殖民主义心态和种族偏见。从世界革命中心的心态出发，苏共一向将日、中等东方国家看作是边缘地带和落后地区，将生活在苏联的亚洲人视为次等公民。苏共领导人常常将日、中积极分子称为"孩子们"，甚至将日、朝居民视为间谍，并处死了一批被认为是日本间谍的朝鲜人。即使在苏共举办的共产主义大学里，讲授的也主要是西方历史，而很少有关于东方历史和文化的课程。同时，共产国际的高级干部也将亚洲人看成是异类。在考虑如何将亚洲人这个"特殊组别"分配到适当的院系时，共产国际东方书记处认为，由于外国人——尤其是日本人、黑人、印度人——特殊的文化和生活方式会给远东劳动者共产主义大学的行政部门带来麻烦，所以主张将这些来自殖民地和落后国家的学生分配到一个特殊的院系。只有将这个"特殊组别"分配到一个特殊的院系，他们带来的问题才能比较容易地得到解决。他们的建议得到英美书记处、拉美书记处和该大学组织部的认同。另有学者发现，日裔左派分子常常处于一种尴尬的境地：一方面他们在苏共影响下不得不做国际主义者；另一方面，由于他们在日本国内没有社会基础，所以，他们对国际主义的实践到头来竟然变成为苏联民族主义服务的工具。

照道理应该忠于无产阶级国际主义和超越狭隘民族主义的美共和苏共，竟然受到种族偏见和"东方主义"的驱使，歧视亚洲人和亚洲移民，这个极其重要的问题值得我们深入进行反思。虽然法勒未能系统和深入地解释这两个政党歧视亚洲人的原因，但她却向读者介绍了人类学家法南度·克罗尼尔（Fernando Coronil）关于西方人为何错误地解读东方文化的观点。关于如何向传统的"东方主义"和"西方主义（Occidentalism）"挑战，克罗尼尔认为，学者应该探索是哪些观念激活了西方人对东方的误解和认识。他指出，对"东方"和"西方"错误解释的根源是各国实力关系的不平衡。而导致这种不平衡的是资本主义的发展和它在全世界的统治地位。在一定程度上我们或许可以说，是资本主义的率先发展促使西方人（包括沙俄时代的俄国人）蔑视东方国家，并产生了"东方主义"观念。当然，克罗尼尔的观点只是一个起点，我们还需做深入的研究，才可能解决美共和苏共为何没有超越狭隘民族主义这个问题。

总而言之，法勒关于日、中移民积极分子的经历是亚裔美国学和美国左派史的重要组成部分——而不是它的边缘——的观点是颇有道理的。由于传统史学未能将这些共产主义者的经历放到美国左派分子成长的历史中加以考察，《日本和中国移民积极分子》一书无疑代表了对传统史学的重要修正。

（本文原来为书评，刊于 *The American Historical Review*，
2008 年第 113 卷第 5 期，由王心扬译为中文）

亚裔美国史学五十年：反思与展望

　　亚裔美国史，顾名思义，是研究亚洲移民和他们的后代在美国生活、工作和拼搏的历史。不过，虽然早在19世纪中期，也就是中国移民踏足美国不久，便有人开始撰写有关亚裔的著作，然而在专业史学的意义上，艾尔莫·山德迈尔（Almer C. Sandmeyer）1939年出版的《加利福尼亚的排华运动》①才算得上亚裔美国史的第一部专著，而直到20世纪60年代，亚裔美国史才成为一个专门的学术领域。半个世纪以来，亚裔美国史学家②取得了大量的研究成果，虽然这当中还存在不少问题，但是在总体上，这个新兴的学术领域正呈现出某些走向成熟的迹象。本文分为三个部分，回顾和检讨亚裔美国史学在过去半个世纪里所走过的道路。由于篇幅所限，这里只能就有关华裔和日裔史学中具有代表性的观点进行讨论。③

---

　　①　Almer C. Sandmeyer, *The Anti - Chinese Movement in California*, Urbana：University of Illinois Press, 1939.

　　②　这里所谓亚裔美国史学家不仅是指亚裔学者，而且也包括欧裔人士。

　　③　本文重点讨论有关华裔和日裔的史学，是因为这两个亚裔族群的历史最长，相关的著作数量最多，同时还关涉亚裔美国史上两个最重要的问题——19世纪的排华运动和"二战"期间美国政府对日裔居民的迁徙和拘禁。

一 亚裔美国史学的发展

学者之所以认为亚裔美国史学在 20 世纪 60 年代才真正诞生，是因为一个新兴学术领域的建立，不但需要有大量的学术著作发表，而且还需要有相当数量的高等院校提供相关课程，以及有相当数量的研究生撰写有关的博士论文。就亚裔美国史学来说，上述的几项条件无疑是 20 世纪 60 年代才开始出现的。当时，随着民权运动和美国亚裔运动（Asian-American Movement）的开展，越来越多的亚裔学生希望了解自己的文化和历史。在他们的压力之下，加利福尼亚的一些大学开始提供亚裔美国学（包括亚裔美国历史和文学）课程，有关亚裔美国史的专著和论文也得以陆续发表。不过，在很长一段时间里，亚裔美国史的研究主要以西海岸——尤其是加利福尼亚——为中心，它所关注的对象主要是华裔和日裔的历史。这一点不难理解，因为在 20 世纪中期以前，华裔和日裔是构成美国亚裔的主体，他们当中多数人生活在美国西海岸，那里要求开设亚裔美国学课程的呼声最高。

五十年来，亚裔美国史已经从一个边缘学科成长为一个阵营强大的学术领域。就研究机构的分布来看，如今亚裔美国史的研究已经不再局限于加利福尼亚州，其他地区的许多高校也陆续成为亚裔美国学的重镇。根据最近的一项调查，到 21 世纪初，在加州以东已经有 75 个校园加入了亚裔美国学的研究网络，其中至少有 40 所院校开设了亚裔美国学课程，有 20 所大学设置了亚裔美国学研究项目（西海岸大约有 30 所）。在 1990—2006 年这十几年当中，美国全国至少有 100 篇关于亚裔美国史的博士论文问世，其中超过半数是由东部和中西部院校——特别是常青藤大学——的研究生撰写的。① 就研究范围来看，最

---

① Mae M. Ngai, "Asian American History—Reflections on the De-centering of the Field", *Journal of American Ethnic History*, Summer, 2006, pp. 97-98.

近20年出版的亚裔美国史著作已经不仅仅是关注西海岸的亚裔，有关纽约、费城、芝加哥、波士顿和中西部亚裔的著作也不断地和读者见面。华裔和日裔的经历虽然依旧是研究热点，但菲律宾、越南、老挝、柬埔寨移民的历史同样成为学者感兴趣的课题。此外，从法律史、文化史、妇女史、劳工史和社会史的视角去观察亚裔美国史的著作也不断地刊印出来。

　　不过，亚裔美国史学的成就主要还是表现在史学观点的革新上。在这个领域建立后的最初20年里，相关学者所做的最重要的贡献是阐明了种族歧视在亚洲移民史上所扮演的关键角色。在此之前，不少人都从文化传统的角度去解释亚裔美国史上的主要问题，其中冈特·巴斯（Gunther Barth）的专著《苦力：一部中国人在美国的历史，1850—1870》最具代表性。巴斯认为，加利福尼亚之所以掀起排华运动，主要是因为中国移民不愿在美国落地生根，而是打算最终返回故里。这种"寄居者"心态使得华工在生活方式上和欧裔工人格格不入，引起后者的不满，最终导致了大规模的排华运动。巴斯说：

　　　　这些（中国）人是为了实现一个梦想而来（到美国）的。他们要挣钱，然后带着自己的积蓄返回中国去过安逸的生活……这个目标使他们和大批作为永久居民来到美国的其他移民拉开了距离。这些来自中国的人绝大多数都是寄居者，而最初和美国人接触的就是这些人，他们也体现了所有中国人（在美国）所造成的影响……这些寄居者对那些有限度的目标的追求影响到美国人如何接纳他们，同时也使得他们不能像其他移民那样享有权利和履行义务。①

---

① Gunther Barth, *Bitter Strength：a History of the Chinese in the United States*, 1850-1870, Cambridge, Mass.：Harvard University Press, 1964, p. 1.

巴斯把华工看作寄居者，而将来自欧洲的人看作移民，这显然不完全符合历史事实，因为许多早期的欧洲移民也同样是寄居者。[1] 更为重要的是，他只注意到中国移民和欧裔工人生活方式上的不同，却没有认真讨论种族主义在排华运动中所发挥的关键作用，似乎完全要由中国移民自己为排华负责，所以，多年来他的著作一直为亚裔学者所不齿。亚裔美国史学建立之后，越来越多的人开始从种族歧视的视角去诠释排华运动。他们指出，排华的根本原因并不在于中美文化上的差异，而是种族主义者不能容忍中国移民的存在。19 世纪的白人社会普遍认为中国移民属于低下的种族，有损于白人的种族纯洁，所以必须加以排斥。[2] 有学者更进一步指出，在 18 世纪末和 19 世纪初，到访过中国的美国外交官、商人和传教士已经就中国人的"专制"、"野蛮"和"落后"制造了大量舆论。所以，针对华人的种族主义偏见早在大批中国移民到达美国之前便已经形成了，19 世纪末表现出来的排华情绪不过是"古已有之，于今为烈"而已。[3]

美国政府在"二战"期间强行迁徙 11 万日本移民及其子女，并将他们拘禁在孤立的营地达三年之久，这是留在美国日裔心中的一道不可磨灭的伤痕。按照美国政府和传媒当时的说法，迁徙日裔的决定是基于"军事上的需要"，因为他们很可能是为日本战争政策服务的"第五纵队"。然而亚裔美国史学家却告诉我们，早在 1936 年，即日本偷袭珍珠港的前五年，罗斯福总统就曾致函海军参谋长，要求他把夏威夷欧胡岛上同日本船舶有接触的日裔居民列入一份特别名单，在出现

---

① Ronald Takaki, *Strangers from a Different Shore*, *A History of Asian Americans*, Boston: Little, Brown and Company, 1989, p. 11.

② Sucheng Chan, *Asian Americans*: *An Interpretive History*, Boston: Twayne, 1991, p. 54; Takaki, *Strangers from a Different Shore*, pp. 99–106.

③ Stuart C. Miller, *The Unwelcome Immigrant*, *The American Image of the Chinese*, 1785–1882, Berkeley and Los Angeles: University of California Press, 1969, pp. 14–15, pp. 16–112.

问题时将他们关入集中营。珍珠港事件发生后，虽然美国海军情报部门认为大部分日裔居民至少是被动地忠于美国，没有必要对他们搞大动作，同时，联邦调查局已经将 1291 个日裔嫌疑分子扣押起来，但罗斯福最终还是决定对日裔居民进行拘禁。① 所以，很明显，美国政府这个决定是出于种族歧视，而不是"军事需要"。

　　亚裔美国史学家还指出，虽然拘禁日裔美国人最终是罗斯福总统的决定，但这个决策和当时的种族主义气氛是分不开的。日本偷袭珍珠港不久，许多报刊和电台广播就公开主张将日裔居民迁出沿海地区。《洛杉矶时报》的一篇社论写道，"毒蛇毕竟是毒蛇，无论它是在哪里孵化出来的。所以，一个由日本父母所生养的日裔美国人长大后就是日本人，不是美国人。"政论家沃尔特·李普曼（Walter Lipmann）也以《沿海地区的第五纵队》为题，在《华盛顿邮报》上鼓吹把美国日裔迁往内陆地区。西部军区司令在向陆军部长建议迁移日裔居民的报告中说："在目前这场战争中，种族的联系是不会由于移民而被切断的。日本种族是一个［和我们］敌对的种族。虽然许多日裔的第二代和第三代都出生在美国，拥有美国国籍，并且'美国化'了，但种族［关系］的紧张并没有变弱，……所以，按照这个逻辑，太平洋沿岸超过 112000 名的日裔居民都是我们潜在的敌人，他们至今还逍遥法外。"② 日裔学者罗纳尔德·塔卡基（Ronald Takaki）总结说，"二战"期间，德裔和意大利裔美国人之所以没有像日裔居民那样受到不公平待遇，是因为日裔是"来自另一个地区（按：指亚洲）的陌生人"③。还有学者指出，所谓"军事需要的神话不过是掩盖一个特殊变种的美国

---

　　① Takaki, *Strangers from a Different Shore*, p. 386, p. 390.

　　② 关于以上的讨论及报刊的引述，见 Takaki, *Strangers from a Different Shore*, pp. 387-388, p. 391。关于美国报刊和电台广播煽动反对日裔的情绪，见 Roger Daniels, *Asian America: Chinese and Japanese in the United States since 1850*, Seattle: University of Washington Press, 1988, pp. 199-201。

　　③ Takaki, *Strangers from a Different Shore*, p. 392.

种族主义的遮羞布。"①

　　亚裔美国史学家在这 20 年里所做的贡献是显而易见的。从种族歧视的视角去解释排华运动，击中了问题的要害，改变了以往用文化冲突作解释的那种轻重颠倒的局面。同时，由于这些学者是在为受害者鸣不平，因此，他们还逐渐获得了一种道义上的权威和在亚裔美国史学中的话语权。在这个权威面前，任何从种族歧视以外的角度去诠释亚裔美国史的企图都被看作是站在受害者的对立面，为种族主义进行辩护。不过，虽然这种强调种族歧视的历史观曾经赢得道义上的优势，并使得带有种族偏见的人不敢再随意妄言，但是，下面我们将会看到，这个以意识形态为主导的一元论历史观同时也使得亚裔美国史学长期裹足不前。

二　对存在问题的反思

　　尽管在过去的 50 年里亚裔美国史学取得了一定的进展，但是这个学术领域还存在着一些比较严重的问题。首先，"美国亚裔"的内涵至今还不够明确。从几部有影响的亚裔美国通史来看，大家主要把来自中国、日本、韩国、菲律宾、印度和越南、老挝、柬埔寨的移民及其后代定义为"美国亚裔"。② 亚裔美国史学家把来自东亚、南亚和东南亚的移民定义为美国亚裔，有其特定的历史原因。长期以来，美国白人社会将来自亚洲，特别是来自东亚的人士称为"东方人（Orientals）"。在种族主义盛行的年代，"东方人"一词明显具有贬义。到了 20 世纪 60 年代美国亚裔运动兴起的时候，为了使自己

---

①　Roger Daniels, *Concentration Camps USA: Japanese Americans and World War II*, New York: Holt, Rinehart and Winston, 1971, p. 71.

②　Takaki, *Strangers from a Different Shore*, Chan, *Asian Americans*, and Daniels, *Asian America*.

能够和欧裔美国人处于同等地位，亚裔青年便开始称自己是"亚裔美国人"（Asian Americans），以区别于"东方人"这个蔑称。他们称自己是"亚裔美国人"，首先要表明自己是"美国人"，其次才是"亚裔"。同时，自民权运动以来，美国的一些法律和政策旨在照顾和提携少数族裔人士。在升学和就业的时候，申请人一般都需要注明自己的种族背景，如"非洲裔"、"亚洲太平洋裔"和"拉美裔"等等，从而使得"美国亚裔"一词更加流行起来。更为重要的是，为了建立对抗种族歧视的统一战线，民权运动的积极分子和亚裔美国史学家便将那些来自东亚、东南亚和南亚的移民及其后代通通称为美国亚裔，即使他们并非来自同一个地区，即使他们的文化背景和体貌特征有很大差异。[①]

　　然而，近年来美国的种族主义毕竟呈现出退却的趋势，维持抗击种族歧视的统一战线已经不像先前那样紧迫了。同时，越来越多的研究成果显示出亚洲国家移民模式上的巨大差异。例如，在早期，中国、印度和菲律宾人向美国移民与西方帝国主义、殖民主义对这些国家的侵略有很大关系。但是日本在19世纪末已经成为一个帝国主义国家，它的海外移民和日本的对外扩张紧密地交织在一起，日本移民往往也被看作殖民开拓者。最近几十年，亚洲移民的人数（日本除外）在急剧上升，这些亚裔族群在体貌特征、文化与宗教传统、阶级背景和政治观点上的差别变得更加突出。在这种形势之下，有关亚洲移民的共同课题可能会变得越来越少，"美国亚裔"的内涵也可能会变得更加空泛。大家可能会问，在学术意义上，"美国亚裔"这个概念还有继续存在的必要吗？用华裔美国史、日裔美国史和韩裔美国史等来取代内涵模糊的亚裔美国史是否更有意义呢？这

---

① Sucheng Chan, "The Changing Contours of Asian-American Historiography," *Rethinking History*, Vol. 11, No. 1, March 2007, pp. 126-128.

恐怕是我们迟早要面对的问题。①

亚裔美国史学中一个更为严重的问题，是以意识形态为导向的一元论研究方法。这种研究方法在 20 世纪七八十年代表现得最为明显。前面在谈到学者从种族歧视的视角去诠释亚洲移民史的时候，我曾对这个潮流给予一定程度的肯定。然而不幸的是，许多老一辈亚裔美国史学家在强调种族歧视的同时却走上了极端。他们只允许大家从种族歧视这一个角度去诠释亚裔美国史，每逢有人从其他视角去观察问题时，便毫不留情地进行口诛笔伐。其中亚裔学者对艾文·赖特（Ivan H. Light）《美国的少数民族企业：华裔、日裔和非洲裔美国人的商业和福利》一书的批判颇具典型。赖特的主要观点是，美国华裔和日裔的小企业之所以比较成功，主要是因为亚洲移民具有流动性信贷的互助传统。西非虽然也有过类似的文化，但是在黑人被拐卖到西半球成为奴隶之后却出现了两种截然不同的情况。在加勒比海地区，由于奴隶主允许黑人拥有自己的小型经济，出于互助的需要，黑人从西非带来的流动性信贷传统便得以继续下去。而美国南部的奴隶主不允许黑人拥有自己的经济，结果黑人从非洲带来的互助传统便逐渐消亡了。所以美国黑人经营的小企业不但数量很少，而且大多不算成功。② 赖特的著作刚刚出版，便立即遭到亚裔学者的猛烈抨击。有学者指出：

---

① 我们看一看美国黑人和拉美裔美国人的情况，就可以知道"亚裔美国人"这个词汇有多么不准确。美国黑人大都具有相同的体貌特征，他们的祖先曾经都做过奴隶，而且，除了少数人为了抗议主流社会的歧视而皈依伊斯兰教，绝大多数都是基督徒。另外，大部分拉美裔美国人的体貌特征也相当接近，他们的祖国曾经都是欧洲殖民地，他们都有后殖民的经历，绝大部分人都讲西班牙语或葡萄牙语，而且几乎都是天主教徒。

② Ivan Light, *Ethnic Enterprise in America: Business and Welfare among Chinese, Japanese, and Blacks*, Berkeley and Lost Angeles: University of California Press, 1972, especially, pp. 1-44.

即使赖特承认种族歧视和经济剥削在黑人和亚裔社区发展过程中所发挥的历史性和毁灭性的作用，他的理论也明显是淡化了，如果不是否定了种族主义和垄断资本主义在压迫第三世界和穷苦人方面的作用。赖特把黑人在发展小企业方面的失败归结为他所谓的缺乏［某些］文化传统，［从而］把大家的注意力从［上述的］重要问题和因素那里转移开来。同样地，他断定亚裔美国人在面对压迫和剥削的情况下仍然取得了成功。在这方面，［我们］必须认为，赖特试图使上述的那种流行的种族主义信条合理化和合法化。按照这个信条，每一个少数民族群体都应该能够"自己提携自己"，而且黑人虽然有不同的文化和历史经历，也应该［做得］像亚裔人士那样。赖特的逻辑使他成为种族主义和经济剥削的辩护士。……就这方面来说，［赖特的研究］方法必须被认为是种族主义的。①

由于篇幅所限，我们无法就双方观点的是非曲直作详细评论。然而需要指出的是，赖特的观点其实并非一无是处，因为当移民在美国遇到歧视和困难而求助无门的时候，往往都会从自己的文化传统中去寻求资源。他们在美国适应的模式往往是本身的文化传统和美国环境之间互动的结果。例如，意大利、中国和日本移民都成立了以乡谊为纽带的互助组织。这不仅仅是因为他们在美国受到歧视，同时也因为他们本来就具有强烈的地域观念，认为来自同一个地区、讲同一个方言的人最应该互相帮助。更能说明问题的是中国移民在美国成立的宗亲会，即同一个姓氏但一般并不具有血缘关系的移民所建立的互助组

---

① L. Ling-chi Wang, Review of Ivan Light's book, *Ethnic Enterprise in America*, *Business and Welfare among Chinese, Japanese, and Blacks*, in Emma Gee ed., *Counterpoint: Perspectives on Asian America*, Los Angeles: Asian-American Studies Center, University of California at Los Angeles, 1976, pp. 43-44.

织。宗亲会这种组织形式并非所有亚洲移民所共有。美国华裔之所以
建立了宗亲会，是因为中国人常常相信同一个姓氏的人源自同一个祖
先，同时，中国东南地区聚族而居的传统非常深厚。很显然，如果我
们完全不考虑文化传统在亚裔美国史上所扮演的角色，就无法解释亚
洲移民适应过程的多样性。

　　亚裔美国史学家反对讨论文化传统对亚洲移民的影响，主要是担
心一旦考虑进文化因素，就会冲淡种族歧视的有害作用。此外也有现
实政治的考虑。在 20 世纪 60 年代，美国推出了一系列叫作"平权法
案"（Affirmative Action）的法令和政策。基于少数族裔长期遭受歧视
的现实，这些政策规定，当有色人种和白人申请同一份工作时，如果
双方条件相仿，雇主应该主动聘用少数族裔人士。与此同时，高等院
校（尤其是名牌大学）在招收新生时也给有色人种的学生保留了一定比
例的名额。几十年来，美国人围绕着"平权法案"一直争论不休。支
持者认为，由于长期遭受歧视，有色人种的教育程度偏低，他们和白
人不在同一条起跑线上，如果不采取强有力措施，就根本无法改变种
族主义所带来的各种弊端。反对的人士则指出，现在美国法律已经明
文禁止任何形式的歧视，公民的权益已经得到保障。升学和就业要靠
自己的努力，而不能依赖这种实质上是歧视白人的法律。① 正当辩论进
行得难解难分的时刻，"模范少数民族"论的普及又使得问题更加复杂
化。从 1966 年开始，陆续有媒体和政客将亚洲移民，特别是华裔、日
裔和韩裔，形容为模范少数民族，赞扬他们在商业和学术界所取得的
成就。他们指出，亚裔人士之所以取得成功，主要是因为他们具有优
秀的文化传统，如重视教育、刻苦耐劳、家庭团结，等等。反对"平
权法案"的人士宣称，由于这些优秀的文化传统，亚裔青年的学习成

---

　　① 关于双方围绕"平权法案"所展开的辩论，见 Ronald Takaki ed., *From Dif-
ferent Shores*, *Perspectives on Race and Ethnicity in America*, New York: Oxford University
Press, 1994。

绩非常突出，所以，高等学府的配额制对亚裔其实是不公平的。如果名牌大学取消照顾少数族裔的配额，届时将会有更多的亚裔青年进入一流大学。①"模范少数民族"论出台后，立刻就受到亚裔领袖和亚裔学者的抨击。他们认为，强调亚裔具有优秀文化传统会使其他少数族裔产生嫉妒心理。更有甚者，按照"模范少数民族"论的逻辑，所有少数族裔都应该自己提携自己，这样一来，政府就可以推卸扶助少数族裔的责任了。上述的原因使得亚裔学者更加忌讳讨论文化传统对亚洲移民的影响。

以意识形态为主导的学者甚至不能容忍其他人从阶级对立的视角去观察排华运动。最近，劳工史学家安德鲁·基奥瑞（Andrew Gyory）在他的《关闭国门：种族、政治与排华法》一书中试图从政客的煽动以及劳资之间阶级对立的角度去理解 19 世纪的排华运动。基奥瑞告诉读者，就全国范围来说，劳工在排华运动中并没有发挥决定性的作用。大部分欧裔工人，特别是东部的欧裔工人，对排华并无兴趣。真正在排华运动中扮演决定性角色的是民主、共和两党的政客。是政客的种族主义煽动使得原本局限在加利福尼亚的排华情绪演变成全国性的运动，并最终使得排华法在国会得到通过。②《关闭国门》一书问世不久就立刻遭到猛烈抨击。在一篇近 40 页的长文里，斯坦福·莱曼（Stanford Lyman）指责基奥瑞企图用后现代的研究方法对种族主义的表现过

---

① 例如，加利福尼亚州前州长彼德·威尔逊曾经指出，根据种族背景所制定的优惠黑人的政策实际上是歧视亚裔和欧裔美国人。Pete Wilson, "Why Racial Preferences Must End", *San Francisco Chronicle*, January 18, 1996, A. 21. Cited in Michael Omi and Dana Y. Takagi, "Situating Asian Americans in the Political Discourse on Affirmative Action", *Representations*, No. 55, Special Issue: *Race and Representation: Affirmative Action*, Summer 1996, p. 156.

② Andrew Gyory, *Closing the Gate: Race, Politics, and the Chinese Exclusion Act*, Chapel Hill: University of North Carolina Press, 1998, especially pp. 14–16.

程进行解构，为白种工人的排华行径开脱。① 他列举了大量欧裔工人的种族主义行径，以证明他们是出于种族歧视而从事排华的，而且他们的种族主义是全国性的。②

莱曼重申欧裔工人的种族主义思想在排华运动中所发挥的关键作用，当然不无道理，而低估白种工人的种族主义行为恰恰是《关闭国门》一书最严重的问题。此外，基奥瑞在书中竟然没有系统讨论劳动骑士团和美国劳联这两个全国性工会对待中国移民的种族主义态度，这更是一个不可原谅的疏失。众所周知，1885 年在洛克温泉（Rock Springs）屠杀几十名中国移民的凶手正是劳动骑士团的成员。1902 年排华法第二次行将届满时，最积极主张延长该项法律的便是美国劳联。③ 不过，莱曼虽然在揭露欧裔工人的种族主义方面有一定贡献，但他从始至终只是重复其他学者的论述，文章无论在史实还是在方法论方面都毫无新意。更为重要的是，由于他只从种族主义的角度去探讨排华运动，而拒绝考虑阶级因素，所以，他笔下的排华运动完全没有体现出空间上的变化，似乎美国所有地区的所有白种工人都在排华，这显然是错误的。相形之下，基奥瑞认为在欧裔工人的阶级意识比较强的地方（如美国东北部地区），排华情绪就比较弱，这个观点是很有道理的。我自己所做的研究也印证了这一点。当马萨诸塞州北亚当斯市的雇主在 1870 年引入华工破坏制鞋工人罢工时，克利斯宾骑士团（The Knights of St. Crispin，按：克利斯宾是一个鞋匠工会）的领导人萨缪尔·卡明斯（Samuel Cummings）却公开赞扬华工是比鞋厂雇主

---

① Stanford Lyman, "The 'Chinese Question' and American Labor Historians", *New Politics*, Winter, 2000, p. 115.

② Lyman, "The 'Chinese Question' and American Labor Historians", pp. 133-145.

③ 关于美国 19 世纪后半期针对中国移民的暴力事件，见 Daniels, *Asian America*, pp. 58-66；Chan, *Asian* Americans, pp. 48-51。美国在 1882 年首次通过排华法，规定中国移民在 10 年之内不得入境。该法律在 1892 年届满时被延长 10 年，到 1902 年国会索性将它无限期延长，所以这是第二次延长该法律。

"还要高尚的绅士"。卡明斯指出，这些东方人也同样受到委屈，因为他们是被迫接受低工资的。克利斯宾甚至试图把华裔工人吸收到他们的工会里。① 卡明斯说："任何人，不论他们属于什么种族和肤色，只要他们和我们平等地工作和接受平等的工资，我们就衷心地欢迎他们。"② 此外，西部的劳动骑士团虽然敌视中国移民，但纽约的骑士团第 49 分会却坚决反对排华，并主动吸收华裔洗衣工人加入他们的工会。③ 在 1893 年，第 49 分会还公开要求国会取消排华法。④ 同样，艾德华·罗斯（Edward J. M. Rhoads）的调查也告诉我们，宾夕法尼亚州比佛瀑布市（Beaver Falls）的欧裔工人在雇主引入华工以压低他们的工资时，总体上也没有用种族主义的方式去谴责和攻击这些中国移民。罗斯指出，这里的白种工人之所以没有激烈地排华，"原因可能是这些欧裔工人认识到，他们的忧虑和烦恼的最终源头并不在华工伙伴那里，而是在于他们的雇主。"⑤ 研究东西部骑士团之间区别的罗伯·威尔

① *New York Herald*，June 26，1870. 圣·克利斯宾的努力显然没有成功。我们现在无法知道他们为何未能成功地把中国移民工人组织起来。可能是由于雇主采取了挑拨离间的手法，也很可能是由于来自前工业社会的华裔工人对资本主义工厂制度下的劳资对抗缺乏认识，因而对加入工会不感兴趣。塔卡基则认为，圣·克利斯宾是出于自我利益的现实考虑，而不是基于工人阶级团结的意识形态去组织中国移民的，所以没有成功。见 Takaki，*Strangers From a Different Shore*，p. 98。

② *New York Herald*，June 26，1870.

③ 但是由于骑士团上层领导人的坚决反对，吸收华工加入工会的努力最后失败了。但这次事件毕竟告诉我们，并非所有的工会都主张排华。见 Philip S. Foner，*History of the Labor Movement in the United States*，Vol. 2，New York：International Publishers，1975，pp. 58-60。另见 Rob Weir，"Blind in One Eye Only：Western and Eastern Knights of Labor View the Chinese Question"，*Labor History*，2000，Vol. 41，No. 4，pp. 428-432。

④ *New York Times*，May 28，1893.

⑤ Edward J. M. Rhoads，"'White Labor' vs. 'Coolie Labor'：The 'Chinese Question' in Pennsylvania in the 1870s"，*Journal of American Ethnic History*，2002，Vol. 21，No. 2，p. 22，p. 26.

(Rob Weir) 发现，"对于那些亲中国移民的骑士来说，问题从一开始就在于：资本，而不是种族，才是他们的敌人"①。另外，主要活跃在太平洋西北部的世界产联（Industrial Workers of the World）也积极吸收华工加入他们的组织。然而莱曼对美国劳工运动中进步力量的所作所为却视而不见。②

　　莱曼之所以不能全面地解释 19 世纪的排华运动，归根结底，是因为他坚持以意识形态为导向的一元论历史观，认为在排华中只有种族歧视这一个因素在发挥作用。然而，要比较全面地了解排华运动，"阶级"与"种族"这两个因素其实缺一不可。问题在于，欧裔工人首先是受资本家剥削的劳动者，他们的种族主义表述常常是在阶级对立的框架中展开的。在他们看来，使用"低等种族"的工人是雇主阶级的阴谋，目的是压低他们的工资。同时，我们也应该记住，在 19 世纪，种族主义弥漫在美国社会的每一个角落，工人和资本家之间的阶级斗争又是在种族主义的气氛中进行的。欧裔工人认为，资本家用来破坏他们罢工的工人都属于"低等种族"，所以他们对少数族裔的工人常怀敌意。美国社会学家玛丽·柯立芝（Mary Coolidge）早在 1909 年便看清了"种族"与"阶级"在排华中的作用。她写道：

　　　　一个普通的［白］人……可能看不起华工所接受的体面工作和公平的工资，但他还是认为，如果劳工市场上没有华人的话，他自己就能够得到合意的工作和较高的待遇。最为重要的是，他憎恨那些成功的富人，［因为］那些富人竟然忽略了不成功的白

---

　　① Weir, "Blind in One Eye Only," p. 431.
　　② 莱曼只是在回应基奥瑞的回应时极其简单地提到世界产联。见 Lyman, "Engels Was Right! Organized Labor's Opposition to Chinese in the U. S.", *New Politics*, Summer, 2000, p. 61。但不幸的是，他竟然将世界产联错误地写成 the International Workers of the World。这充分反映出他对美国劳工史的无知。

人，却去雇用低等的外籍工人。所以，从那时起，阶级对抗和种族偏见的暴力都增加了。而排华的呐喊至少在一定意义上可以通过对由于投机而致富的阶级更深的担忧来获得解释。①

柯立芝的话写于 20 世纪初，当时她正任教于加州的斯坦福大学，对于排华运动可谓身临其境，因此对"种族"与"阶级"之间的互动关系显然深有体会。② 可惜像莱曼这样的学者出于意识形态的需要，对于阶级矛盾在排华运动中所扮演的角色竟然视而不见。

如前所述，亚裔美国史学家坚持一元论历史观，主要是担心，一旦承认种族歧视以外的因素也在影响着亚洲移民史，就会淡化种族主义所扮演的重要角色，甚至会导致种族主义卷土重来。因此，每逢有人从种族歧视以外的角度——即使是阶级斗争的视角——去理解亚裔美国史的时候，他们都会使用极其激烈的言辞去攻击和诋毁对方。例如，亚裔学者在批判赖特的观点时说他是"种族主义和经济剥削的辩护士"。莱曼则指控基奥瑞"急于把白种工人从排华运动的罪过中赦免出来"③。显然，这已经不是学术语言，而是政治谩骂了。亚裔学者在批驳不同的学术观点时，不是摆事实、讲道理，而是利用自己"道义权威"的优势，给对方罗列政治罪名，但这样是不能令对方心服口服

---

① Mary R. Coolidge, *Chinese Immigration*, New York: Holt and Company, 1909, p. 60.

② 白种工人的种族主义和阶级意识之间往往是一种辩证关系，两者的力量依时间和地点的不同而互有消长。美国东部的一部分白种工人没有积极从事排华，很可能是因为他们的阶级意识超越了种族偏见。而在加州，则明显是种族主义占了上风。在美国东部，造成"阶级"超越"种族"的原因可能是多重的。首先，那里的华工数量很少，欧裔工人可能没有感觉到工作竞争的压力。同时，东部白种工人中的一部分废奴主义者可能已经克服了种族主义思想，他们认识到，资本家才是他们真正的敌人。另外，有一部分工会，如骑士团的第 49 分会，是在社会主义者的领导之下，他们自然以阶级斗争为己任。

③ Lyman, "The 'Chinese Question' and American Labor Historians", p. 148.

的。不过很明显，坚持一元论历史观的代价是不能如实地理解 19 世纪的排华运动。我们在下一节里还将看到，一元论的历史观也不能如实地解释"二战"期间拘禁美国日裔的问题。

最后还需要指出，到目前为止，亚裔美国史学家很少将亚裔美国史同整体美国史结合起来。前面已经指出，当初亚裔青年称自己是亚裔美国人，其用意并不在"亚裔"，而是强调自己是"美国人"，以便争取和欧裔美国人平等的社会地位。同时，亚裔美国史学家反对把中国移民称为"寄居者"，强调他们如何适应和融入美国社会，也同样是为了在美国历史中为亚洲移民争得一席之地。正像有学者指出的那样，中国移民"美国化"（Americanization）的主题在华裔史学中始终占支配地位。① 然而，尽管这些学者认为亚裔是美国历史的重要组成部分，但他们却很少将亚洲移民的经历放到美国移民史的框架中进行讨论，也极少有人将亚洲移民同其他国家的移民进行比较。他们对整体美国史的理解还相当肤浅，对亚裔社区和主流社会之间的互动（除了排华和排日运动）还不甚了了。

关于亚裔学者未能将亚裔美国史当作美国移民史的一部分，我在另一篇论文里曾经做过专门讨论，这里不再做详细论述。当时我指出，移民史学家和亚裔美国史学家都没有把亚裔美国史当成美国移民史的一部分。移民史学家出于"欧洲中心论"和"同化论"的立场，只把来自欧洲的移民看作是移民，而把亚洲移民看作是寄居者。亚裔学者不愿意在美国移民史的框架中研究亚洲移民史，主要是担心那样做会将亚洲和欧洲移民的经历等同起来，使大家忘记种族歧视在亚裔美国史中所扮演的关键角色。同时我还强调，承认亚洲人和欧洲人在移民背景和动机方面的相似性，并在此基础上讨论他们在美国的不同经历，不但不会淡化，反而会更加凸显亚洲移民所遭

---

① Haiming Liu, "Transnational Historiography: Chinese American Studies Reconsidered", *Journal of the History of Ideas*, Vol. 65, No. 1, January 2004, pp. 135-136.

受的种族歧视。① 不把亚洲移民史和其他移民的历史作比较对于亚裔美国史的研究是相当不利的。我们在下一节里将会看到，最近几年出现的"跨国主义"（transnationalism）理论由于强调亚洲移民的双重民族主义，从而给亚裔美国史学带来了新气象。其实，移民史学家早在半个世纪之前就已经从"跨国主义"的角度去探讨欧洲移民史了。例如，他们发现，早期的意大利移民大都是"寄居者"，他们的目标是在美国赚钱，然后返回故乡，所以，他们和祖国之间的联系从来都没有被切断。在 20 世纪 30 年代，虽然很多意大利移民都已经成为美国公民，但他们仍然与意国的政局息息相关。无论是支持还是反对墨索里尼的法西斯政权，都显示出他们的双重民族主义和双重政治认同。② 如果老一代亚裔史学家当初肯留意欧洲移民史的研究成果，我们可能在几十年前就学会从"跨国主义"的视角去观察亚裔美国史了。但是，亚裔学者对主流社会的怀疑非一日之寒，要想他们完全克服疑虑和成见，平心静气地把亚裔美国史同欧洲移民史进行比较，恐怕还需要相当长的一段时间。

当然，近年来，已经有人尝试着将亚裔美国史同整体美国史联系起来。艾瑞卡·李（Erika Lee）在研究了排华法的实施过程后指出，排华的影响远远超出了中国移民社区的范围，它开启了美国历史上的一个新时代。从 1882 年开始，美国已经不再是一个无保留地欢迎移民的、没有国门的国家，而是变成了一个新型的把守国门的国度了。与

---

① 参见拙作《亚裔美国史可以成为美国移民史的一部分吗？》，《世界历史》2007 年第 1 期。

② 关于意大利移民同母国保持联系的讨论，参见 Rudolph Vecoli, "Contadini in Chicago, A Critique of *The Uprooted*", *Journal of American History*, Vol.51, No.3, 1964, pp.404-417; Robert F.Foerster, *The Italian Emigration of Our Times*, New York: Arno Press, 1969; Gaetano Salvemini, *Italian Fascist Activities in the United States*, Washington D.C.: American Council on Public Affairs, 1977; John P.Diggins, *Mussolini and Fascism, The View from America*, Princeton: Princeton University Press, 1972。

此同时，所谓"美国人"的定义也变得更加具有排外性。她还指出，政治史学家在讨论国家政权建设时，往往忽视种族的作用。其实，美国联邦政府是在对外国人入境和居留加强管制的过程中壮大起来的。排华所导致的把守国门的意识形态、政策和实践在美国重新给自己定位的过程中处于核心位置。① 此外，还有亚裔学者从中美早期的商业和文化交往中考察亚裔美国史和整体美国史之间的关系。他发现，在中美早期交往中，尽管饮用中国茶叶和使用中国器物是上层社会的象征，但是说到底，中国人与中国文化只是作为一种"低下"的参照物，塑造了美国白人的文化认同，加强了他们的文化优越感和对中国移民的种族歧视。虽然在早期，纽约的视觉艺术常常把英裔美国人放在社会的上层，把华人放在中间，而把爱尔兰人置于社会底部，但到了19世纪后期，在不同形式的东方主义作用之下以及随着泛欧种族认同（pan-European whiteness）的形成，华人就逐渐取代了先前爱尔兰人的位置，被置于社会底层。早年在纽约形成的歧视华人的种族主义随着时间的推移不断地加强，并对美国主流政治文化的形成起了关键作用。②

上述两部著作试图将亚裔美国史同整体美国史联系起来，当然值得欢迎。有学者认为，这显示亚裔美国史学正日益融入整体的美国史学。③ 不过在我看来，现在做这种乐观的判断还为时尚早，因为上述两部著作所代表的新动向目前还只是一个开始，同类的著作仍然寥若辰

① Erika Lee, *At America's Gates: Chinese Exclusion during the Exclusion Era*, 1882-1943, Chapel Hill: University of North Carolina Press, 2003, especially pp.1-18, pp.19-74, pp.173-187.

② John Kuo Wei Tchen, *New York before Chinatown: Orientalism and the Shaping of American Culture*, 1776-1882, Baltimore: Johns Hopkins University Press, 1999, especially pp.xx-xxiii, pp.4-6, pp.20-26, pp.38-39, pp.67-70, pp.95-96, pp.103-106, pp.116-120, pp.188-195, pp.221-222.

③ Ngai, "Asian American History—Reflections on the De-centering of the Field", p. 99.

星，而且两位作者主要还是从种族歧视的角度去探讨中国移民与整体美国史的关系。下面我们还会看到，最近成为风气的"跨国主义"历史观可能又会将亚裔美国史推向整体美国史的边缘。此外，亚裔美国史学虽然注重主流社会对亚裔的歧视，尤其是白种工人在排斥中、日、菲等国移民的运动中所担当的主力作用，但是却极少有人对欧裔工人的意识形态做过深入研究。迄今为止，亚历山大·塞克斯顿（Alexander Saxton）的《必不可少的敌人：劳工和加利福尼亚的排华运动》① 是探讨欧裔工匠排华动机的唯一一部有深度的著作。但塞克斯顿只是研究加州白种工人排华的动机。而大家都知道，东部一些地区和太平洋西北部的许多欧裔工人却反对排华，如何解释这种差异呢？亚裔美国史学家今后必须认真研究美国不同地区的阶级结构和欧裔工人的文化传统，才有望解答这些问题。

三　最近 15 年的新动向

和学者当初摒弃了文化传统的视角而从种族歧视的角度去诠释亚裔美国史一样，最近 15 年来这个学术领域中的新动向也是表现在史学观点的革新上。这个革新主要表现在以下几个方面：其一是打破了传统史学所设定的"黑人对白人"的二元种族关系理论框架，提出了欧裔、非洲裔和亚裔之间三角形关系的新思维；其二是从"跨国主义（transnationalism）"和"散居（diaspora）"的角度去重新观察亚洲移民史，从而否定或削弱了"同化论"、"美国化论"和"定居者论"；②

---

① Alexander Saxton, *The Indispensable Enemy*, *Labor and the Anti-Chinese Movement in California*, Berkeley and Los Angeles：University of California Press, 1971.

② 不言而喻，亚裔美国史学中的新气象并不止于"跨国主义"和"散居"的历史观以及重新界定黑人、白人和亚裔之间的三角关系。但我认为这两个表述是近 15 年来这个学术领域中最有意义的史学观点。

其三，持"跨国主义"和多元论历史观的学者承认"二战"期间拘禁日裔居民确实有军事上的需要，因而再现了历史事件的复杂性。

多年来，学者大都把美国不同族群之间的关系归结为"黑种人对白种人"的双重种族关系模式，亚裔美国史也被放入这个理论框架中进行讨论。亚洲移民或者作为有色人种而被归入黑人的行列，或者作为"模范少数民族"而被推向白人一边。① 然而，在近年来的研究成果面前，这个"黑种对白种"的理论架构似乎很难再站稳脚跟了。韩裔学者克莱尔·金（Claire Jean Kim）在考察了 20 世纪 90 年代纽约黑人和韩国移民之间的一系列冲突之后，认为"种族实力（即每个种族巩固现有种族秩序的意向）"是理解黑人和韩裔之间矛盾的关键。她勾画出由"高等对低等"和"本土人对外来人"这两个轴线所决定的种族秩序。白人和黑人分别占据了这个秩序中的顶端和底部，而新来的移民则要按照他们同黑白两极之间的比例来确定自己的位置。他指出，黑人对韩裔的攻击是他们长期以来在"管辖自己社区"的名义下抵制白人种族压迫所导致的结果。他们反对外来的商人、教师和业主"侵入"自己的地盘。韩国移民反对来自黑人的挑战，以保卫他们在种族秩序中的位置，这也是他们的"种族实力"的表现形式。总之，黑人和韩裔冲突的本质是两个遭受压迫的族群在加强自己实力的斗争中所产生的冲撞。在按照种族划分人群的过程中，亚洲移民成为黑人之上和白人之下的族群，从而出现了一种"三角形化"（triangulation）的种族关系。②

在克莱尔·金之后，日裔学者斯考特·库拉西格（Scott Kurashige）又对洛杉矶市黑人、白人和日裔美国人之间的三角关系进行了考察。

---

① 参见 Michael Omi and Dana Y.Takagi, "Situating Asian Americans in the Political Discourse on Affirmative Action", pp.155-156。

② Claire Jean Kim, *Bitter Fruit*: *The Politics of Black-Korean Conflict in New York City*, New Haven: Yale University Press, 2000, especially pp.1-108.

他发现，在日裔和非洲裔美国人之间曾经有过合作，但他们在住房、就业和政治代表权等问题上也存在竞争。在两次世界大战之间，黑人和日裔曾有过被歧视和被排斥的共同经历。到了"二战"期间，罗斯福政府和黑人领袖都提倡民族团结，再加上黑人自己的抗争，使得非洲裔美国人在就业等方面的情况有所改善，而日裔美国人则遭受了被迁徙和拘禁的噩运。然而到了战后，又出现了白人接受日裔却疏远黑人的现象。在冷战时期，出于将日本拉入"自由世界"阵营从而巩固美国霸权的需要，白人社会对日裔采取了拉拢的态度，使日裔第二代有机会融入主流社会，于是黑人和日裔这两个少数族裔便走上了不同的发展道路。此外，库拉西格还揭示了黑人、白人和日裔美国人之间三角关系的意识形态基础。一方面，上层白人为了巩固欧裔美国人的霸权地位而挑拨黑人和日裔之间的关系。另一方面，黑人和日裔都努力促进自己的民族认同和提高被白人社会接受的程度，这自然增加了这两个族群之间的隔阂。当然，每个种族中的进步分子为了打破白种人的霸权，也在不断地促进多种族之间团结的共识。[1]

在前一节里，我们曾经提到亚裔学者对赖特的著作以及对"模范少数民族"论的批判。由于这些学者强调黑人和亚裔美国人同属被压迫和被歧视的族群，不愿意承认这两个族群在文化传统上的差异，所以，他们明显是倾向于接受"有色人种对白种"的理论框架。然而上述的研究却显示，虽然亚裔和黑人都曾经遭受过种族歧视，但他们的经历却有明显的不同，而且这两个族群之间的关系并不和睦。早在30年前就已经有学者系统讨论了加州黑人对中国移民的排斥和敌视态度。[2] 最近还有学

① Scott Kurashige, *The Shifting Grounds of Race*, *Black and Japanese Americans in the Making of Multiethnic Los Angeles*, Princeton: Princeton University Press, 2008, especially pp.1-35, pp.108-157, pp.186-231.

② 见 Arnold Shankman, "Black on Yellow: Afro - Americans View Chinese - Americans, 1850-1935", *Phylon*, *The Atlanta University Review of Race and Culture*, Vol. XXXIX, No.1, Spring 1978, pp.1-17.

者发现，在社会达尔文主义和种族主义的影响下，旧金山的华裔虽然反对来自白人社会的种族歧视，但是却没有因此而提倡普遍的种族平等，而是反过来又鄙视黑人。[①] 有鉴于此，关于白人、黑人和亚裔之间三角形关系的新观点，不但代表了对传统种族关系理论的重要修正，而且对亚裔美国史学也是一个贡献。然而，上述两位学者把亚裔和黑人的不同经历完全看成是白人为巩固自己的霸权而进行操纵的结果，却只字不谈其他因素——包括文化传统的因素——所扮演的角色，这样的诠释仍嫌不够全面。

从"跨国主义"（transnationalism）和"散居"（diaspora）的角度去重新观察亚洲移民史的代表作包括麦德林·徐（Madeline Hsu）的《梦想金山，梦想家乡：跨国主义及美国和南中国之间的人口流动》、陈勇的《华人的旧金山，1850-1943：一个跨太平洋的社区》、伊其罗·阿祖玛（Eiichiro Azuma）的《在两个帝国之间：日裔美国[所涉及]的种族、历史和跨国主义》以及奥古斯都·艾斯皮瑞杜（Augusto Espiritu）的《五个被流放的人：民族与美国菲律宾裔知识分子》。[②] 从跨国主义的视角观察亚裔美国史的学者，无论他们研究哪一个族群，都认为亚洲移民具有双重的民族主义和双重甚至多重的文化认同。这些移民感受到来自美国和来自祖国的双重压力，因而同时生活在两个不同文化的世界里。"散居"的概念最初是用来形

---

① 参见 Yong Chen, *Chinese San Francisco*, 1850 - 1943, *A Trans - Pacific Community*, Stanford：Stanford University Press, 2000, p.146, pp.199-200。

② 艾斯皮瑞杜在书中描述了五位旅美的菲律宾知识分子的心路历程，发现这些人实际上被夹在两种热爱和两个家园之间。一方面，美国给他们提供了物质上的享受、思想上的挑战和精神上的安慰；另一方面，故国菲律宾仍然博得他们的忠诚，令他们时刻想起值得珍惜的往事。他们在两种语言和两种世界观之间的徘徊导致了"被分裂的忠诚"。艾斯皮瑞杜认为，菲律宾和亚裔美国知识分子的思想史既是民族的，同时也是跨国的。见 Augusto Fauni Espiritu, *Five Faces of Exile*, *The Nation and Filipino American Intellectuals*, Stanford：Stanford University Press, 2005。

容分布在世界各地的犹太社区，后来也应用到某些欧洲和亚洲移民的身上。按照"散居"的观念，分布在其他国家的移民社区和他们的祖国之间具有极其密切的联系。散居在国外的移民仍旧沿袭传统的生活方式，在政治上仍旧忠于自己的祖国。亚裔美国史学者之所以能够发展出"跨国主义"的新思维，与当今世界和美国的政治形势有着不可分割的关系。在过去，白人社会经常指责亚洲移民不能同化于美国社会和不忠于美国。近年来，美国国内的政治气氛出现了一定程度的积极性变化，"同化论"已经失去昔日的威严。同时，随着全球化趋势的加强，也有大批美国人到其他国家工作和定居，大家对跨国移民同时生活在两个不同社会和两种不同文化里的情况也有了较深的体会。再有，很多从"跨国主义"视角研究亚裔美国史的学者本人就是新移民。他们生长在中国、菲律宾以及其他亚洲国家，移民美国后不可能切断同祖国的联系。在他们看来，具有两种民族主义情怀并不是值得大惊小怪的事情。

　　首先来看"跨国主义"和"散居"的新视角给华裔美国史带来的冲击。前面曾经说过，巴斯认为作为"寄居者"的中国移民不愿在美国落地生根，所以造成欧裔工人的不满，引发了加州的排华运动。不言而喻，"寄居者"一词意味着中国移民最终的归宿是中国，而不是美国。然而，从美国亚裔运动中走出来的学者既然要驳斥巴斯的观点，既然强调亚洲移民的"美国化"，既然要为亚裔争得美国史上的一席之地，他们自然就十分忌讳"寄居者"一词。有亚裔学者曾经写道："首先，我要避免将中国人称为'寄居者'……坚持认为所有到美国来的中国人都是寄居者——就像某些学者所做的那样——就等于明确地把他们从美国移民史中排除出去。"[1] 还有两位学者指出，美国华裔从来都毫不犹豫地表明自己是美国人。而中国移民当中"美国化

---

① Sucheng Chan, *This Bitter-Sweet Soil*, p.xx.

（Americanization）"的过程早在 19 世纪就开始了。① 不过，近年来出现的"跨国主义"和"散居"的研究视野却动摇了中国移民是"定居者"和"美国化"论点的根基。

麦德琳·徐的专著《梦想金山，梦想家乡》讨论了 19 世纪末到 20 世纪中广东台山人向美国移民的历史。她发现，台山移民实际上在不断地迁移，"尽管机会甚微，但台山人还是不断地去追寻太平洋两岸的彩虹。他们相信在大洋一边的美国有一袋黄金在等待着他们，而在大洋的另一边则有自己的家庭和安逸的生活 [在等待他们]。"事实上，这些移民既不属于这里，也不属于那里；既不是真正的美国人，也不是真正的中国人。他们理想中的最终目标并不是在美国扎根，而是在积攒了足够的金钱后回到家乡台山。由于这个原因，他们和家乡台山之间始终保持着政治、经济、文化和宗教上的联系。麦德琳·徐还指出，台山移民的社区和身份认同并非一成不变，而是具有跨国的和多元的认同。她认为，以民族国家为出发点的人，必定会认为移民只能属于某一个特定地区，但台山人移民的经历证明，流动的人口可以同时属于两个地方。在美国主流社会拒绝和排斥华人的情况下，台山人照旧到美国去做工，这本身就说明民族国家控制人口流动的能力有限。关于空间和身份认同的传统观念看重由民族国家所限定的领土疆域，这种观点远远不能解释流动人口的复杂现实。②

---

① 见 K.Scott Wong and Sucheng Chan eds., *Claiming America, Constructing Chinese A-merican Identities during the Exclusion Era*, Philadelphia：Temple University Press, 1998, p.x。

② Madeline Hsu, *Dreaming of Gold, Dreaming of Home：Transnationalism and Migra-tion between the United States and South China*, 1882-1943, Stanford：Stanford University Press, 2000, especially pp.1-54, pp.88-89, pp.90-123, pp.176-178.麦德琳·徐在书中指出，她不愿意使用"散居"一词来形容台山的海外移民，因为它不适用于"二战"以后的情况。然而她却几度使用"dispersion"这个词，如"A Community in Dispersion"和"the physically dispersed community of Taishan"。见 Hsu, *Dreaming of Gold, Dreaming of Home*, p.124.不过在我看来，"dispersion"和"diaspora"这两个字是可以通用的。

陈勇同样从跨太平洋的视野去观察旧金山华人的历史。他指出，美国华裔当中许多人是在跨太平洋的境界中去理解自己的各种经历。他们在美国工作和生活时仍然怀念位于广东的家乡以及自己的文化传统。这种记忆不仅仅是怀旧的情感，还体现出一条真正的经济和政治纽带。陈勇特别讨论了20世纪前期的几起政治事件在华裔美国史上的作用。其中1905年由中国人、美国华裔和世界其他地区华人共同参与的抵制美货运动，不但表达了对中国移民在美国遭受歧视的不满，而且还使美国华裔获得了为实现美国梦和争取公民权所需要的力量。此外，旧金山华裔对国内同胞抗日战争的支援不仅加强了太平洋两岸华人之间的纽带，而且也成为华裔在美国抗击种族歧视的有力武器。不过，陈勇最终还是强调中国移民融入了美国社会，虽然这并不意味着同化于盎格鲁·撒克逊的白人社会。《华人的旧金山》为我们提供了一个理解"融入美国社会"和"情系故国"这两种情怀之间辩证关系的典范。一方面，旧金山华人参与美国政治并没有减少他们和家乡之间跨太平洋的联系；另一方面，怀念和支援家乡也没有使他们变得不再像是美国人。① 应该指明的是，上述两部著作并不是专门为"寄居者"的观点正名，但它们至少是削弱了亚洲移民是"定居者"的论点，同时也否定了传统的"同化论"。

现在再来看"二战"期间日本移民及其子女被强行迁徙和拘禁的问题。以意识形态为导向的亚裔美国史学家普遍认为，拘禁日裔的决定完全是出于种族主义的动机。但是近年来出现的"跨国主义"历史观却使我们不得不重新思考这个问题。从"跨国主义"立场出发的学者发现，日本移民将美国的"边疆学说"和日本帝国的扩张主义理论结合起来，塑造了他们的双重民族主义认同。在这些移民的心目中，美国西部不仅是美国历史发展过程中的边疆，同时也是日本扩张野心的最东部的边疆。日本移民中的历史学者利用伪科学理论，鼓吹日本

---

① Yong Chen, *Chinese San Francisco*, especially pp.7-10, pp.145-238.

民族的海上起源论，声称这种扩张主义特性仍然留在日本种族的血液里。他们还认为，日本帝国的海上命运意味着日本种族被赋予了在海外建立"新日本"的使命。① 日裔美国学者伊其罗·阿祖玛（Eiichiro Azuma）进一步指出，日本战前的殖民主义、扩张主义政策和它的跨太平洋移民之间一向都相互影响。他写道："从一开始，由移民为主导的殖民主义［政策］就和日本帝国主义正式的军事冒险紧紧地结合在一起。"日本的极端民族主义分子甚至把从 19 世纪 80 年代开始移居夏威夷和美国西海岸的日本人看成是日本殖民主义扩张的先头部队，而日本移民中的知识分子和商人在"跨太平洋扩张主义"的影响之下，也将自己看作是殖民定居者。②

　　日本移民对美国种族歧视的反应也不同于其他亚洲移民。他们认为自己同样来自优越的种族，要用自己的种族主义和敬业精神去击败白人的种族主义，进而扩大他们在美国建立的"新日本"。有一位日本移民作家写道："……我们的历史和祖国的历史不完全相同，然而它仍旧是［祖国历史的］一部分。我们的历史构成了日本［海外］扩张历史的首页。"1940 年 11 月，日本外交部和殖民事务部联合主办了一次海外日本侨民大会，目的是动员海内外日本人发扬光大日本的扩张主义传统。首相近卫、殖民大臣与助和陆军大臣东条英机都参加了这次大会。这一系列的宣传活动，用阿祖玛的话来说就是，"导致了海外移民和建立殖民地在日本移民的意识里更大程度的混合"。盛大的游行庆祝仪式启动了一连五日的大会。走在队伍最前列的是来自美国的两个

----

① 见 Eiichiro Azuma, *Between Two Empires：Race，History，and Transnationalism in Japanese America*, New York：Oxford University Press，2005，pp.91－110；Brian Masaru Hayashi, *Democratizing The Enemy：The Japanese American Internment*, Princeton：Princeton University Press，2004，pp.49－50。

② 见 Eiichiro Azuma, "'Pioneers of Overseas Japanese Development'：Japanese A-merican History and the Making of Expansionist Orthodoxy in Imperial Japan," *The Journal of Asian Studies*, Vol.67, No.4, November 2008, pp.1193－1194。

最年长的日本移民，紧接着是来自夏威夷、美国大陆、加拿大、东南亚和南美洲的代表团。来自美国的移民带头向天皇三呼万岁之后，首相近卫开始讲话，他说，"……你们的出席使我们回想起日本（向海外）殖民的历史，这个历史的首页已经写在你们和你们的先驱者的血液里"。来自旧金山的一个移民报纸发行人在发言时做出保证，要把作为帝国臣民的光荣铭刻在心，在日本海外拓展的前沿以征服全世界的精神前进。一个来自圣地亚哥的日裔农民还将旅美的日本移民形容为"种族斗争的胜利者"。大会为彰显日本移民在海外所发挥的拓展作用，还特地举办了题为"我们的新边疆"的展览会。其中一个展览展示了堆积如山的橘子和柠檬，以显示日裔农民在美国农业上所取得的成就。展览结束后，这些日本移民种植的橘子全部赠给了在侵略战争中负伤和生病的日本士兵。一部分日本海外移民还通过展览会向侵略亚洲国家的日本士兵捐赠了成千上万个慰问袋，以表示他们的"爱国主义"。①

　　日裔学者布莱安·哈亚西（Brian M.Hayashi）所做的研究使他相信，拘禁美国日裔的事件并不像持一元论历史观的学者所认为的那样简单，而是充满复杂性。哈亚西发现，许多日本移民都将他们在美国出生的子女送回日本接受教育，这些日裔的第二代当中有不少人最终选择留在日本。在那些返回美国的人当中，有许多人公开为日本在亚洲大陆的帝国主义政策辩护。哈亚西认为，"种族"并非导致美国政府大批拘禁日裔居民的唯一因素。当时陆军部的官员是真正担心日本可能会对美国发动进攻，这种担心并非臆想。因此，所谓"军事上的需要"是确实存在的，虽然它不能证明拘禁日裔的决定是正确的。哈亚西还从国际的视野去探索美国政府拘禁日本移民的动机。他发现，陆军部长史町森（Henry Stimson）决定拘禁日裔居民，是准备以此作筹码，阻止日军虐待他们在菲律宾战场上俘虏的美军士兵。同时，拘禁

---

　　①　以上讨论及引文均见 Azuma，"'Pioneers of Overseas Japanese Development'"，p.1195，pp.1208-1213，pp.1216-1219。

日裔居民也是迫于来自盟国的压力。当时，秘鲁、巴拿马、墨西哥和加拿大等国在美国之前就已经开始迁徙和拘禁那里的日裔居民了，这些国家纷纷要求美国针对日本在西半球的威胁采取坚定的措施。多年来，亚裔学者还认为，即使日裔居民受到不公正的对待，但他们仍然还是毫无保留地忠于美国。[1] 但是哈亚西却发现，对于人多数被拘禁的日裔来说，支持日本而不支持美国的立场是合理的，多数日本移民都采取了亲日本（而不是不忠于美国）的立场。[2]

在拘禁日裔居民这个问题上向一元论历史观挑战，如同向排华问题上的一元论观点挑战一样，是具有政治风险的。阿祖玛在赞扬哈亚西的贡献时说，这个"能够反映［历史事件］复杂性但肯定会引起争议的观点可能会招致怨恨和批评"[3]。但无论如何，发现日本移民和日本扩张政策之间不可分割的关系，以及发现日本移民并非绝对忠于美国，无疑标志着日裔美国史研究中一个重要的突破。当然，这些新发现和新视野并不意味着"二战"期间所有的美国日裔都在为日本帝国主义做内应，也不意味着美国政府强行迁徙日本移民及其子女的政策全部都是正确的。但是，倘若今后的研究继续沿着阿祖玛和哈亚西等学者所提供的线索走下去的话，那么几乎可以肯定，关于拘禁日裔的决定完全是出于种族歧视的论点迟早是要被彻底修正的。

四 总结与展望

我们从前面的讨论中可以清楚地看到，早期亚裔美国史学的一

---

[1] Takaki, *Strangers from a Different Shore*, pp.384-385, pp.399-403.

[2] Hayashi, *Democratizing the Enemy*, pp.1-11, pp.40-75, pp.79-80, pp.82-83, p.121.

[3] Eiichiro Azuma, "From Civil Rights to Human Rights: Reinterpreting the Japanese American Internment in an International Context," *Reviews in American History*, March 2005, Vol.33, No.1, p.105.

个显著特点是深受政治形势的影响，以及由此而产生的以意识形态为导向的一元论历史观。亚裔美国史在 50 年前成为一个专门的学术领域，本身就是民权运动和美国亚裔运动的产物。亚裔美国史学家否认中国移民是寄居者，是担心一旦承认华工不愿在美国扎根，就等于肯定了历史上的排华运动。老一代学者反对从种族歧视以外的视角去观察问题，也是害怕从多元的角度去诠释亚裔美国史会淡化种族歧视的有害作用。不过，这个领域中最近出现的新思维却表现出冲破一元论历史观束缚的趋势。其中哈亚西用多重原因去解释"二战"期间对日裔居民的拘禁，甚至承认美国政府这个决定确实是基于"军事需要"，就是一个突出的实例。持"跨国主义"历史观的学者承认亚洲移民和他们的祖国之间切割不断的联系，承认中国移民最终的目的地往往不是美国，而是中国，也承认亚洲移民的双重民族主义和多元文化认同。因此，他们能够比执着于一元论观点的人更为客观地诠释历史事件。这些都不能不说是亚裔美国史学中的新气象，也标志着这个学术领域正呈现出一定程度的走向成熟的迹象。

　　但是，上述这些新动向的背后也有潜在的问题。倘若持"跨国主义"历史观的学者过分强调跨国因素，进而贬低甚至完全否认民族国家控制移民的能力，那么他们的观点就有可能和许多历史事实对立起来。例如，排华法固然存在不少漏洞，很多广东人也确实千方百计地利用这些漏洞进入美国，但不可否认的是，在排华法实施的 60 年里，公开地和大规模地向美国移民毕竟是停止了，这说明美国政府在阻止大批华人入境方面并非完全无能为力。同样，如果过分淡化甚至否定亚洲移民的"美国化"，那么，长此以往，亚裔美国史距离整体美国史可能会变得越来越远，而不是越来越近了。如果真是照这样下去，亚裔美国史还能算作是美国史的一部分吗？有学者曾经评论说："跨国的研究可能会有风险，因为它可能既被看作是亚洲学的边缘，也被看作是亚裔美国学的边缘。"① 我对此颇有同感。总而言之，"跨国主义"的研究今后往哪个方向发展，我们还需拭目以待。

（原载《史学集刊》2012 年第 3 期，人大复印报刊资料

《世界史》2012 年第 7 期转载）

----

① Haiming Liu，"Transnational Historiography"，p.142.

20 世纪初美国劳工外交理念的
一次重大转变

一

　　研究美国外交史的学者大都注重总统、国务卿和国会的对外政策，相形之下，探讨美国民间外交活动的著作则相当稀少。① 研究美国领导人的外交方针当然至关重要，不过，在许多情况下，民间外交活动对政府政策的推行也会产生重大影响。例如，在第一次世界大战期间，如果不是美国劳联（American Federation of Labor）积极支持威尔逊政府的战争政策，打压罢工以确保军工生产的完成，以及鼓动欧洲工会支持协约国继续参战，美国在欧洲的战事未必能够顺利进行。在冷战初期，倘若没有劳联和产联（Congress of Industrial Organizations）鼎力相助，美国削弱西欧共产主义运动的政策也很难取得预期的成效。很显然，为了比较全面地了解美国对外政策的实施，除了着眼于领导人的外交方针，还有必要研究民间团体——特别是工会这个几乎最大的

　　① 北京大学王立新教授曾阅读过本文的初稿，并提出许多宝贵意见，谨此致谢。从 20 世纪 60 年代开始，这种忽视民间团体外交活动的倾向开始有所转变，美国学术界陆续出现了一批探讨美国工会外交活动的书籍和论文。不过在总体上，研究劳工外交活动的著作仍然为数不多。在中国国内更是绝少见到探讨美国劳工外交活动的著作。

民间团体——在美国外交史上所发挥的重要作用。本文的重点是探讨美国劳工外交思想在 19 世纪末和第一次世界大战期间所发生的一次重大转变——从坚决反对美西战争到积极支持美国参加世界大战——及其转变的原因。我们从以下的讨论中将会看到，无论美国主流劳工①的外交思想在这 20 年里如何改变，其动机都是为了维护经济工联主义（business unionism）② 的原则。也就是说，美国主流劳工的保守性格在这 20 年里并未发生实质性的变化。

二

　　美国在其独立后的 100 多年里基本上奉行孤立主义的外交方针。虽然这并不意味着同外部世界完全隔绝，但是在总体上，这个年轻的国度尚未形成系统的扩张主义政策。③然而到了 19 世纪末，美国的外交

---

　　①　本文中所谓"美国主流劳工"虽然也包括其他工会，但主要是指美国劳联，因为从 19 世纪 80 年代劳联的成立到 20 世纪 30 年代产联的出现这半个世纪的时间里，劳联始终是会员最多以及在美国社会和政治生活中影响最大的工会组织。到"一战"前夕，它的会员人数已经增加到 230 万，因此劳联常常被称为"劳工之家（the House of Labor）"。

　　②　经济工联主义者不承认工人和资本家之间的关系是对立的和不可调和的，不提倡阶级斗争，不赞成改变资本主义制度，而是主张在资本主义体制之内通过和雇主进行集体交涉来提高工人的生活水准。由于他们不主张进行旨在改变资本主义制度的政治斗争，所以像美国劳联这样的工会始终反对同任何左翼政党发生关系，而是强调所谓"自由工会"的原则。另一方面，左翼和激进的劳工运动主张通过政治斗争改变资本主义制度，往往和工党、社会民主党等左翼政党结盟，他们的思想一般被称为政治工联主义。

　　③　美国在 19 世纪尚未形成系统的扩张主义政策，并不代表它的外交方针完全不具有侵略性。它在 1844 年趁中国在鸦片战争中战败之机，挟制清政府签订《中美望厦条约》，获得治外法权和最惠国待遇等多项特权，在 1848 年美墨战争中侵占了墨西哥大量领土，以及在 1853 年利用炮舰政策迫使日本打开国门，都意味着美国 19 世纪的孤立主义政策并非毫无侵略性。然而，和 19 世纪 90 年代后的情况相比，系统的扩张主义政策毕竟尚未形成。

政策却发生了根本性的转变，走上了扩张主义道路。促成这种转变的首先是国民经济的快速增长。到了 19 世纪 90 年代，美国的国民生产总值已经超过了英、法、德三国的总和，这自然会增加对海外市场的需求。与此同时，形形色色的扩张主义和帝国主义思想——包括阿尔佛莱德·马汉（Alfred Mahan）扩充海军以壮大国力的思想、社会达尔文主义和弗理德里克·J. 特纳（Frederick J.Turner）的边疆学说——也深深地影响着美国外交政策的制定者。在这种情势之下，美国开始放弃孤立主义，转而推行对外扩张的帝国主义政策，并不足怪。然而，在 19 世纪末，大多数美国工人都反对政府对外发动战争和掠夺殖民地。有学者认为，美国劳工领袖在美西战争期间就已经开始支持对外扩张①，这并不完全符合历史事实。

我们从 1895 年劳联对待委内瑞拉事件的态度上可以看出主流劳工反对美国卷入战争和反对扩张主义的情绪。从 19 世纪 40 年代开始，委内瑞拉和英属圭亚那两国之间就一直存在着边界争执。到了 19 世纪末，在委内瑞拉的请求之下，美国强烈主张进行国际仲裁，同时又对英国进行战争威胁。这时劳联的一位领导人公开表明了这个工会的反战态度。他写道："国与国之间为了解决微不足道的争端而剑拔弩张难道是正确的吗？……在任何情况下，美国人和英国人都不应该为了南美洲一小片土地［所引发的争端］而相互厮杀。"②劳工的反战态度可能对政府的决策产生了一定的影响。美国《世纪杂志》指出，劳工组织是主张通过仲裁解决国际争端的最坚定的力量。③ 1897 年，麦金莱总统向参议院递交并吞夏威夷的条约时，又遇到劳工的激烈反对。许多

---

① Ronald Radosh, *American Labor and United States Foreign Policy*, New York: Random House, 1969, p.5.

② Ernest H.Crossby, "Work and War", *American Federationist*, Vol.2, December 1895, p.221.

③ "The Workingman's Support of International Arbitration", *Century Illustrated Magazine*, Vol.52, No.4, August 1896, p.634.

工会出版物都号召美国工人起来击败这个扩张主义的条约。劳联的机关刊物《美国联盟主义者》（*American Federationist*）对该条约的合法性表示怀疑并且指出，如果在［领土扩张］这个光荣呐喊的背后存在着对公民自由的真正威胁的话，我们就应当予以制止。①

在 19 世纪末美西战争一触即发的时刻，美国劳工更加明确地表达了反战的态度。在劳联 1897 年的会议上，"对外扩张"、"沙文主义"和"战争"等问题都成为会议的主要议题。虽然有代表出于对西班牙暴行的愤慨和对古巴人民的同情，主张美国政府采取果断行动，但大多数代表却反对战争。② 在纽约中央工会 1898 年 4 月的会议上，码头工会的代表指出，"即使确实有成千上万的西班牙投机者和官员在压迫古巴人，但是我们怎能以常识的名义允许美国工人去射杀西班牙工人呢？所有工人的利益都是 致的"③。1898 年年底，中央工会再次明确表示反对帝国主义和对外扩张。国际雪茄工人工会第 144 分会的代表说："［对外扩张的］问题已经在几周前交给了各个工会［进行考虑］，我们收到的大多数答复是反对对外扩张。现在是这个工会采取行动的时候了，而且我提议，请指示本工会的书记致函美国总统以及参、众两院，表明中央工会反对并吞先前属于西班牙的岛屿。"有代表还指出："我们……赞同保留华盛顿关于避免与欧洲大国结盟的明智和久经考验的政策。……我们［要］通过宪法允许的各种手段来反对帝国主义和在［美国］大陆的范围以外进行扩张。"④ 在结束美西战争的《巴黎条约》刚刚签订不久，参加劳联会议的代表又通过决议，反对"新

---

① "Should Hawaii be Annexed?" *American Federationist*, Vol.4, No.9, November 1897, p.217.

② Philip S.Foner, *History of the Labor Movement in the United States*, Vol.2, *From the Founding of the American Federation of Labor to the Emergence of American Imperialism*, New York: International Press, 1975, p.408.

③ *The New York Times*, April 18, 1898.

④ *The New York Times*, December 26, 1898.

的、具有长远意义的一般被称为'帝国主义'或'对外扩张'的政策。"① 我们从以上的讨论中不难看出，美国主流劳工在 19 世纪末曾经坚决反对帝国主义战争，反对扩张主义政策。然而，在不到 20 年的时间里，他们却一改先前的反战态度，成为美国参加世界大战的坚定支持者。

三

劳联在 1914 年欧战刚刚爆发的时候曾经反对美国卷入那场争端。这个工会的主席萨缪尔·龚伯斯在其自传里坦承，他曾经是一个不隐讳自己观点的和平主义者。② 他认为那场战争是"反常的、不合理的和邪恶的"，而且"无论从哪一种观点来看都是应该反对的"③。他在 1917 年 2 月写给劳联执委会的信中还表示要尽一切努力避免将美国拖入战争。④但是另一方面，劳联的立场也在悄悄地发生转变，逐渐支持威尔逊政府的战争政策了。1916 年，威尔逊开始做参战准备，为了争取劳工的支持，特任命龚伯斯为国防会议咨询委员会委员。国防会议的主要任务是协调工业和战争物资的调配。⑤ 后来又任命他为这个委员

---

① "Excerpts from Accounts of the 1898 Convention of the AFL in Kansas City, Mo.", December 14, 1898, in Stuart B.Kaufman ed., *The Samuel Gompers Papers*, Vol.5, Urbana: University of Illinois Press, 1986, p.43, p.46.

② Samuel Gompers, *Seventy Years of Life and Labor*, *an Autobiography*, Ithaca: ILR Press, New York State School of Industrial and Labor Relations, Cornell University, 1984, p.187.

③ *Coast Seamen's Journal*, August 19, 1914, No.27, cited in Philip S. Foner, *History of the Labor Movement in the United States*, Vol.7, *Labor and World War I*, 1914-1918, New York: International Publishers, 1987, p.42.

④ "Gompers to the Executive Council of the AFL", February 4, 1917, *The Samuel Gompers Papers*, Vol.10, p.4.

⑤ "Gompers to the Executive Council of the AFL", February 28, 1917, *The Samuel Gompers Papers*, Vol.10, p.18, pp.20-21, footnote 1.

会下辖的劳工事务委员会主席。① 在全国公民协会（National Civic Federation）帮助下成立的美国劳工与民主联盟（American Alliance for Labor and Democracy，龚伯斯是该联盟的主席）实质上是政府宣传部门的一个劳工辅助单位，负责在工人当中进行战争鼓动。它的主要决议都强调必须将战争坚持下去，并且指出，关于通过谈判达到和平的任何说法，都是有意无意地在做德国人的工具。②龚伯斯在1917年3月还亲自撰写了支持美国参战的保证书。其中写道："所有的美国人，无论他属于哪一个阶级，哪一个族群，哪一个政治派别和哪一个宗教，都有责任忠诚地支持美国政府目前为公正、自由和民主而进行的战争，直至最后胜利。"③

劳联等主流工会的领导人为确保军工生产的完成，还在爱国主义旗帜下极力打压美国工人的罢工行动，指控罢工的组织者不忠于祖国和收受德国人的利益。早在1915年夏季，当机械工人工会宣布为争取八小时工作制而准备罢工时，龚伯斯就指出，是有人出了钱迫使工人罢工，罢工计划是受到外国宣传的影响。他还表示要动用一切资源来阻止这次总罢工。④ 1917年4月，国际妇女服装工人工会也表示要阻止军用雨衣制造工人的罢工行动。⑤ 同年12月，波多黎各一批农业工人准备举行罢工并多次请求龚伯斯批准他们的行动，然而这位劳联主

---

① "An Address at the Organizational Meeting of the Committee on Labor of the Advisory Commission of the Council of National Defense", April 2, 1917, *The Samuel Gompers Papers*, Vol.10, p.51.

② *The New York Times*, September 6, 1917.

③ *Report of the Proceedings of the Thirty-Seventh Annual Convention of the American Federation of Labor*, 1917, Washington, D.C.: The Law Reporter Printing Company, 1917, p.291.

④ *The New York Times*, July 19, July 20, 1915.

⑤ "Abraham Baroff to Samuel Gompers", April 16, 1917, *The Samuel Gompers Papers*, Vol.10, p.61.

席却迟迟不予以答复。直到 1918 年 5 月他才表明态度，但是却拒绝授权他们举行罢工，理由是当时的首要任务是打赢支持民主和反对专制的战争。①

　　威尔逊政府参加"一战"，其中一个主要目的是扩大美国在世界政治舞台上的影响力，进而成为世界领袖。为了达到这个目标，就必须将战争进行到底，以使美国成为战胜国。然而，欧战爆发后，英法等国的劳工却普遍厌战。② 威尔逊对此深感不安，认为有必要化解欧洲工人的反战情绪，而在这方面非依靠美国劳工的帮助不可。劳联的领导们这时已经在美国工人当中激起了爱国主义热情，于是也把注意力转向了欧洲。龚伯斯主张派使团赴欧鼓励协约国工人支持战争，这一想法很快就得到威尔逊的赞同。由劳联负责人约翰·弗瑞（John P.Frey）率领的美国劳工使团于 1918 年春天访问了英法两国，力图说服协约国领导人和工会接受美国的立场，使战争继续下去。③ 不过，弗瑞使团的说服工作成效有限。于是龚伯斯决定亲自赴欧去化解那里的反战运动。④ 在伦敦举行的英国工会联盟（Trades Union Congress）的会议上，龚伯斯对与会的代表们说，如果德国的军事机器尚未被摧毁的话，那么即使战争被缩短一个小时美国工人都不会同意。⑤ 在随后召开的协约国劳工和社会主义者大会上，他号召大会接受威尔逊总统的 14 点，并

----

　　① "Gompers to Santiago Iglesias", May 11, 1918, cited in Simeon Larson, *Labor and Foreign Policy, Gompers, the AFL, and the First World War*, 1914-1918, Cranbury：Associated University Presses, 1975, pp.119-120.应该指出的是，劳联领导人并非每次都能成功地阻止工人的罢工行动。但他们支持威尔逊政府战争政策的苦心是不容置疑的。

　　② 关于英、法、意等国劳工的反战情绪，见 "The Chief Danger of Revolutions and Revolutionary Movements in Eastern Europe：Revolutions in Western Europe", *The Samuel Gompers Papers*, Vol.10, p.343。

　　③ *The New York Times*, March 29, 1918.

　　④ *The New York Times*, August 29, 1918.

　　⑤ Gompers, *Seventy Years of Life and Labor*, Vol.2, p.418, cited in Radosh, *American Labor and United States Foreign Policy*, p.160.

建议批判政治工联主义。在法国，他严厉批评了反战的工团主义者，指控他们是法国人民事业的叛徒。龚伯斯接着又去了意大利，并在演讲中攻击反战的社会主义者，大力支持威尔逊的战争政策。[①] 虽然龚伯斯未能完全说服英法等国的劳工改变立场，但劳联在支持威尔逊的战争政策方面确实不遗余力。

1917 年俄国发生二月革命后，威尔逊总统十分担心新上台的社会党人会退出战争。由于美国社会主义者维克多·伯格（Victor Berger）和莫里斯·希尔奎特（Morris Hillquit）正在鼓动俄国社会主义者采取反战立场，情势变得更加紧迫。于是，他决定派使团赴俄劝说临时政府继续参战。龚伯斯立即向国务院推荐劳联第一副主席邓肯（James Duncan）作为使团的劳工代表。[②] 在俄逗留期间，邓肯除了劝说俄国工人支持临时政府，为民主的胜利和专制的衰落而继续参战，还鼓励俄国工人建立劳联式的工会。他在一次演讲中说，"美国有组织的劳工或许能有机会帮助新俄罗斯将尚未组织起来的工人群众组成有斗争性的、有用的行业工会。……我们希望和你们分享我们取得进展的经验，以便使你们在照搬我们取得成功的方法时能够有所裨益……"[③] 他还希望俄国工人能够像美国人所做的那样，在 8 小时工作制的法律上附加一个条款，表明在战争时期要容许工厂把产量提高到最大限度，以保证前方的军需供应。[④] 1917 年 9 月，龚伯斯在威尔逊总统的赞同之下，还曾电告俄国临时政府总理克伦斯基，表示美国劳工与民主联盟全力

---

① 见 Radosh, *American Labor and United States Foreign Policy*, pp.164-165, p. 171, p.175。

② "Gompers to Robert Lansing", April 19, 1917, *The Samuel Gompers Papers*, Vol. 10, pp.71-72, footnote 2.

③ "Report of Vice-President Duncan as a Member of the American Mission to Russia", *Report of the Proceedings of the Thirty-Seventh Annual Convention of the American Federation of Labor*, 1917, p.326, pp.336-337.

④ *The New York Times*, July 2, 1917.

支持他的政府。① 十月革命爆发后，龚伯斯和主战的社会主义者威廉·沃灵（William E. Walling）一致认为革命比德国专制更加可怕。他们在 1918 年初给政府的一份备忘录中指出，革命动乱正在向英、法、意等国扩散，而且还可能扩展到美国。他们警告说，援助布尔什维克等于是在玩火，可能会导致未打败德国之前就结束战争。② 二人的规劝很可能坚定了威尔逊总统不承认布尔什维克政权的决心。

　　主流劳工在"一战"期间对美国外交政策的支持收到了一定的成效并受到威尔逊总统的赞扬。③《纽约时报》指出，"假设……劳联当初听从了大多数社会主义者、极端主义者和不忠于国家的人的劝告，那么［在战争期间］将会有数不清的罢工行动，军火和其他战争物资将不会得到供应。可能会爆发一场经济内战，或许混乱和骚动会导致真正的内战，美国在国内外都会变得软弱无力，那对于军事和道德的影响将是毁灭性的"④。同时，美国的外交官也都相信劳联领袖在欧洲的游说取得了有价值的成果。美国驻伦敦使馆的外交官威廉·巴克勒（William H.Buckler）写道，龚伯斯使团"在和平可能随时会出现和协约国需要坚定立场的关键时刻给法国和意大利主战的社会主义者和劳工打了气。"⑤ 美国驻米兰领事认为龚伯斯的演讲是美国人在那个城市所做的最好的宣传篇章之一。⑥ 意大利政府新闻部门的负责人也指出，

----

① *The New York Times*, September 15, 1917.

② "The Chief Danger of Revolutions and Revolutionary Movements in Eastern Europe: Revolutions in Western Europe", *The Samuel Gompers Papers*, Vol.10, p.343-344.

③ *The New York Times*, June 12, 1918.

④ *The New York Times*, September 4, 1917.

⑤ "William Buckler to Irwin Laughlin", October 29, 1918, *The Samuel Gompers Papers*, Vol.10, p.552.William Buckler 当时是美国驻伦敦使馆的一位外交官，也是龚伯斯使团的成员之一。

⑥ "William Buckler to Irwin Laughlin", *The Samuel Gompers Papers*, Vol.10, p.555, footnote 15.

对于只相信革命派和反政府分子的意大利劳工来说，龚伯斯的演讲不可能不具有极其重要的教育意义。①

<h2 style="text-align:center">四</h2>

美国主流劳工在 19 世纪末强烈反对帝国主义战争，但不久又坚决支持威尔逊政府参加世界大战，这看上去似乎是他们外交理念的一个重大转变。然而，美西战争和第一次世界大战在本质上都是帝国主义战争。② 那么为什么在短短的 20 年里，美国劳工对待帝国主义战争的态度会发生如此重大的改变呢？民族主义无疑是驱使主流工会支持政府参加"一战"的原因之一。龚伯斯曾经说过，他虽然不是出生在美国，但是却非常热爱美国的共和制度，而且在他成为美国公民后，便立即担负起效忠美国的责任。③他还告诉自己的家庭成员，如果他们不在这场战争中为美国服务的话，那就说明他们的血管里流着的不是他的血，他也就不再认他们为自己的家人。④在劳联的第 37 届年会上，龚

---

① "William Buckler to Irwin Laughlin", *The Samuel Gompers Papers*, Vol. 10, p. 553.

② 很多学者都认为第一次世界大战是一场帝国主义战争，但是学术界关于这个问题也存在不同看法。有学者认为，帝国主义野心、民族主义、地缘政治因素以及当时流行的政治和道德信念都是导致"一战"爆发的原因，将这次战争仅仅归结为帝国主义国家之间的角逐不够全面。见 James Joll, *The Origins of the First World War*, London and New York: Longman, 1992。然而，考虑到奥匈帝国、英国、德国和沙俄等帝国主义国家参战的主要动机——争夺领土和势力范围，等等，笔者仍然认为，第一次世界大战在总体上是一场帝国主义战争。

③ Samuel Gompers, "An Address at the Organizational Meeting of the Committee on Labor of the Advisory Committee of the Council of National Defense", April 2, 1917, *The Samuel Gompers Papers*, Vol. 10, p.50.

④ Gompers, "An Address before the Fifty-Fourth Annual Convention of the New York State Federation of Labor in Jamestown, N.Y.", August 29, 1917, *The Samuel Gompers Papers*, Vol. 10, p.203.

伯斯强烈主张同威尔逊总统密切合作并把国家利益置于其他所有考虑之上，绝大多数代表都支持他的观点。① 考虑到当时国内外高涨的民族主义气氛，龚伯斯所言和劳联的决议应该不全是假话。

但是，如果我们认为主流劳工支持美国参加"一战"仅仅是出于民族主义，那无疑是将问题简单化了。那等于是认为，美国工人在 19世纪末反对美西战争时就全无爱国之心，这似乎不符合实际情况。迄今为止，还没有材料显示美国工人在美西战争期间有支持西班牙或出卖美国利益的举动。恰恰相反，主流劳工虽然反战，但是爱国之心却丝毫没有减少。例如，1898 年 5 月，旧金山的《劳工之声》报明确表达了反对美西战争的态度。但它接着指出，"……可以有把握地说，在接受测试的出生于美国的人口当中，工人当中爱国者的比例要高于商人、专业人士和有闲阶级。……在［美国］国旗受到侮辱的时候，是车间、工厂和商店里那些赚取工资的工人最急于表示愤慨，而不是雇主。当国家受到外部敌人的威胁时，也总是工人出来挽救它；是工人为了国家的荣誉和光荣而战死在战壕里。"② 与此同时，《海岸水手报》也指出，"我们总的来说是反战的，［因为］工人阶级为这种昂贵的花费付出的最多……然而，一旦［美国］参加了战争，不论它如何参战以及为何参战，我们都希望能尽快取得胜利"③。不言而喻，仅仅从民族主义这一个视角出发很难令人信服地解释美国劳工对待帝国主义战争态度的转变。要比较全面地理解这个问题，还需要考虑其他因素。我所做的研究显示，美国劳工当时反对即将爆发的美西战争，其中一

---

① "America First, Gompers's Aim", *The Samuel Gompers Papers*, Vol.10, p.258.

② Jos R.Buchanan, "Labor and the War", *Voice of Labor*, May 14, 1898, in Philip S.Foner and Richard C.Winchester eds., *The Anti-Imperialist Reader: A Documentary History of Anti-Imperialism in the United States*, Vol.1, *From the Mexican War to the Election of 1900*, New York: Holmes & Meier Publishers, 1984, pp.186-187.

③ "The Time for Action", *Coast Seamen's Journal*, April 27, 1898, in Foner and Winchester eds., *The Anti-Imperialist Reader*, Vol.1, pp.191-192.

个深层原因是担心美国在战后会获得殖民地，并由此造成大量移民涌入美国和本土工人竞争工作机会。后来他们支持威尔逊政府的战争政策，是想通过支持美国参战去换取政府对劳工经济斗争的支持，同时借美国在海外扩张政治和经济实力之机去扩大经济工联主义在其他国家的影响。

我们首先来看在 19 世纪末主流工会如何出于自身的经济利益而反对美国对外发动战争。当时，工会运动的领导人担心，美国一旦军事化，税收将会增加，因而会降低工人的生活水准。一位劳联领导人在 1895 年曾经明确指出：在爆发战争的时候，

> 是我们 [工人] 在从事战斗，[并在战斗中] 丧生和负伤；是我们用我们的劳动来承担战争的税收；是我们的妻子儿女在饱受饥渴，而我们正义的事业（按：指美国劳工为提高生活水准而进行的经济斗争）却在其他国家之间的争吵中被忽略了……我们，全世界赚取工资的人，彼此之间并没有什么可争论的。我们只有一个共同的敌人——社会不公正这个怪物——我们不应该让任何事情把我们的注意力从它那里转移开来。①

劳联的刊物《美国联盟主义者》在 1897 年又再次指出：

> 我们已经听惯了有关扩充海军和 [其他] 武装力量以便用于海战和陆战的呐喊。我们现在已经有几千英里的海岸线需要防卫和保护。夏威夷和我们目前领土最近的距离也几乎有 1500 英里，而它一旦被吞并，我们也需要保卫这些岛屿。这将导致我们海军力量增加两倍甚至三倍，造成开销和税收 [的增加]。而开销和税

---

① Ernest H. Crossby, "Work and War", *American Federationist*, Vol.2, December 1895, p.221.

收的增加最终会强加在工人的身上。①

　　雪茄烟工人工会的代表在 1898 年还表示，"战争（按：指美西战争）将会使 65000 个雪茄工人失去工作，而且会使建筑业陷于瘫痪"。码头工人工会的代表指出，"现在，政府在陆军和海军身上花费了大量金钱，而这支陆军组成后将会用来射杀罢工工人"②。不过，最令工会领导人担忧的是领土扩张会导致殖民地人口涌入美国，和本土工人争夺工作机会。劳联主席龚伯斯在 1898 年 8 月的一封信中写道：

　　　　作为目前和西班牙开战的结果，夏威夷被并吞了，波多黎各也将被割让［给美国］，而菲律宾则是前途未卜。同时来到夏威夷群岛的是奴隶劳工的契约，是来自菲律宾的卑贱和半野蛮的人。毫无疑问，这些将给我国工人带来非常有害的后果。我最近说过，"夏威夷、菲律宾和美国国旗所到之处都绝不允许有奴隶劳工存在"。③

---

　　① "Should Hawaii be Annexed?" *American Federationist*, Vol. IV, No. 9, November 1897, pp. 215–216.

　　② *The New York Times*, April 18, 1898.

　　③ "Samuel Gompers to Ed O'Donnell, August 13, 1898", *Samuel Gompers Papers*, *American Federation of Labor Archives*, Manuscript Division, Library of Congress, in Foner and Winchester eds., *The Anti-Imperialist* Reader, Vol. 1, p. 196; See also Gompers, *Seventy Years of Life and Labor*, p. 188. 龚伯斯将亚洲移民称为奴隶式劳工，有其深刻的历史根源。在美国历史上，特别是在工业化时期，资本家往往喜欢雇用移民工人，尤其是有色人种工人，因为后者出于种种原因比较容易接受低于本土工人的工资。在本土工人看来，凡是愿意接受低工资的人都是奴隶式的劳工，因为这种劳工成本很低，生活水准接近奴隶。在 19 世纪后期，当本土工人提到奴隶式劳工时，往往是指亚洲移民。

众所周知，以劳联为代表的行业工会一向反对外来移民，他们尤其仇视亚洲移民，指责他们是近似奴隶的廉价劳工，严重威胁本土工人的生计。美国1882年通过的排华法和20世纪初排斥日本移民的各项举措在很大程度上都是行业工会鼓动的结果。现在，面临美西战争之后获取殖民地的可能，龚伯斯自然会联想到一旦建立帝国，大量廉价劳工便会涌入美国的情景。他在1898年的一次集会上说：

> 如果菲律宾被并吞了，如何能够阻止中国人、小黑人[Negritos，本来是白人社会对来自非洲中南部黑人的蔑称，这里可能是指菲律宾人]和马来人来到我们国家？我们如何能够阻止中国苦力先移民到菲律宾，然后再从那里涌入美国，从而吞噬我们的人民和我们的文明？如果这些岛屿变成我们的[领土]，那它们或者会成为准州（territory）或者成为正式的州。我们如何能指望截断来自中国和半野蛮种族的移民浪潮？因为他们将是来自我们国家的一部分。①

以上的讨论告诉我们，美国主流劳工在19世纪末反对帝国主义战争，并不是要抵制资本主义制度，也并非出于工人阶级的国际主义，而主要是为了维护美国工人的经济利益。他们既然将工人的经济利益奉若神明，那么，日后一旦看到美国参加战争会带来有利于劳工经济利益的因素时，自然就会转而支持参战了。

五

现在再来检讨主流劳工为何支持美国参加第一次世界大战。简单

---

① Gompers, "Speech before the National Committee of the Chicago Peace Jubilee", *American Federationist*, Vol.5, October 18, 1898, pp.182-183.

地说，以劳联为代表的主流工会意识到，支持威尔逊政府参加"一战"至少会给美国劳工带来两大好处：首先是有望换取政府对工会的支持，其次是将劳联所主张的经济工联主义推广到欧洲和世界其他地区。

　　主流工会坚决支持美国参加"一战"，除了前面提到的爱国主义因素，还因为它们多年来排斥外国移民的努力到这时已经接近成功。到第一次世界大战前夕，美国早已实现了对中国和日本移民的排斥。同时，随着零件标准化和组装自动化的不断实施，美国制造业对非技术性移民的需求也大幅减少。在劳工组织的不断鼓动之下，国会在 1924年终于通过了美国历史上最带有限制性的移民法案。这项法案不但将亚洲移民彻底拒之门外，而且也将来自东欧和南欧的移民配额减少到最低限度。虽然在 1917 年美国参战时这项移民法尚未通过，但主流工会肯定已经意识到，移民大量涌入美国的"危险"很快将成为历史，因此，它们不再像先前那样由于担心移民涌入美国而反对战争和扩张政策了。① 现在他们更加关心的是如何通过经济斗争来改善工会会员的生活水准。然而，要贯彻经济工联主义，首先就必须使工会的合法性和工人进行集体交涉的权利得到承认。但直到 20 世纪初，许多雇主仍然拒不承认工会的合法性。在 1902 年宾夕法尼亚州无烟煤矿工人举行罢工时，如果不是迫于西奥多·罗斯福总统的压力，以摩根财团为首的雇主甚至不肯坐下来和工会代表进行谈判。更有甚者，1890 年国会通过的《谢尔曼反托拉斯法》（Sherman Anti-Trust Act）竟常常被雇主

---

　　① 应该指出的是，美国的扩张主义政策在不同时期会有不同的表现形式。在美西战争前后，它的扩张主义主要表现在领土扩张上，而到了"一战"前后，则主要表现在经济和贸易的扩张上。就美国劳工来说，他们在 19 世纪末反对战争和反对扩张主义，主要是担心领土扩张会导致殖民地人口大量涌入美国。然而到了"一战"时期，他们意识到，美国经济贸易的扩张会给他们带来在境外推广经济工联主义的机会。因此，他们又变得支持战争和支持扩张政策了。不过，下面我们将会看到，虽然主流劳工从反对扩张转变为支持扩张，但他们维护美国工人经济利益的初衷则始终不变。

用来起诉工会，指控它们破坏州际贸易。对于有组织的劳工来说，得到雇主和政府对工会的承认是一件可望而不可即的事。不过在"一战"爆发后，特别是在威尔逊总统参加"一战"的意图变得日益明显的情况下，主流工会却从中看到了一个维护工联主义原则的机会。

就威尔逊总统来说，既然决心要打赢这场战争，首先就必须增加军工生产以确保武器弹药的供应。但是美国工人却不断地为改善生活水准而举行罢工，这种局面自然引起他的担忧。1917 年 11 月，威尔逊破例出席了劳联的年会并应邀作了演讲。他对在场的劳工代表说，"如果我们是……自由的真正朋友的话，那么将会看到我国的实力和生产力被提高到绝对的最高极限，而且绝不容许任何人成为［实现这个目标的］绊脚石。"①其实，劳联的领导层很早就领会了威尔逊的意图并联想到如何通过支持政府的战争政策来换取它对劳工的支持。龚伯斯在 2 月 28 日致劳联执委会的一封信中指出："劳工有机会［向政府］提供有建设性的服务，这种服务不仅在目前战争的形势下会发挥作用，而且在和平的环境下也会对劳动者的地位产生影响。否则的话……他们将被置于劣势，无助于他们帮助指引政府的政策。"在总结刚刚举行的金属行业工会领导人会议时，龚伯斯继续写道："……与会者一致认为，劳工运动如果不明确表示它在备战方面愿意走多远的话，它将会失去一个巨大的机会。"②龚伯斯这里所指的机会就是换取政府支持工人组织工会权利的机会。

事实上，威尔逊 1913 年成为总统后所推行的某些政策已经令劳联领导人看到了改进劳工待遇的希望。1914 年，国会通过了《克雷顿反托拉斯法》（Clayton Anti-Trust Law），明确规定工会的罢工行动

---

① *Report of the Proceedings of the Thirty-Seventh Annual Convention of the American Federation of Labor*, 1917, p.3.

② Gompers, "To the Executive Council of the AFL", February 28, 1917, *The Samuel Gompers Papers*, Vol.10, pp.18-19.

不应受到指控。这无疑使劳联领导人受到鼓舞，龚伯斯甚至将克雷顿法称为美国劳工的大宪章。① 他在 1917 年进一步指出，"在政府官员当中有一个公平地和劳工打交道的倾向"②。于是，劳工在支持美国参战的同时也不失时机地给政府开出了条件。劳联 1917 年的年会纪要指出：

> 以往的战争，无论是出于何种目的，都是为剥削劳动者创造了新机会。它们不但没有承认保护工人权利的必要性……而且在国家需要的幌子之下，劳工被剥夺了面对国内敌人时保护自己的手段。……［目前］欧洲的战事已经显示出政府要依赖广大人民的合作。由于人民群众在［为战争］提供必不可少的服务，那么他们自然有权决定他们提供服务所要求的条件。……无论是筹划和平还是准备战争，政府都必须承认，工会组织是［政府］和赚取工资的人进行合作的代理人。……为了捍卫所有赚取工资者的利益，有组织的劳工必须在所有决定和执行国防政策的机构中有代表权。③

威尔逊似乎也确实在朝着承认工会合法性的方向迈进。在龚伯斯看来，他被任命为国防会议咨询委员会委员，已经朝着劳工加入政府内部小圈子的方向迈进了一步。而咨询委员会下属的劳工委员会的成立以及龚伯斯被任命为这个委员会的主席，更被认为是政府对工会的正式承认。后来，威尔逊又设立了战时劳工会议局，这个机构的一个

---

① Gompers, *Seventy Years of Life and Labor*, p.186.

② Gompers, "An Address before the Fifty-fourth Annual Convention of the New York State Federation of Labor in Jamestown, N.Y.", August 29, 1917, *The Samuel Gompers Papers*, Vol.10, p.205.

③ "American Labor's Position in Peace or in War", *Report of the Proceedings of the Thirty-Seventh Annual Convention of the American Federation of Labor*, 1917, pp.75-77.

指导原则就是工人有组织工会和进行集体交涉的权利；它还规定，工人不能因为加入工会而被解雇。① 劳联既然从威尔逊那里看到某种承认工会的倾向，这自然促使他们更加坚定地支持政府的战争政策。龚伯斯在其自传中说："［政府和劳工］双方利益的相互依赖促进了善意。我可以肯定，国会对《海员法》和《克雷顿反托拉斯法》中有关劳工条款的通过对于劳工爱国精神的具体化贡献良多。"②

前面曾经说过，主流劳工支持威尔逊参加"一战"的另一个重要原因，是他们逐渐意识到，随着美国政治和经济影响力在海外的扩展，他们向其他国家推广经济工联主义的机会也在增加。大家都知道，劳联从不提倡改变资本主义制度，而是主张在资本主义体制之内通过经济斗争去改善美国工人的生活。然而在"一战"前后，欧美的激进劳工运动正在不断高涨，面对这种情况，劳联的领导人感到自己的经济工联主义原则正受到威胁。他们认为只有采取攻势，让越来越多的外国工人组成劳联式的工会，才能削弱布尔什维主义对劳工运动的影响，也才能避免出现世界产联（Industrial Workers of the World）那样的以推翻资本主义制度为己任的激进工会，同时自己的经济工联主义原则才能更加巩固。其实，在美西战争后获得殖民地已经是一个不可改变的事实的情况下，龚伯斯已经产生了在新获取的领土上建立劳联式工会的念头。他在自传中写道：

美国劳工运动于是给自己规定了在美国新获取的领土上建立较高标准的生活和工作的任务。我们意识到，为了保护我们在美国国内的［生活］水准，就必须帮助岛上的工人发展他们较高水

① "The Right to Organize", *Report of the Proceedings of the Thirty-Eighth Annual Convention of the American Federation of Labor*, 1918, Washington, D.C.: The Law Reporter Printing Company, 1918, p.64.

② Gompers, *Seventy Years of Life and Labor*, p.195.

准的政治、社会和工业问题。能够使这一目标得以实现的唯一的力量就是在这些领土上建立有组织的劳工运动。①

龚伯斯这里所谓的"有组织的劳工运动",自然是指劳联式的工会。鉴于对外经济扩张能够给主流工会造成在境外发展的机会,劳联反对扩张的立场实际上已经悄悄地开始软化了。龚伯斯在 1898 年的一次讲话中直言不讳地说:劳联"并不反对我们工业的发展,并不反对我们贸易的扩张,也不反对美国可能对世界各国的命运发挥力量和影响"②。

主流劳工在境外建立劳联式工会的思想最早是随着美国企业向加拿大扩展而开始的。1900 年时,美国在加拿大的投资占它在境外总投资额的 33%。由于美加之间的人口流动相当自由,双方都有人到对方的国家做工,因而劳联和劳动骑士团等工会都极力在加拿大境内吸收会员。这时,已经不大听到劳联先前反对扩张的声音了,倒是可以听到它的领导人龚伯斯欢呼美加的工会已经融为一体。他在 1904 年提交给劳联大会的报告中说:"美国和加拿大的劳工运动是一码事,美国和波多黎各的劳工运动也是一码事。……劳联同英国及大英帝国工会的合作正在上升,并为这种合作可能扩展到欧洲提供了一个范例。"③龚伯斯在 1905 年还自豪地说:"我们的劳工运动正在美洲大陆扩展,也正在把有益的影响[按:这无疑是指经济工联主义的影响]带给所有

① Gompers, *Seventy Years of Life and Labor*, p.188.

② Gompers, "Speech before the National Committee of the Chicago Peace Jubilee," *American Federationist*, Vol.5, October 18, 1898, p.182.

③ *Report of the Proceedings of the Twenty-Fourth Convention of the American Federation of Labor*, 1904, Washington, D. C.: The Law Reporter Printing Company, 1904, p. 8, cited in David Montgomery, "Workers' Movements in the United States Confront Imperialism: The Progressive Era Experience", *Journal of the Gilded Age and Progressive Era*, January 2008, p.21.

[国家的劳工]……我们的界限已经不再是从缅因到加利福尼亚，从大湖区到海湾，而是包括整个美国、加拿大、夏威夷、古巴、波多黎各、墨西哥、菲律宾和不列颠哥伦比亚。"①

　　劳联对美国并吞波多黎各态度的变化更可以说明他们在境外建立劳联式工会的迫切心情。1898 年到 1901 年这段时间正是波多黎各工人罢工的高潮。他们在伊格里西亚斯（Santiago Iglesias）的领导下成立了工会联盟。但伊格里西亚斯不久就被当局逮捕，他在 1900 年出狱后到美国向劳联求助。劳联决定出资协助波多黎各的工会运动，并任命伊格里西亚斯为劳联在波多黎各组织工作的负责人。同时，龚伯斯还在联邦政府打通关系，使波多黎各废除了西班牙人留下的旧法律，代之以美国法律，允许工人有结社的权利。在 1902 年，劳联还派人到夏威夷和菲律宾去组织附属于劳联的工会。所以，从 20 世纪初开始，劳联的领导人就连领土扩张也不十分反对了。1915 年美国入侵海地并将这个加勒比海国家变为事实上的殖民地时，以劳联为代表的主流劳工对这种侵略扩张行为竟然一言不发。② 此时，龚伯斯等人还在积极地筹建以劳联为首的泛美劳工组织。他们在 1917年组建泛美劳工联盟委员会的宣言里指出，"现在已经变得日益明显，为了共同保护和改善自己的利益，[美洲国家的] 赚取工资的人必须团结起来。……泛美劳工联盟有责任向全世界表明它在美洲扩散人道主义影响的目的。这种影响将能更如实地代表美国人民的感情。"③ 劳联领导人从美国参加"一战"的动机中也看到了向欧洲输出经济工联主义的机会。龚伯斯曾经表示，协约国不但是美国制度

---

　　① *Report of the Proceedings of the Twenty-Fifth Convention of the American Federation of Labor*, 1905, Washington, D.C.: The Law Reporter Printing Company, p.17.

　　② 见 Montgomery, "Workers' Movements in the United States Confront Imperialism", pp.22-28。

　　③ "A Circular by the Pan-American Federation of Labor Conference Committee", February 9, 1917, *The Samuel Gompers Papers*, Vol.10, pp.9-10.

的捍卫者，同时也是劳联式工会运动的保护人。他甚至主张美国借贷给协约国，认为此举可以增加美国对那些债务国的影响，也更有利于把美国劳工运动延伸到那些国家。① 邓肯在访问俄国时鼓励那里的工人建立劳联式工会便是突出的一例。

六

美国学者赛米昂·拉森（Simeon Larson）曾经指出，"劳联的外交政策在本质上常常是模糊不清和空泛的。它不是建立在一个具体哲学的基础之上，[而]是按照劳联的实际需要而出现各种变化"②。拉森认为劳联的外交政策是按照实际需要而出现各种变化，这个观点无疑是正确的。在 19 世纪末到第一次世界大战，美国劳工的外交思想确实经历了重大转变：从反对美西战争到支持美国参加"一战"。然而，劳联外交政策不是建立在一个具体哲学基础之上的观点却值得商榷。我们从本文的讨论中了解到，在劳联外交思想转变的背后实际上有一个不变的原则，就是捍卫技术工人的经济利益。劳联最初反对扩张主义，是担心殖民地的建立会导致大量移民涌入美国同本土工人争夺工作机会。后来它支持美国参加"一战"，是想通过与威尔逊合作换取政府承认工会和工人进行集体交涉的权利，以及借美国向外扩张之机在其他国家建立劳联式的工会。其目的还是为了在资本主义体制之内进行经济斗争。很显然，美国劳工外交思想的几次转变不过是为了维护经济工联主义而采取的不同策略而已。对劳工外交思想的讨论不但使我们能够比较全面地观察美国外交方针的运作过程，而且也使我们从外交史的视野进一步了解到美国主

① *Coast Seamen's Journal*, October 17, 1917, cited in Larson, *Labor and Foreign Policy*, pp.28–29.

② Larson, *Labor and Foreign Policy*, p.17.

流劳工的保守性格。以劳联为代表的主流劳工既然不主张改变资本主义制度，既然拥护经济工联主义，这就决定了它在国内和国际事务上最终都会同政府进行合作。

（原载《南开学报》2013 年第 1 期，人大复印报刊资料

《世界史》2013 年第 4 期转载）

19 世纪美国政府对待
社会暴力的双重标准

　　本文的主旨是讨论 19 世纪美国各级政府对待社会暴力的不同态度。社会暴力，亦称暴民行为或骚乱（riots，violence，civil disorder），是指一些民间团体或乌合之众为发泄仇恨和不满而采取的暴力行动。暴民行为往往会严重扰乱社会秩序并造成生命和财产损失，按照道理，是任何法治国家都不能允许的。① 美国虽然是一个法治社会，但在它立国后的两个多世纪里，形形色色的暴民行为却层出不穷。不过，虽然学者在研究暴民行为方面已经取得不少成果，但他们大都是描述骚乱的细节以及骚乱给社会带来的严重后果。而关于美国各级政府对待骚

---

　　① 这里有必要指出，如果一个国家的法律确实能够维护公平和公正的原则，保护公民的自由和人身安全，那么使用暴力去解决问题无疑是错误的行为。然而，如果法律制度本身不合理，情况就变得复杂了。例如，在南北战争之前，美国宪法和南部各州的法律都直接或间接地承认和保护奴隶制，黑人要想在这些法律的框架之内获得解放是根本不可能的事。在这种情况下，他们为摆脱奴役和获得解放而举行的起义是具有合理成分的，这种暴力不应该同白人攻击和杀戮黑人的暴力混为一谈。此外，在整个 19 世纪，美国法律从未赋予工人阶级组织工会以及同雇主进行集体交涉的权利，这就意味着工人根本无法和雇主通过对话来改善自己的工作和生活条件。面对这种局面，他们举行罢工，甚至采取捣毁机器和焚烧厂房的过激行动，想借此来迫使雇主做出让步，也是可以理解的，虽然破坏财产不应该提倡和鼓励。

乱的态度却缺乏系统的讨论和分析。① 然而，探讨美国政府对待骚乱的立场——尤其是它如何对待不同性质的骚乱——很有必要，因为这有助于我们看清 19 世纪的美国政府主要是代表哪些阶级和哪些群体的利益。例如，工人罢工大都是由于资本家拒绝改善工人待遇而引发的。遇到这种情况，政府理应同情处于弱势的工人，迫使雇主做出让步。如果它不但不同情工人，反而协助雇主去镇压罢工，那就说明这个政府是在维护剥削阶级的利益。另外，在白人攻击黑人和亚洲移民时，政府理应采取有力措施去保护受害的少数族裔，并严惩肇事者。如果它对白人的暴行袖手旁观，甚至纵容和鼓励的话，那就说明这个政府同种族主义者沆瀣一气了。

不过，要深入了解美国政府如何对待不同性质的暴力，我们首先需要将美国历史上的骚乱作一个清晰的分类。遗憾的是，研究骚乱的学者对暴力行为的分类往往不得要领，有人只是简单地将它们分为"正面的"和"负面的"暴力，甚至将白人为获得土地而向印第安人发动的战争归纳为"正面的暴力"。② 这种分类方法会引起我们思路的

---

① 当然，有少数学者已经注意到 19 世纪美国主流社会对待骚乱的态度。例如，西奥多·M.哈迈特（Theodore M.Hammett）在《杰克逊时代波士顿的两起暴民事件：意识形态与自身利益》（*Two Mobs of Jacksonian Boston: Ideology and Interest*）一文中指出，当时的上层社会强烈谴责穷人袭击富人的暴力，但不少有钱人却参与了攻击废奴主义者的骚乱。见 Theodore M.Hammett, "Two Mobs of Jacksonian Boston: Ideology and Interest", *Journal of American History*, March, 1976, Vol.62, No.4, pp.845-868. 哈迈特的观点曾引起我对这个问题的兴趣，并对我有所启发。不过，该文仅仅限于 19 世纪 30 年代的波士顿，而且主要是讨论这两次骚乱的经过，很少涉及政府对待两起暴民行为所抱的态度。

② 例如，理查德·布朗（Richard Maxwell Brown）将美国的社会暴力分为负面的暴民行为和正面的、有建设性的暴民行为。前者包括刑事犯罪、决斗、私刑（lynching，是指一伙暴民私下采取的非法的杀人行为）、由种族和宗教偏见引发的暴力以及城市骚乱和连环谋杀等等；后者则包括充满暴力的美国独立战争、美国内战、为争夺土地和印第安人进行的战争、西部的治安委员会（vigilance committee，指群众为惩罚犯罪分子和维持治安而自行组织的执法团体）和工会为获得承认和为工人争取

混乱，不利于我们了解美国政府对待暴民行为的立场。考虑到"阶级冲突"和"种族对立"是影响美国社会史的两个最重要因素①，本文将着重讨论19世纪美国各级政府对待"阶级冲突性暴力"和对待"种族对抗性暴力"②的态度。同时，"种族对抗性的暴力"又可以进一步分为两类：一类是黑人对奴隶制发动的攻击，另一类则是白人社会针

体面生活而使用的暴力。布朗认为这些"正面的暴力"构成了"美国历史上一些最高尚的篇章"。见 Richard Maxwell Brown，"Historical Patterns of Violence in America"，in Hugh Davis Graham and Ted Robert Gurr eds.，*The History of Violence in America*：*Historical and Comparative Perspectives*，*A Report Submitted to the National Commission on the Causes and Prevention of Violence*，New York：Frederick A.Praeger Publishers，1969，pp.45-46。布朗分类方法的缺陷是显而易见的。如果他所谓的种族性暴力是指白人攻击和杀戮黑人的行为，那么把这种行为定性为负面的暴力固然不错。但是种族对抗性的暴力应该也包括内战前黑人为反抗奴隶制而举行的起义。将这两种性质截然不同的暴民行为统统称为负面的暴力明显有失公允。虽然笼统地讲，任何社会暴力都属于非法行为，然而，如前所述，美国黑人为自身解放而举行的暴动是具有合理成分的，在我看来，应该将这类暴力归入正面的、有建设性的暴力才是。另外，布朗把工人阶级为改善生活和工作条件而举行的罢工归入正面的暴力当然不无道理，然而，白种人为获得印第安人的土地而对这些原住民发动血腥战争，如何可以算作正面的和有建设性的暴力行为呢？

① 严格说来，"种族"、"阶级"和"性别"都是影响美国社会史的重要因素，而且这三个因素之间往往交互作用。但是，在美国历史上，由"性别"因素而引起的对立毕竟不像阶级冲突以及种族对抗那样充满暴力，基本上没有引发过大规模的流血骚乱。所以，本文将讨论的重点放在由"种族"与"阶级"所引发的骚乱上，但并非要淡化性别因素的重要性。

② 这里还应该指出，在美国历史上，以阶级对抗为特征的骚乱和以种族冲突为特征的骚乱有时候交织在一起，并非泾渭分明。例如，1863年发生在纽约等地的征兵骚乱就体现出"阶级"和"种族"这两个因素交织在一起的情况。在美国内战初期，由于联邦军队屡战不利，缺乏兵源，国会在1863年初通过新的征兵法，授权总统征发18到45岁的公民到军队中服役。这项法律随即引发了纽约市和其他一些城市的爱尔兰裔和德裔市民的反对，并很快演变成骚乱。骚乱的原因之一是该项法律允许有钱人用金钱去购买兵役豁免权，这自然是反映出穷人对富人的不满。但骚乱的另一个原因是白种工人担心被解放的黑人和他们竞争有限的工作机会。虽然这次事件似乎不是直接针对黑人，但欧裔工人对黑人的敌对心态却暴露无遗。

对黑人、移民和其他少数族裔采取的暴力行动。我们从下面的讨论中将会看到，19 世纪的美国政府对待黑人和工人为改变不合理制度而使用的暴力主要是残酷镇压，而对于白人攻击少数族裔而导致的骚乱则往往是姑息容忍，视而不见。

本文的考察范围限于 19 世纪，因为 19 世纪初是美国社会暴力大幅增加的时刻。内战前的奴隶起义和内战后针对黑人的私刑屡见不鲜，同时，19 世纪后期也目睹了多次充满暴力的罢工行动。而到了 20 世纪初，尤其是"一战"期间，阶级和种族骚乱的特征都出现了明显的改变。一方面，黑人大量地迁徙至北部城镇。纽约、芝加哥、底特律和费城等大城市都出现了黑人社区。在那些社区里，黑人往往占人口的大多数，而且在许多情况下主动攻击白人和破坏他们的财产。此外，针对黑人的私刑（lynching）在"一战"期间达到高峰后①，开始呈下降趋势。另一方面，到 20 世纪初，美国政府在劳资冲突中所扮演的角色也在发生改变，不再明目张胆地站在资本一边了。联邦政府为了社会安定，在发生劳资冲突时常常保持中立，并设法缓和及化解矛盾。西奥多·罗斯福总统和伍德罗·威尔逊总统甚至采取过一些有利于劳工的政策，在他们任内通过了一些有利于劳工的立法。② 与此同时，资

---

①　根据一项统计，在 1889—1918 年这 30 年间，共有 2460 次针对黑人的私刑发生，这是内战后迫害黑人私刑的高峰期。见 Richard Maxwell Brown, *Strain of Violence, Historical Studies of American Violence and Vigilantism*, New York：Oxford University Press, 1977, p.215。

②　19 世纪末和 20 世纪初是美国阶级矛盾异常尖锐的时期，工人的罢工行动相当频繁。但雇主却始终拒绝承认工会的合法性。1902 年宾夕法尼亚煤矿工人举行罢工时，以摩根财团为首的雇主甚至不肯会见工会代表。直至罗斯福总统对资方施加巨大压力，他们才肯坐下来同工会进行谈判。罗斯福总统还提议建立贸易与劳工部，下辖公司管理局（Bureau of Corporations），目的之一就是协调劳资关系。先前，雇主经常利用 1890 年的《谢尔曼反托拉斯法》起诉工会，指控工会妨碍州际贸易。然而国会在 1914 年通过的《克雷顿反托拉斯法》却明确规定，工会免予反托拉斯法的起诉。这些事件标志着联邦政府在劳资冲突中的作用有所改变。出于对国家稳定和社会和谐的考

本家在已经获得超额利润的情况下，愿意适当改善工人的生活和工作条件。而劳工领袖在接受了 19 世纪的罢工被血腥镇压的教训之后，也更加热衷于阶级合作。虽然工人的罢工行动并未因此而停止，但是以流血冲突为特征的罢工毕竟是大幅减少了。因此，本文的考察以第一次世界大战期间为终点。①

一　以阶级对立为主要特征的骚乱

从美国独立到 19 世纪 30 年代这半个世纪里，基本上没有出现大规模的阶级对抗性质的骚乱。② 因为当时工业革命尚未开始，在手工工场里，师傅与帮工以及师傅与学徒之间的关系还没有演变为现代的劳资关系。③ 然而到了 19 世纪 30 年代，随着工业革命步伐的加快，贫富

虑，开始作为劳资以外的第三方进行协调。到了 30 年代富兰克林·罗斯福总统执政时期，国会通过的《国家工业复兴法》的第 7 条 A 款和《瓦格纳法》（Wagner Act），更明确规定工人有组织工会以及同雇主进行集体交涉的权利，这标志着民主党政府的政策进一步向劳工一方倾斜。

① 在 20 世纪 30 和 40 年代富兰克林·罗斯福总统执政时期，美国政府的少数民族政策也出现了积极的变化。例如，罗斯福在 1941 年签署了第 8802 号行政命令，规定在国防工业中禁止种族歧视。由于在战时几乎所有的轻重工业都直接或间接地为国防服务，黑人、亚裔和其他少数族裔都从这项指令中受惠。不过，从时间上讲，这些政策已经超出了本文讨论的范围。

② 关于 19 世纪 30 年代之前美国基本上没有出现大规模的社会暴力，见 David Grimsted，"Rioting in Its Jacksonian Setting"，*American Historical Review*，Vol.77，No.2，April 1972，p.362；关于 19 世纪 30 年代社会暴力开始大幅增加，见 Leonard L. Richards，*Gentlemen of Property and Standing：Anti-Abolition Mobs in Jacksonian America*，London：Oxford University Press，1971，pp.10-19。不过 Richards 主要是讨论那些针对废奴主义者的暴力。

③ 关于这一点，保尔·A.纪尔耶（Paul A.Gilje）曾作过清晰的论述。他指出，"从学徒到帮工再到师傅的演进，虽然只是少数人才能够实现的理想，但对于某些人来说毕竟是一个现实。更为重要的是，师傅、帮工和学徒在同一个工场里劳作，都穿

之间、族群之间以及劳资之间的对抗便逐渐加剧了。① 1835 年愤怒的客户对巴尔的摩银行的攻击，可以说是美国工业革命开始后第一次阶级对抗性（或贫富对抗性）的暴力行动。在骚乱的前一年，即 1834 年，马里兰银行突然倒闭了，给顾客造成的存款损失高达 200 万至 300 万美金。开始时，受害人都相当克制，但银行的董事们一连 17 个月都没有对此事做出任何解释。到 1835 年 8 月，大家发现银行倒闭是由于高层的舞弊造成的，于是人们开始聚集起来惩罚那些参与舞弊的银行家。行动虽未涉及人身攻击，但是却砸碎了瑞佛迪·约翰逊（Reverdy Johnson）等银行家的窗户并毁坏了屋内的家具。面对这种局面，市政府出动了警察和国民警卫队来维持秩序。在示威者捣毁了一幢房屋后，便开始了镇压行动，导致 8 至 10 名示威者被杀害，并有多人受伤，其

着皮革围裙，而且手上都磨出了厚茧。他们共同的经历虽然未必能阻止所有冲突的发生，但类似罢工这样的公开的决裂几乎是不存在的"。见 Paul A. Gilje, *The Road to Mobocracy*, *Popular Disorder in New York City*, 1763 - 1834, Chapel Hill: University of North Carolina Press, 1987, p.189。

① 戴维·格力姆斯台德（David Grimsted）认为，19 世纪 30 年代美国社会暴力开始大幅增加，是社会上各种紧张关系的反映，包括族群仇恨、不同宗教之间的敌视、阶级关系的紧张、种族偏见、对经济状况的不满和对饮酒和娼妓等问题的担忧。见 Grimsted, "Rioting in Its Jacksonian Setting", p.364. 不过，格力姆斯台德却没有分析产生这些紧张关系的原因。在我看来，上述的各种紧张关系在 19 世纪 30 年代开始加剧，都可以在刚刚肇始的工业革命中找到根源（当然，经济变革未必是造成这些紧张关系的唯一原因）。工业革命和工厂制的建立，不但意味着从帮工上升到师傅的理想完全破灭，同时还意味着工人与资本家的关系逐渐取代了先前手工工场中师傅与帮工及学徒的关系。资本家对工人的剥削自然是激化了阶级矛盾。同时，工业革命还导致劳动力的短缺，从 19 世纪 30 年代开始，有大量德国人和爱尔兰人移民到美国。他们的天主教信仰同当时占主导地位的基督教新教发生了冲突，导致族群关系的紧张。此外，工业发达的北部各州需要自由劳动力制度，这就使得它们同拥护奴隶制的南部各州不可避免地发生冲突。即使是饮酒问题也与工业革命不无关系。在工业革命发生之前，工匠们都有饮酒的习惯，工匠师傅一般也不反对帮工和学徒在工作期间饮酒。现在，资本家为了追求利润而不断增加工人的劳动强度，他们自然要反对工人饮酒。

中一些人伤重不治。①

　　发生在 19 世纪中期的经济衰退导致物价飞涨，对贫困阶层的生活造成了很大冲击。例如，纽约市的面粉价格从 1835 年每桶 5.62 美金涨到 1837 年的每桶 12 美金。肉类、燃煤和房租也以相同的比例大幅攀升。1837 年初，在民主党内洛克佛克（Locofocos）派激进分子②的鼓动下，群众开始聚集起来，攻击纽约的面粉商人。这是一场更加明显的穷人攻击富人的骚乱。一桶桶面粉和一袋袋小麦被示威者扔到马路上。有人高喊着：现在面粉只卖 8 美元一桶！直到大批警察和军队赶到现场才将这场骚乱平息下来。主流社会对这次骚乱的看法完全是负面的。在保守派看来，这次骚乱不啻是一场革命。《纽约商业导报》（*New York Commercial Register*）评论说："任何人，只要查看 1789 年法国革命的历史都会发现，这场'象征死亡的舞蹈'是由那些高喊着要面包、列队游行和迫害面包商的暴徒开始的。"③ 我们无法确切地知道参与攻击银行家和面粉商的都是哪些人。但几乎可以肯定，他们当中

---

　　① 关于巴尔的摩市政府镇压这次暴民行为的报道，始见 *Niles Weekly Register*，August 15，1835，收入 Richard Hofstadter，*American Violence：A Documentary History*，New York：Vintage Books，1970，pp.123-126。Hofstadter 认为有 10 至 20 名示威者被杀害，但 *Niles Weekly Register* 却报道说只有 8 至 10 人被杀，本文从 *Niles Weekly Register* 说。此外，本文关于美国历次重大暴力事件的叙述首先是参考了霍夫斯台德本人所做的综述，以下不再一一注明。

　　② 洛克佛克是一种火柴的名字。19 世纪 30 和 40 年代，纽约民主党内有一批亲劳工的激进分子，他们反对垄断，反对银行的剥削行为，同以汤曼尼厅为代表的民主党主流派对立起来。一次正当他们举行会议时，反对者将灯光熄灭，于是他们便用洛克佛克火柴点燃蜡烛继续开会，这一批民主党人士遂被称为洛克佛克派。

　　③ 关于这次面粉风潮的报道，始见于 *New York Commercial Register*，重印于 *Niles Weekly Register*，February 25，1837，收入 Hofstadter，*American Violence：A Documentary History*，pp.127-129。另见 Joel Tyler Headley，*The Great Riots of New York*，1712 to 1873，New York：Dover Publications，INC.，1971，pp.97-110。

大多数是工匠，特别是帮工和学徒。①

　　然而，在 19 世纪 30、40 和 50 年代，美国工业革命仍处于初级阶段，工人与雇主之间的对抗毕竟是刚刚开始，对抗的程度相对比较温和，很少有流血事件发生。② 但是到了内战之后，随着工业革命步伐的加快，劳资之间的对抗明显地激烈起来了。1877 年的铁路工人罢工就代表着内战后第一次大规模的阶级对抗。当时恰逢经济衰退，铁路公司决定将工人工资削减 10%，同时还准备裁员，这一决定立即引发了罢工浪潮。罢工始于西弗吉尼亚州的玛丁斯伯格（Martinsburg），并很快沿着铁路线蔓延开来。工人不但阻止民兵清理路轨，而且放火焚烧了巴尔的摩和俄亥俄火车站。接着罢工浪潮又扩展到宾夕法尼亚西部的铁路系统。在随后的镇压行动中，军队射杀了 10 至 20 名罢工者，

---

　　① 我们从巴尔的摩和华盛顿在同一时间爆发的两起骚乱来看，参与 19 世纪 30 年代社会暴力的人主要是工匠。David Grimsted 对巴尔的摩骚乱的调查发现，在 12 个被判参与骚乱罪的人当中，可以确定 8 个人的职业，其中 7 名是工匠。关于华盛顿的骚乱，报纸只披露了两名骚乱者的姓名，其中 1 名是来自当地一个海军船厂的造船木匠，另一名估计也来自同一个行业。据一位非洲裔工人的回忆，当时有一大群来自外地的工人受雇于那个船厂，负责哥伦比亚号护卫舰的陈设工作。在 1835 年 7 月末，也就是华盛顿骚乱的半个月前，该船厂的工匠们因为一名伙伴受到雇主的侮辱而举行罢工。他们曾考虑过攻击船厂，但出于谨慎转而攻击那里的黑人。Grimsted 认为，参与半个月后骚乱的很可能就是这同一伙人。而且一份杰克逊派曾经赞助过这些罢工工人的报纸也认为参与华盛顿骚乱的就是那些工匠。见 Grimsted，"Rioting in Its Jacksonian Setting"，pp.385-386。考虑到在 19 世纪 30 和 40 年代，经济地位不断下降的人主要是那些在工业革命中沦为工厂工人的帮工及学徒，纽约的情况应该同巴尔的摩和华盛顿相去不远。前面引述的 Niles Weekly Register 更直接将参与这次面粉骚乱的人称为纽约市最下流的人。

　　② 这当然并不意味着美国在 19 世纪 50 和 60 年代就没有发生过任何罢工行动，只不过很少发生大规模流血冲突而已。即使在内战期间，北部工人在劳资对抗中表现得相当克制，也不断有罢工行动发生。关于美国工人在 19 世纪 50 年代和 60 年代举行的罢工，见 Philip S. Foner，*History of the Labor Movement in the United States*，Vol. 1，*From the Colonial Times to the Founding of the American Federation of Labor*，New York：International Publishers，1998，pp.240-245，pp.327-329。

击伤数十人。但工人却将军队逼退，并纵火烧毁了铁路公司的所有财产，包括 104 部火车头、2152 辆列车及全部车库。最后，除新英格兰和南部以外，所有铁路系统都被卷入罢工。但是在民兵和正规军的镇压之下，罢工最终被粉碎了。① 媒体和商界都强烈要求政府动用《反阴谋法》对付罢工。《独立报》（Independent）评论说，如果普通警察无法阻止骚乱的话，"那么根治当前弊病的一个方法就是子弹和刺刀，榴弹和散弹，这些骚乱者连疯狗都不如"②。

　　19 世纪后期，路易斯安那州非洲裔农业工人的境遇可能是全美国最悲惨的。他们的平均工资是每月 13 美元的代金券，并且只能用来在农场开设的高价商店中购物，或用来缴纳极小的木屋的租金，这样的生活与奴隶并无二致。1887 年，这些非洲裔工人组织了劳动骑士团（The Knights of Labor）地方分会，并有白种工人加入他们的行列。不久，他们向雇主提出每日工资 1 美元并由现金支付的要求，遭到拒绝后便开始举行罢工，共有 9000 名黑人和 1000 名白种工人参加了这次行动。虽然罢工以和平方式进行，但在雇主和教区警长的劝说下，州长还是派出民兵进行镇压。在派特森维尔（Pattersonville），民兵射杀了 4 名罢工工人。与此同时，西勃铎（Thibodaux）市颁布了戒严令，法庭禁止黑人离开市区，这些法令激化了矛盾并导致骚乱的发生。在随后的镇压行动中，共有 35 名黑人被枪杀。两名黑人罢工领袖被捕后在监狱中因遭受私刑而丧生，罢工终

---

① 关于这次罢工经过及军队对罢工的镇压，见 *The New York Times*，July 21, 22, 23, 24, 26, 1877。另见宾夕法尼亚州议会调查委员会的报告，*Report of the Committee Appointed to Investigate the Railroad Riots in July*，1877，pp.907-910，收入 Hofstadter，*American Violence：A Documentary History*，pp.134-138，及 Philip Taft and Philip Ross，"American Labor Violence：Its Causes，Character，and Outcome，" in Graham & Gurr eds.，*The History of Violence in America*，pp.288-291。

② 引自 Hofstadter，*American Violence：A Documentary History*，p.134。

以失败告终。① 值得注意的是，在这次镇压行动中只有黑人遭到枪杀，而白人罢工者却大都安然无恙。

在上述农业工人罢工的 5 年之后，卡内基钢铁公司的工人又举行了一次震惊美国社会的工业行动。1892 年，卡内基公司建议和工人签署新合约，其中包括削减工资 22% 和解雇一批工人。遭到工会拒绝后，公司总裁下令关闭位于侯姆斯台德（Homestead）的大型钢厂，并雇用了 300 名全副武装的侦探保护厂房，以便招用新工人维持生产。与此同时，工人们则表现出空前的团结，技术工人与非技术工人、移民工人与本地工人、工会会员与非会员，都参加了罢工行动。在双方的枪战中，工人和侦探各有死伤，但工人最终还是迫使侦探们撤离罢工地点。事后商业报纸无不痛悼死去的侦探，《纽约论坛报》（New York Tribune）骂罢工工人是"不值得怜悯的野蛮的畜生"②。工人虽然取得了临时的胜利，但州长很快就动员了 8000 名国民警卫队去镇压罢工。公司还以从事阴谋活动、制造骚乱以及谋杀等罪名控告了 185 名罢工者。这些被告需要筹集大量金钱才能获得保释。在雇主和政府的联合行动之下，这次罢工终

①　这次罢工的前后经过始见于新奥尔良的一份黑人报章 the New Orleans Weekly Pelican，November 26，1887，收入 Hofstadter，American Violence：A Documentary History，pp.140-141。关于黑人提出增加工资的要求以及雇主要求州长派兵镇压罢工，见 The New York Times，October 28，1887，据该报记者的报道，当时工人每天的工资是 1 美元，不包饮食，而他们要求每日 1.25 美元的工资或 1 美元的工资且另加饮食。关于 4 名黑人在派特森维尔的镇压行动中被杀，见 The New York Times，November 8，1887。光是在拉佛奇（Lafourche）教区就有 9 名黑人被害，见 The New York Times，November 25，1887。

②　The New York Tribune，July 8，1892，引自 Philip S. Foner，History of the Labor Movement in the United States，Vol.2，From the Founding of the American Federation of Labor to the Emergence of American Imperialism，New York：International Publishers，1998，p.210。

于被粉碎了。①

　　在侯姆斯台德钢铁工人罢工的同一年，爱达荷州的柯达林（Coeur d'Alene）矿区也经历了一场血腥的劳资对抗。这个矿区的工人早先已经组织了工会，并迫使雇主给所有工人定下统一的工资标准。不过资方也不示弱，他们在 1891 年组织了矿主保护协会，开始反攻倒算。1892 年 1 月，他们向工会提出了新合约，规定将矿工的工资降低 25%。工人们当然是拒绝了这个新合约。于是，矿主决定停产，并招用新工人准备破坏罢工。很快罢工就转变为暴力冲突。7 月 11 日，一名矿工被探员杀死，于是工人开始进攻侦探的兵营，杀死一名探员。在随后的枪战中，有 5 名矿工被击毙，10 多人负伤。紧接着，武装起来的工人又向其他矿区进攻，毁坏了价值超过 12 万美元的财产。在这种情况下，州长宣布罢工为叛乱，并调动了国民警卫队及联邦军队进行镇压。他们将 600 名罢工者逼入一些牛栏，同情工人的地方官员统统被解职，工会积极分子也都被解雇。② 事件发生后，本杰明·哈里逊（Benjamin

---

　　① 关于侯姆斯台德大罢工的部分报道，包括罢工者毁坏公司财产，政府出动军队镇压，以及部分罢工者被起诉，见 The New York Times, July 2, 8, 11, 15, 19, August 5, 16, October 4, November 21, 1892。关于国会对于这次事件的调查报告的一部分，见 Senate Report No.1280, Fifty-Third Congress, Second Session, pp.68-72，收入 Hofstadter, American Violence: A Documentary History, pp.143-147；另见 Foner, History of the Labor Movement in the United States, Vol.2, pp.206-218；也可参考 Taft and Ross, "American Labor Violence: Its Causes, Character, and Outcome," in Graham & Gurr eds., The History of Violence in America, pp.295-296, 这两位学者认为州长动员了 7000 名国民警卫队去镇压工人。

　　② 关于此次罢工的记载，始见 The Spokane Weekly Review, July 14, 1892, 收入 Hofstadter, American Violence: A Documentary History, pp.148-151。另见 The New York Times, July12, 14, 15, 17, 18, 1892; Foner, History of the Labor Movement in the United States, Vol.2, pp.230-234。New York Times 报道的工人死伤数字和 Spokane Weekly Review 报道的有出入。此外还可参考 Taft and Ross, "American Labor Violence: Its Causes, Character, and Outcome", p.296。

Harrison）总统在一份声明中表示，支持爱达荷州州长的镇压行动。①

在 19 世纪的美国，雇主遇到经济衰退时往往会乘人之危，加紧对雇员的剥削，这自然会引发工人的罢工行动。1893 年的经济危机期间，位于芝加哥附近的普尔曼（Pullman）机车车辆厂暂时解雇了半数的工人，那些留用的也被削减了 20% 的工资，而工人需要交付厂方的房租却丝毫没有减少。当年 5 月，当工人要求恢复先前的工资被拒时，便开始举行罢工。他们的行动得到了美国铁路工会的全力支持。铁路工人的同情使罢工很快就蔓延到全国 2/3 的地区。到 6 月 28 日，由芝加哥出发的 24 条铁路全部陷于停顿。在铁路公司的要求之下，芝加哥市政府出动了警察对付这次罢工行动。同时，联邦警官还任命了 2000 名流氓无赖做代理警察，但他们仍未能使火车正常运行。于是，时任检察总长的理查德·奥尔尼（Richard Olney）获得了法院的罢工禁令，但工人却无视禁令，继续他们的罢工行动。最后，克利夫兰总统派遣了正规军赴芝加哥参与镇压。在随即展开的巷战中，工人放火焚烧火车，总共毁坏了数百辆车厢。接着，民兵也赶来协助镇压，导致 4 名工人被杀，20 人受伤。次日又有 14000 名警察、民兵和军队开赴罢工现场，终于将罢工粉碎。罢工组织者尤金·德布斯（Eugene Debs）和数名罢工领导人均被逮捕，他们因"藐视法庭"被送上被告席，其中德布斯被判入狱半年。②

雇主和工会之间 20 世纪的第一次血腥冲突是科罗拉多州拉德罗（Ludlow）矿区的屠杀案。1913 年，联合矿工工会要求矿主承认他们的组织但遭到拒绝，于是举行罢工。工人要求资方建立安全措施并要求

---

① 见 *The New York Times*，July 17，1892。

② 见 *The Chicago Times*，July 8，1894，收入 Hofstadter，*American Violence：A Documentary History*，pp.152-156。关于这次罢工的部分报道，见 *The New York Times*，May 12，14，1894。另见 Foner，*History of the Labor Movement in the United States*，Vol.2，pp. 261-278，及 Taft and Ross，"American Labor Violence：Its Causes，Character，and Outcome"，pp.297-299，Taft 和 Ross 认为这次罢工导致 34 人丧生。

有权在自己选择的商店里购物。科罗拉多燃料及制铁公司很快从外州调来人马，任命他们为代理警察以对付这次罢工。这时许多工人搬离了公司宿舍，住在自己搭建的帐篷里。10 月 7 日，公司卫队向工人的帐篷营地射击，杀死 1 名矿工并伤及 1 名男孩。几天后，他们又朝着一次会议的参加者开枪，杀死 3 人。接着是矿工开始反击，击毙 1 名卫队队员，并迫使一辆武装车撤退。这时州长派出国民警卫队试图制止暴力升级。但来自雇主的压力却令州长改变了初衷，军队不再维持秩序，而是骚扰和逮捕矿工。1914 年 4 月 20 日是科罗拉多历史上最黑暗的一天。这一天，国民警卫队用机关枪射击了工人的营地，杀死 5 名工人及 1 个男孩。接着他们又用煤油焚烧帐篷，导致 11 名儿童和 2 名妇女窒息死亡。另有 3 名被抓获的工人，包括罢工领袖，被谋杀身亡。等到威尔逊总统下令联邦军队开进拉德罗维持秩序时，这次屠杀已造成 74 人丧生。① 有关当局虽然逮捕了多名国民警卫队员并指控他们谋杀，但军事法庭却将 22 名被指控杀害罢工工人及其家属的凶手当庭释放，连杀害希腊裔罢工领袖路易·狄卡斯（Louis Tikas）的凶手也被判无罪。②

二　以反抗奴隶制为目的的骚乱

美国黑人以暴力手段反抗奴隶制的斗争早在殖民地时期就时有发

---

① *The New York Times*, April 21, 22, 23, 30, May 24, and August 26, 1914. 根据 4 月 30 日《纽约时报》的报道，有 14 名儿童丧生。关于这次罢工的起因及镇压的经过，见 George P. West 代表美国工业关系委员会（The U.S. Commission on Industrial Relations）书写的报告：*Report on the Colorado Strike*（1915），pp. 101 - 138，收入 Hofstadter, *American Violence: A Documentary History*, pp.161-164。

② 见 *The New York Times*, August 26, 1914。

生①，但大规模的奴隶起义到 19 世纪初期才开始出现。其中一起最著名的奴隶暴动发生在路易斯安那州新奥尔良市附近的圣约翰教区。1811 年 1 月，大约 500 名安德烈种植园的奴隶揭竿而起，打伤了奴隶主并杀死他的儿子。接着，他们在查理斯·戴斯朗德（Charles Deslong-des）等人的率领下，高举义旗向新奥尔良挺进。一路上不断有奴隶加入他们的队伍，在整个事件中，义军共毁坏了四五个种植园。然而，在数以千计的民兵和正规军的合围之下，这次义举最终以失败告终。在镇压行动中，共有 66 名黑人被杀害或被处死，17 人失踪。此外还有16 位参与暴动的黑人领袖在被捕后被判死刑。死者的头颅被插在木杆上，沿着密西西比河一路排开，以儆效尤。②

　　然而，血腥镇压似乎并没有对奴隶起到明显的威吓作用。在 1822年，也就是路易斯安那起义的 11 年之后，在南卡罗来纳的查理斯顿，一次更大规模的奴隶暴动又开始酝酿了。这次起义的直接原因，是该州通过了新法律，不再允许奴隶用金钱赎回自由。这次义举的策划者是一位叫丹玛克·维西（Denmark Vesey）的自由黑人。③ 维西本人虽然不是奴隶，而且衣食无忧，但他的妻子和儿女却仍然生活在枷锁之下。维西起事之前发生的几起事件都对他颇有触动。其一是中美洲圣多明哥的奴隶起义取得了成功。同时，在有关密苏里妥协案的辩论中，有

---

① 　关于美国黑人在殖民地时期起义和暴动的详细讨论，见 Herbert Aptheker, *American Negro Slave Revolts*, New York：International Publishers, 1963, pp.162-208。

② 　关于这次起义及政府对起义镇压的报道首先见于《路易斯安那报》（*Louisiana Gazette*），后来，在 1811 年 2 月 22 日又在里士满的《调查者报》（*The Enquirer*）上重新刊登。这篇报道的一部分被收入 Hofstadter, *American Violence：A Documentary History*, pp.190-192.另见 Aptheker, *American Negro Slave Revolts*, pp.249-251, 及 Brown, *Strain of Violence*, pp.192-193。

③ 　美国内战以前，有一些奴隶靠超时工作或靠出卖自己生产的蔬菜和家禽赚取了少量金钱，并最终赎回自己的自由。维西就是其中的一个。见 Aptheker, *American Negro Slave Revolts*, p.268。

人在国会中曾猛烈抨击奴隶制，这些言论在报纸上广为流传。受到这种气氛的鼓舞，维西决定策划起事。① 有学者估计，这次酝酿中的义举可能动员了近 9000 名黑人，其中既有奴隶也有城市中的自由黑人，甚至包括一些技术工匠。② 白人社会面对如此大规模的暴动自然不会坐以待毙，残酷镇压是预料之中的事。至于官方是在起义爆发之前就决定防患于未然，还是在起事之后才赶来镇压，由于文献不足，学者的意见不一。但镇压手段之残忍则是不容置疑的。7 月初，维西和其他 5 个黑人首先被推上了被告席，并很快被判处死刑。在随后的镇压行动中，又有 35 名黑人被送上了绞刑架，其中 22 人在行刑后被悬尸数小时。事后，法官们对南卡罗来纳州的州长说：“我们认为，被判死刑的［黑人］数目［之大］足以［对他们］起到恐怖性的警告作用。”③

　　不过，杀害白人最多、对奴隶主阶级震撼最大的还属 1831 年发生在弗吉尼亚南部的特纳起义。奈特·特纳（Nat Turner）不但识文断字而且深谙《圣经》章句。据说他从《圣经》的教义中找到了反对奴隶制的理据，认为自己肩负着巨大的使命。他还认为自己从上帝那里得到启示，要用敌人的武器去诛杀敌人。特纳在 1831 年 2 月决定起事，到同年 8 月已经聚集了相当的实力。起义开始后，奴隶们首先杀死特纳的奴隶主特拉维斯（Travis）一家五人。接着他们组成了同正规士兵一样的军队，从一个种植园向另一个种植园挺进，沿途不断招募士兵

---

　　① 关于圣多明哥奴隶起义和密苏里妥协案的辩论对维西的影响，见 Aptheker, *American Negro Slave Revolts*, p.81, p.98。此外，Aptheker 还提到海地奴隶起义对维西的影响，同上书，第 270 页。

　　② Aptheker, *American Negro Slave Revolts*, pp.267-272.

　　③ 关于维西起义的经过，见 Aptheker, *American Negro Slave Revolts*, pp.267-273, 及 Brown, *Strain of Violence*, pp.195-196。关于此次镇压行动和处决反叛者的报道，始见于一位黑人在 1850 年书写的小册子《南卡罗来纳州查理斯顿最近一次有预谋的导致 36 名爱国者被处决的反叛》（*The Late Contemplated Insurrection in Charleston, S.C., with the Execution of Thirty-Six of the Patriots*），收入 Hofstadter, *American Violence: A Documentary History*, pp, 194-197.

和袭击白人。截止到 8 月 23 日，他们共杀死 50 多个白人，并计划向耶路撒冷市推进，占领那里的武器库。然而民兵和治安委员会（vigilance committee）的成员很快便赶到了，他们不分青红皂白地围杀四周的黑人，至少有 100 名黑人被害。特纳本人在 10 月 30 日也遭到逮捕，连同其他 19 名起事者一起被处死。①

在黑人不断起事反抗奴隶制的同时，白人当中富有正义感的人士也以不同形式向奴隶制开战，约翰·布朗（John Brown）就是其中一位杰出的代表。布朗很早就认识到，要推翻奴隶制只能使用暴力，别无他途。他的废奴事业始于美国西部的堪萨斯州。1856 年，他曾率领几个儿子和一些追随者进攻该州帕塔瓦托密湾（Pattawatomie Creek）的一个社区，杀死数名拥护奴隶制的人。对方随后的报复行动导致他的一个儿子被击毙。但丧子之痛并没有使布朗失去斗志。他逃到了东部的波士顿地区，在那里得到一些富有的废奴主义者的支持。于是便积极筹备武器弹药，准备到南部去策划奴隶起义。1859 年 10 月，布朗率领一支 18 人的队伍从马里兰州进入弗吉尼亚州。在那里他们扣押了一部分人质，并占领了位于哈波斯渡口（Harper's Ferry）的政府军火库。不过这支弱小的队伍很快就被政府军包围，大部分废奴志士，包括布朗的几个儿子，都在激战中牺牲或负伤，布朗本人则被生擒，审讯后被处死。② 布朗认为仅仅通过十几个人的义举就可以鼓动大规模黑人暴

---

① 　特纳在临刑前曾对这次起义的过程作过详细交代，见 "The Confessions of Nat Turner," 收入 Herbert Aptheker, *Nat Turner's Slave Rebellion*, New York: published for A. I. M. S. by Humanities Press, 1966, appendix, pp. 133 – 149, 另见 Brown, *Strain of Violence*, pp.197–198。

② 　关于布朗起事的经过，见 *The New York Times*, October 20, 1859。《纽约时报》的报道虽不乏偏见，但对事件的叙述基本完整。此外，有一位被布朗扣押的人质事后将此次事件记录了下来，见 John E. Daingerfield, "John Brown at Harper's Ferry, the Fight at the Engine House, as seen by one of these Hostages", 始载于 *Century Illustrated Monthly Magazine*, XXX, June, 1885, pp.265–267, 收入 Hofstadter, *American Violence: A Documentary History*, pp.97–101。

动，进而推翻奴隶制，这个想法可能过于天真。但他为推翻奴隶制而不惜牺牲性命的精神是令人钦佩的。我们从布朗起义这一事件中可以进一步看出，只要触及废奴这条底线，无论是黑人还是白人，都会遭到政府的残酷镇压。

1860 年发生在得克萨斯州的一场骚乱似乎更可以说明白人社会对待黑人要求解放愿望的仇视。在 7 月 8 日那天，达拉斯市的商业区突然起火，整个区域被夷为平地。紧接着，该州的其他 7 个城镇也发生了火灾。当时有谣传说，这是废奴主义者的一个阴谋，目的是解放奴隶和屠杀白人。据说一些奴隶在严刑拷问之下承认自己卷入了来自北方的一次阴谋。拷问者还发现了一封废奴主义者书写的信件，里面讨论了在得克萨斯解放奴隶的计划。一个月之后，另一场大火又给翰德森（Henderson）市造成严重损失，毁坏了 43 座建筑，价值高达 22 万美金。立刻，那里的白人就组成了治安委员会来对付这场骚乱。在沃斯炮台（Fort Worth），他们决定建立两份名单，将黑人共和党人和废奴主义者列入名单。第一份名单列举了所有的嫌疑人；第二份则是一份黑名单，准备将这份名单上的人立即吊死。据一项估计，在白人的报复行动中共有 75 至 100 人被杀害，其中大部分是黑人。①

以上列举的几起骚乱足以说明当时的美国各级政府对待奴隶暴动和废奴运动的仇视。然而在 1863 年后，随着林肯总统颁布命令解放南部所有奴隶，以及南方蓄奴州在内战中被彻底击垮，旨在反抗和废除奴隶制的起义和骚乱基本上告一段落。不过，另一类以种族冲突为特征的骚乱——白人种族主义者为继续将黑人压在社会底层而采取的暴

---

①　*The New York Times*, July 23, 26, 30, August 22, 27, 1860. 一个南部白人在写给北部一份报章的信中讨论了这场骚乱的经过。这封信始载于约翰·汤森（John Townsend）出版的一份反对废奴的小册子，题为 "The Doom of Slavery in the Union; its Safety out of it", （1860），收入 Hofstadter, *American Violence: A Documentary History*, pp.202-203。

力——却有愈演愈烈之势。

三 针对黑人、移民和其他少数族裔的骚乱

　　美国北部在内战前曾经有过废奴主义传统，但这并不意味着那里的白人都已经克服了种族主义，能够平等地对待黑人。霍夫斯台德曾经评论说："［美国］北部的白人虽然反对奴隶制，但他们更加反对黑人。"①1841年发生在辛辛那提市的骚乱就为霍夫斯台德的论断提供了一个很好的例证。从19世纪20年代开始，俄亥俄州的黑人人口不断地增加，遂引起该州白人的不安，他们尤其担心那里的自由黑人会藏匿逃亡的黑奴，于是有人便开始鼓动将黑人赶出俄亥俄州。1829年，俄亥俄州正式要求每个黑人缴纳500美元的保证金，否则必须离开该州。然而在限期未到之前，由白人组成的暴徒就开始攻击黑人了，结果导致1000名黑人逃亡到加拿大。不过，针对黑人的暴力行动并未因此而停顿下来。由于继续有黑人迁入俄亥俄并和那里的爱尔兰裔美国人竞争工作机会，另一场更大规模的攻击黑人的骚乱在1841年又开始了。随着暴力不断升级，黑人也开始反击。但是参加骚乱的白人越来越多，而且围观的人群也鼓励和怂恿暴徒攻击黑人。最后，当局只好动用军队将黑人护送至一所监狱，将他们保护起来。这是19世纪美国地方政府保护受害黑人罕有的一例。② 但是，在骚乱开始时，《辛辛那提日报》（Cincinnati Daily Gazette）就有评论说：未见警察当局采取任

---

① Hofstadter, *American Violence：A Documentary History*, p.207.

② 有关辛辛那提市1841年骚乱的报道，始见《辛辛那提日报》（*Cincinnati Daily Gazette*），1841年9月6日，重印于Wendell P.Dabney在1926年出版的《辛辛那提的有色公民》（*Cincinnati's Colored Citizens*），收入Hofstadter, *American Violence：A Documentary History*, pp.208-210；另见Richards, *Gentlemen of Property and Standing*, pp.34-35。

何措施去维持该市的秩序。①

前面刚刚说过，随着内战的结束和奴隶的解放，黑人为反抗奴隶制而采取的暴力行动暂告一个段落。但是南部白人却不能接受黑人被解放这个事实，他们对黑人和白人共和党人采取了种种报复行动，试图恢复自己战前的统治地位，将黑人继续奴役下去。于是，针对黑人的私刑（lynching）连续不断，还出现了 3K 党这样的恐怖组织。以下是发生在 19 世纪后半叶的几起典型的针对黑人和移民的暴力事件。

1866 年新奥尔良市警察枪杀黑人的事件，是南部白人妄图恢复内战前种族秩序的一个突出实例。路易斯安那州 1864 年的制宪会议规定，只有白人才有投票权。这使得白人能够持续控制该州政府，并通过一系列法律，继续维持黑人被奴役的地位。另一方面，激进共和党人也意识到，要壮大自己的政治实力，就必须赋予黑人选举权。1866年，他们在新奥尔良重开制宪会议，会场外聚集了大批黑人和白人，前者深受鼓舞，后者则愤怒异常。这时，有一个白人故意引诱一个黑人朝他开枪，在场的警察既没有逮捕开枪的黑人，也没有要求他投降，而是朝黑人人群开枪射击。接着，很多白人和警察一起进攻会议厅。据一位目击者回忆，当警察冲入会议厅后，同样没有要求里面的黑人投降，而是朝着他们盲目扫射，即使有跪下来向他们求饶的黑人也未能幸免。等到联邦军队赶到现场时，至少已有 38 人丧生，其中 34 人是黑人。事后所有参加制宪会议的人都被教区大陪审团起诉，而参与骚乱和杀害黑人的警察和白人公民却没有一个被送上法庭。②

如果说南部白人对重建时期黑人获得选举权已经是深恶痛绝的话，

---

① 引自 Hofstadter, *American Violence: A Documentary History*, p.209。

② 见 *The New York Times*, August 31, 1866。关于这次骚乱中警察枪杀黑人的经过，见目击者 J.D.奥克奈尔（J.D. O'Connell）在国会众议院调查该次骚乱的听证会上的证词（H.R.No.16, Thirty-Ninth Congress, Second Session, 77-79），收入 Hofstadter, *American Violence: A Documentary History*, pp.219-223。

那么他们对于黑人参政的现象更是忍无可忍。1874 年，密西西比州维克斯伯格（Vicksburg）市的白人逼迫黑人警长彼得·克劳斯比（Peter Crosby）向他们投降。克劳斯比则招来该市的黑人前来保护他，大约有125 名武装起来的黑人赶到市区，而白人则组织起民兵，将克劳斯比关入监狱。后来黑人决定返回自己的住宅，但白人却追逐他们并向他们开枪射击。在枪杀了一部分黑人和驱散另一部分之后，这些白人又在乡下徘徊，至少向 30 名黑人开枪射击或对他们动用私刑。①类似的仇视黑人参政的事件在其他地区也时有发生。1896 年，共和党人丹尼尔·罗素（Daniel Russell）当选为北卡罗来纳州州长，黑人也随之有了在政府任职的机会。有黑人被任命为维尔明顿（Wilmington）市海关负责人，也有黑人成为邮政局长和地方执法官。1897 年还有数名黑人被选入北卡州的众议院。1898 年的选举前夕，该州的白人都表示不能再容忍黑人参政了，他们组成的治安委员会恐吓并杀害了一些黑人，遂导致民主党大获全胜。11 月 10 日，维尔明顿的白人开始了骚乱和对黑人的屠杀，至少导致 19 名黑人被害。接着他们又将黑人市长赶下台，逼迫黑人官员辞职。随后，由民主党控制的州议会通过了选举税和"祖父条款"等法律，彻底剥夺了黑人参政的机会。②

　　美国白人社会的种族仇恨当然不仅仅是针对黑人，19 世纪后半期

---

　　① 关于这次暴力事件的经过，见国会众议院调查委员会的题为"维克斯伯格的骚乱"（"Vicksburg's Troubles"，House of Representatives Report No.265，43rd Congress，2nd Session，pages vii-ix.）的报告，收入 Hofstadter, *American Violence: A Documentary History*, pp.224-229。另见 *The New York Times*, December 14, 17, 25, 1874, 按照 14 日《纽约时报》的说法，至少有 50 名黑人被杀。

　　② 哈里·黑顿（Harry Hayden）在 1936 年将这次事件一位目击者的回忆记录了下来，题为《维尔明顿的叛乱》（"The Wilmington Rebellion"），收入 Hofstadter, *American Violence: A Documentary History*, pp.231-236。另见 *The New York Times*, October 24, November 6, 10, 11, 12, 1898。根据《纽约时报》11 月 6 日的报道，有 19 名黑人被杀害。

发生在尤瑞卡（Eureka）、旗口（Chico）、洛杉矶、丹佛、西雅图-塔克玛（Tacoma）和斯内克河（Snake River）等地杀害华工的事件都是令人发指的暴力行为，而 1885 年白种工人在怀俄明州洛克温泉（Rock Springs）屠杀华工的事件尤为惨烈。当时有 300 多名中国移民在洛克温泉的煤矿做工。1885 年 9 月，华工和白人矿工之间发生了一场争执。紧接着，大约 150 名全副武装的白人袭击了华工住地，杀死 28 名华人，导致数百名中国移民被赶出市镇，还纵火烧毁了华工的居住区，这起暴行给华人造成的经济损失接近 15 万美元。事件发生后虽然当地警长逮捕了 22 名犯罪嫌疑人，并指控他们发动骚乱、纵火、谋杀和抢劫，但大陪审团竟然未对肇事者提起公诉。当中国驻美公使向国务卿贝亚德（Thomas Byard）进行交涉时，贝亚德坚持认为美国政府对这起惨案不负有任何责任。后来，国会只是出于对受害者的"同情"，而不是基于"条约的义务或国际法的准则"，才决定拨款 15 万作为赔偿。[1]

　　上述的事例说明了 19 世纪白人社会对有色人种的极端仇视。不过，主流社会对欧洲非新教移民的容忍度也非常有限。19 世纪 30 和 40 年代美国新教徒对爱尔兰天主教移民的攻击最能说明这个问题。当时费城的爱尔兰人和新教徒围绕着选举和宗教等问题不断发生摩擦。40 年代初，双方就公立学校是否要使用新教《圣经》的问题又发生了争执，当天主教徒说服学校当局允许他们使用旧教《圣经》时，新教徒就决定诉诸暴力了。1844 年 5 月，他们在爱尔兰人居住的地区举行会议但遭到驱逐。于是他们开始聚集并向爱尔兰人居住区挺进，一路高喊杀死爱尔兰人的口号。他们在事件中烧毁了 30 多所房屋，两所教堂，至少导致 14 人死

---

[1]　见 *The New York Times*, September 4, 5, and 6, 1885.关于洛克温泉杀害中国移民的暴力事件，一位目击者在写给国会调查此次事件的委员会的报告中有详细陈述。见 House Report No.2044, "Providing Indemnity to Certain Chinese Subjects," 49th Congress, 1st Session, May 1, 1886。这份报告的一部分收入到 Hofstadter, *American Violence: A Documentary History*, pp.330-332.另见 Roger Daniels, *Asian America*, 1988, pp.58-62。

伤。双方在另一个地区也交了火，导致 13 人被杀死，50 多人受伤。事后两个大陪审团都将责任推到爱尔兰人的身上。①

1891 年新奥尔良市杀害意大利移民的事件实际上是美国主流社会迫害东南欧非新教移民的继续。事发的前一年，该市负责调查意大利黑帮的警察局长遭到谋杀，临死前被问到谁是杀害他的凶手时，这位垂死的局长说：是意大利佬（Dagos）。于是那里的意大利移民立即成为这起谋杀案的首要嫌疑分子，有 19 名意大利人遭到逮捕并被指控谋杀。不过，虽然控方提出强有力的证据，但由于被告一方聘请了精干的律师，这些意大利人最终被陪审团宣布无罪释放，这个判决立即引起新教居民的强烈不满。翌年 3 月，大约有 50 名暴徒闯入关押意大利人的监狱，杀死了其中 11 人，而监狱当局对于这起暴力行为竟然未加制止。事后，意大利政府向美国提出抗议并召回驻美大使，最终以美国向意大利赔偿 125000 里拉（lire）了事。②当局这种纵容的态度很可能对排外运动起到了鼓励作用，因为路易斯安那州在 1891 年后不断发生针对意大利移民的私刑。例如，在 1896 年有 3 名意大利人被杀害，在 1899 年又有 5 名意大利人被夺去生命。③

四　总结

以上的讨论告诉我们，终整个 19 世纪，美国各级政府在遇到社会

---

①　这起暴力事件的一位目击者在 30 年后将他所看到事实的经过写了下来，后来以 "The Anti-Catholic Riots in Philadelphia in 1844" 为题发表在 *American Catholic Historical Researches*（XIII，April 1896）上，收入 Hofstadter, *American Violence：A Documentary History*, pp.305-309。

②　见 *The New York Times*, March 15, 1891。这次针对意大利人私刑的领导者威廉·帕克森在接受《纽约绘图美国人》（*New York Illustrated American*）杂志采访时做过陈述，见 *New York Illustrated American*, VI, April 4, 1891, pp.320-322.收入 Hofstadter, *American Violence：A Documentary History*, p.333-335。

③　见 *The New York Times*, August 27, 29, 1896；July 22, 1899。

暴力时并非本着公平和公正的原则去化解矛盾，而是采取双重标准。在发生劳资冲突的时候，它们一向是站在雇主一边，敌视罢工工人；当罢工演变为骚乱时，甚至不惜动用国民警卫队，帮助雇主去镇压工人。各级政府在面对黑人起义时同样是采取血腥镇压的手法。然而，当白人种族主义者攻击和杀戮黑人、华工和来自欧洲的非新教移民时，它们却往往是姑息容忍，听之任之，在处理善后事宜时也常常是推卸责任或敷衍了事。具有讽刺意味的是，被美国政府镇压的那些骚乱——无论是工人罢工还是黑人起义——恰恰是具有某种合理成分的暴力。而被政府容忍甚至纵容的那些骚乱，特别是白人攻击和杀害少数族裔的行为，则是不合理的和非法的暴力。不难看出，至少就对待社会暴力的态度这一点来说，19 世纪的美国各级政府或多或少是代表剥削者和种族主义者的利益的。这种对待暴力的双重标准或许还说明，19 世纪白人社会对少数族裔的攻击之所以此起彼伏，同政府的姑息容忍有很大关系。同时，雇主阶级之所以肆无忌惮地剥削工人而不惧怕后者的罢工行动，也是因为工人一旦举行罢工，政府总是帮助他们进行镇压。这当然不是说，美国政府中从未出现过主持正义的人士。1914 年科罗拉多屠杀工人及其家属的惨案发生后，由进步派议员主导的州参议院强烈谴责州长镇压工人就是一个例子。① 然而从总体上看，19 世纪和 20 世纪初的美国政府对工人阶级和少数族裔是抱敌视态度的，而且这种敌视态度常常超越党派利益。②

　　美国政府为何对那些具有一定合理性的暴力采取镇压手段，而对于那些不合理、不合法的暴力却反而听之任之呢？这种看上去十分荒谬的现象只能用当时美国法律和政治制度的荒谬来做解释。大家都知

---

　　① 见 *The New York Times*，May 8，1914。

　　② 例如，1877 年派军队镇压铁路工人罢工的海斯总统（Rutherford Hays）是共和党人，而 1894 年派兵镇压普尔曼罢工工人的克利夫兰总统（Grover Cleveland）是民主党人。

道，内战前的美国宪法不把黑奴当人看待。① 南部各州的法律更加明确地捍卫奴隶制。在这种法律框架和政治制度下行使职权的各级政府必然要以保护奴隶制为己任。华盛顿总统临终前曾一再叮嘱身边的人，务必将黑人永远压在社会最底层。杰克逊总统也始终对黑人抱敌视态度。② 这样的政府遇到奴隶起义就会采取强硬措施进行镇压，并不奇怪。主流社会既然不把黑人当人看待，既然将非新教移民，特别是亚洲移民，看作是异类③，那么当这些少数族裔受到攻击时自然就不会去保护他们了。与此同时，作为一个典型的资本主义国家，美国的各项法律都是旨在保护雇主阶级的利益。截止到 19 世纪末，美国基本上没有任何保护工人利益的法律（如工伤赔偿法、最低工资法和最高工时法），也没有任何法律赋予工人阶级组织工会和进行集体交涉的权利。在这种制度下行使职权的各级政府在遇到劳资冲突时必然会偏袒资方，这一点也不难理解。

不过，我们还应该注意到，虽然 19 世纪的美国政府在对付工人罢工和黑人起义时都采取了严厉镇压的手段，但这两种镇压之间也有明

---

① 美国宪法的第 1 条第 2 款规定，联邦众议员的人数要按各州人数的多少进行分配；在统计各州人口时，每个黑人只算作 3/5 个人。这个不把黑人当人看待的宪法条款实际上是在为奴隶制正名。这个原则直到内战和重建期间国会通过宪法第 13 和第 14 条修正案后才开始改变。第 13 条修正案正式废除了奴隶制，而第 14 条修正案则规定，凡是在美国出生和入籍的人士都是美国公民和他们所居住的州的州民，各州不得剥夺公民的权利。

② 即使是因废奴而闻名的林肯总统，由于当时法律和政治制度的限制，也迟迟不能下决心废除奴隶制。他在 1863 年颁布《解放宣言》，在很大程度上是出于战争的需要，而不是真心要彻底埋葬这个罪恶的制度。

③ 按照国会在 1790 年通过的归化法（naturalization law），只有自由和男性的白人移民才有资格成为美国公民，从而剥夺了亚洲移民入籍的机会，使他们长期不能享受公民权。此外，在合众国立国后的近两百年里，所谓 WASP（White, Anglo-Saxon, Protestant）文化始终是美国社会上占绝对主导地位的文化。来自爱尔兰、南欧和东欧的移民虽然是白种人，但因为他们不是新教徒（也不属于盎格鲁-撒克逊民族），所以也长期遭受歧视。

显的不同。各级政府对黑人的镇压要比对工人罢工的镇压更加残酷。在镇压路易斯安那州黑白工人罢工时，遭到屠杀的是黑人，而白种工人则基本上没有受到伤害。这些都说明，在整个 19 世纪，美国主流社会对待黑人和其他有色人种的仇视超过了它对白种工人的仇视。前面曾经说过，20 世纪初期，联邦政府在劳资冲突中所扮演的角色开始转变，常常保持中立的立场，并通过了一些有利于劳工的立法。但政府对待少数族裔态度的转变则迟至"二战"期间才见端倪，而直到 60 年代民权运动期间才陆续出现维护少数民族权益的立法，这也说明美国主流社会对少数族裔比对工人阶级更加不愿做出让步。在认清这一点之后，我们不应该继续将美国历史上的种族矛盾与阶级冲突混为一谈，不应该将种族问题简单地归结为阶级问题，而应该实事求是地去研究这两种不同性质矛盾之间的关系。

（原载《史学集刊》2014 年第 4 期，人大复印报刊资料

《世界史》2014 年第 9 期转载）

美国劳动骑士团种族政策的再探讨

  劳动骑士团（The Knights of Labor）在 1869 年刚刚建立时只是一个秘密组织，然而到 19 世纪 80 年代转为公开活动的时候，俨然已成为当时最强大的全国性工会了。骑士团在"伤一人牵动众人"的箴言指引下大力提倡劳动者的阶级团结，而且在种族主义甚嚣尘上的时刻公开主张种族平等，并积极吸收南部黑人入会。然而另一方面，骑士团又因为积极参与排华运动而臭名昭著，它的许多会员都是美国西部地区攻击和杀害华工的凶手。于是，很多史学家都得出了骑士团包容黑人却排斥华工的结论。悉尼·凯斯勒（Sidney H.Kessler）曾经写道："由于骑士团将男性和女性、黑种和白种、移民的和本土的工人都组织起来，而且不对他们实行宗教和政治歧视，它已经不仅仅是一个工会，而是成为一个群众运动了。"但是他接着指出，"只是在华工的问题上出现了一个特例。中国移民这时正引起整个劳工运动的仇恨。虽然在纽约和费城曾有人试图将华工吸收进骑士团，但是该工会的总执行机构却拒绝给华人分会发放证书。"① 菲利普·方纳（Philip S. Foner）也认为，"骑士团在阶级团结的记录上唯一的污点就在于［它对待］华工

---

  ① Sidney H.Kessler, "The Organization of Negroes in The Knights of Labor", *Journal of Negro History*, Vol.37, July 1952, p.249, footnote 3.

的问题上。"① 研究排华运动的权威学者亚历山大·赛克斯顿
（Alexander Saxton）同样指出，"骑士团甚至竭力将它的抱负付诸组织
行动。农民、非技术性工人、妇女、黑人——所有的劳动者都被邀请
加入到它的地方分会中去。只是在接受中国移民时骑士团在总体上划
出了一条界线"②。这些学者显然是认为，劳动骑士团对待少数族裔的
态度因种族而异，也就是说，它采取的种族政策是双重标准。

　　但是，认为骑士团包容黑人但排斥华工的观点过于片面、过于简
单化，未能反映出历史事实的复杂性，因而成为美国社会史上的一大
误区。研究显示，骑士团对待有色工人的态度并非因种族的不同而不
同，而是随着地区的不同表现出很大差异。工作竞争、种族偏见以及
阶级团结这三个因素之间的互动，导致了骑士团不同地区的分会奉行
不同的种族政策。骑士们最初吸收南部黑人入会，主要是为了防止后
者被雇主用来破坏罢工。然而，对工作竞争的恐惧不久又令他们背弃
了自己的黑人工友。同样的，西部骑士不遗余力地排华，也不仅仅是
因为他们在种族主义问题上"择恶固执"，而是他们认为华工乐于接受
低微工资从而抢夺了他们的工作机会。这两个地区的骑士为了保住工
作机会而罔顾阶级团结，将矛头对准有色工人。但是，在东北部，那
些强调阶级团结的骑士就不同程度地克服了种族主义，将有色工人破
坏罢工的行为归咎于资本家，因而能够平等对待黑人和华工，呈现出
阶级团结胜过种族偏见的景象。总之，在南部和西部骑士的眼中，凡
是抢夺他们工作机会的人，无论是非洲裔还是华裔，都是他们的敌人，
都必须排斥。而对于东北部的骑士来说，凡是劳动者，无论他们的肤

---

① Philip S. Foner, *History of the Labor Movement in the United States*, Vol. 2, *From the Founding of the A. F. of L. to the Emergence of American Imperialism*, New York: International Publishers, 1975, p.58.

② Alexander Saxton, *The Indispensable Enemy*, *Labor and the Anti-Chinese Movement in California*, Berkeley & Los Angeles, 1971, p.40.

色是黑是黄，都是他们的阶级弟兄，都应该去团结。所以，不论是南
部、西部的骑士，还是东北部的会员，其奉行的种族政策都是单一标
准，虽然这两种政策的内涵截然不同。

一

　　劳动骑士团在 1881 年转为公开活动之后，便大力提倡种族平等。
骑士团的宪章明确写道：它的地方分会"不仅仅是一个行业工会，也
不仅仅是一个互助团体。它包含的更多，［它的目标］也更高。它把所
有部门里从事光荣劳动的人都纳入同一个组织当中，不分国籍、不分
性别、不分信仰，也不分种族"①。关于骑士团的种族政策，1879 年刚
刚接替领导职位的泰伦斯·包德利（Terence Powderly）描述得更加生
动。包德利说："一个申请［入会］者不应该因为他［外表］的肤色
而被拒绝入会。反而倒是应该看看他的心灵和思想是否带有颜色［意
指种族偏见］。"② 骑士团的机关刊物《团结劳工报》（*Journal of United
Labor*）也评论说："如果我们基于肤色和宗教信仰而拒绝任何靠光荣
劳动过活的人入会的话，那就背离了骑士团的每一个宗旨。我们的纲
领宽大得足以把所有［从事光荣劳动的］人都吸收进来。"③
　　在 1886 年骑士团年会上发生的一幕更加表明这个工会贯彻种族平
等原则的决心。会议是在弗吉尼亚州的里士满召开的，当来自纽约的
第 49 分会下榻的酒店拒绝它的黑人会员入住时，白人会员们决定抵制

---

　　① "Preamble of the Constitution for the Local Assemblies of the Order of the Knights of
Labor of America", *Proceedings of the General Assembly of the Knights of Labor*, September
1880, p.780.

　　② *Proceedings of the General Assembly of the Knights of Labor*, September 1880, Sep-
tember 9, 1880, p.257；关于包德利坚持黑白平等的立场，可见 *The New York Times*,
July 26, 1891。

　　③ *Journal of United Labor*, August 15, 1880.

这家酒店，转到一家由黑人开设的宾馆。在年会的开幕式上，包德利决定由第 49 分会的黑人会员法兰克·J.费罗（Frank J.Ferrel）将他介绍给东道主弗吉尼亚的李州长（Fitzhugh Lee），而这位州长正是内战期间南部叛军总司令罗伯特·李（Robert Lee）将军的侄子，他本人也是南方军队的一位将领。当天晚上，第 49 分会的白人会员还和费罗坐在一起观看话剧《哈姆雷特》。① 里士满是美国内战期间南部的首都，也是一座严格实行种族隔离政策的城市。骑士团以实际行动向种族歧视挑战，这在 19 世纪 80 年代种族主义猖獗的美国南部不能不说是一个惊人之举。

　　骑士团提倡种族平等并没有停留在口头上，而是以实际行动把非洲裔工人吸收到工会当中。早在 1880 年骑士团的许多分会里就已经出现黑人会员了。② 在随后的短短几年之内，北部俄亥俄、纽约、罗得岛、宾夕法尼亚和新泽西等州的工业城市里都有非洲裔工人入会。然而，最引人注目的还是骑士团在南部各州吸收非洲裔工人入会的活动。因为在 19 世纪 80 年代绝大部分黑人都居住在美国南部，而南方又一向是种族歧视的温床，所以，吸收黑人加入由白人组建的工会具有重大的政治意义。与此同时，南部的非洲裔工人对于加入劳动骑士团也表现出极大的热忱，因为加入主流工会不仅意味着被社会接受，同时也意味着实现做人的尊严。1886 年里士满发生的一幕深深地鼓舞了广大黑人，令他们更加向往有朝一日黑白工人能够加入同一个组织。现在，骑士团伸出双臂欢迎非洲裔工人，他们自然不会放过这个机会。③根据 1886 年的一项估计，当时骑士团的成员已经超过 700000 人，其中

---

　　① 关于第 49 分会在里士满会议期间坚持黑白平等的原则，见 *The New York Times*, September 29, 1886; Leon Fink, *Workingmen's Democracy, The Knights of Labor and American Politics*, Urbana: University of Illinois Press, 1983, pp.162-163。

　　② Kessler, "The Organization of Negroes in The Knights of Labor", p.257.

　　③ Melton A.McLaurin, "The Racial Policies of the Knights of Labor and the Organization of Southern Black Workers", *Labor History*, Fall 1976, Vol.17, No.4, p.576.

至少有 60000 名黑人。① 在吸收非洲裔工人最成功的里士满市，有 3125
个黑人分别加入了骑士团的 21 个分会。② 在饱受歧视和压迫的情况下
竟然能够被主流工会所接受，广大黑人对骑士团自然是充满了感激之
情，他们对包德利的崇拜更是溢于言表。有人在写给包德利的一封信
里说："南方［黑］人心中的忠诚都被你明显地占有了。只要一提到你
的名字就会使他们的热情失去控制。那些可怜的黑鬼们相信，救世者
包德利生来就注定要带领他们走出被奴役之乡。"③

劳动骑士团在 19 世纪 80 年代种族主义极为猖獗的时刻公开提倡
种族平等，并且在种族歧视根深蒂固的南方各州积极吸收黑人入会，
这些都说明，它的种族政策是比较开明的。正如里昂·芬克（Leon
Fink）所指出的，"在 19 世纪 80 年代中期，骑士团远远望去就像是黑
暗的大海中一座照亮种族和睦关系的灯塔。在当时的任何其他组织中
都未曾出现过像骑士团这种以不断加快的步伐朝着种族平等前进，而
不是背离种族平等而去的现象"④。但是，如果我们由此便认为，吸收
非洲裔工人入会就意味着骑士团已经完全克服了种族主义，并进而得
出骑士团包容黑人的结论，那无疑是将问题简单化了。下面我们将会
看到，骑士团吸收黑人入会并不是因为他们已经克服了种族偏见，而
是另有原因。

骑士团吸收黑人入会与其领导层的开明思想有直接关系。它的第
一任领导人尤利亚·斯蒂文斯（Uriah Stephens）早年曾经支持废奴主
义运动，在 1856 和 1860 年的总统大选中坚决站在共和党候选人约

---

① Kessler, "The Organization of Negroes in The Knights of Labor", p.272.

② Kenneth Kann, "The Knights of Labor and the Southern Black Worker", *Labor History*, Winter 1977, Vol.18, No.1, p.54.

③ "Tom O'Riley to Powderly", March 4, 1887, *Powderly Manuscripts*, cited in McLaurin, "The Racial Policies of the Knights of Labor and the Organization of Southern Black Workers", p.577.

④ Fink, *Workingmen's Democracy*, p.169.

翰·弗利芒（John C.Frémont）和亚卜拉罕·林肯一边，而且是最早敦促林肯政府赋予被解放黑人土地的人之一。包德利的父亲虽然是民主党人，但母亲却是一位坚定的废奴主义者。在奴隶制这个问题上，年轻的包德利一向是站在母亲一边的。① 他后来在回忆录中写道："反对奴隶制的鼓动和组织美国工匠的工作是齐步前进的，两者在本质上都是革命性的。虽然这两种鼓动的方法不同，但它们的目标是一致的，都是为劳动者争取自由。"② 在这些领导人的影响下，骑士团所制定的宪章和制度强调种族平等，并不是不可思议的事。

不过，骑士团组织黑人最主要的动机是防止非洲裔工人同他们竞争工作机会和破坏他们的罢工。③ 关于这一点，《团结劳工报》说得很清楚："在我们的每一方土地上，每当工人举行罢工的时候——罢工是阻止雇主进一步削减工资的唯一手段，而我们的工资已经在贫困线之下了——雇主首先要做的是什么呢？他是不是要四处求索，寻找能够取代罢工工人的人，而不去考虑他们的国籍、肤色和信仰呢？他当然会这样做。他唯一要问的是：'他［指潜在的破坏罢工者］是否愿意接受低工资？'而如果他愿意［接受低工资］的话，就将取代你们的位置……那我们为什么要让愚蠢的种族偏见将那些可能帮助雇主压低［我们］工资的人拒之于工会之外呢？"④

不幸的是，虽然骑士团吸收了许多南部黑人入会，但白人会员对工作竞争的担心却丝毫没有减少，而是尽一切可能，摒黑人于主要产业之外。1886 年，骑士团的成员赢得了里士满市议会的多数席位，他

① 关于斯蒂文斯和包德利具有废奴主义思想的讨论，见 Kessler，"The Organization of Negroes in The Knights of Labor"，pp.249-250。

② Terence Powderly，*Thirty Years of Labor*，1859-1889，Columbus：Excelsior Publishing House，1890，p.51.

③ 关于黑人被雇主用来取代罢工中的白种工人，参见 *The New York Times*，May 28，1874，March 19，1880，September 4，1883。

④ *Journal of United Labor*，August 15，1880.

们立即通过决议，禁止黑人承担建设新市政厅的工作。在同一年，佐治亚州奥伽斯塔一家纺织厂的骑士举行了罢工，当他们听说雇主计划雇用黑人时，便立即停止了行动，遂导致罢工的失败。1888 年，北卡罗来纳一位骑士团成员成为县政府办公室官员的候选人。那里的欧裔纺织工人反复盘问他，一旦当选是否会让黑人成为工厂工人？这位候选人不得不回答说，他不喜欢黑人在工厂做工，至少他们不可以和白人竞争工作。① 1890 年，白种工人强烈要求休斯敦-得克萨斯制铁公司解雇那里的非洲裔更夫，因为他们不愿与这些黑人在一起做工。②

与此同时，对工作竞争的忧虑也令广大白人会员的种族偏见有增无已。在 1885 年，得克萨斯盖尔维斯顿市（Galveston）的骑士团曾以"煽动有色人种诉诸暴力"为理由，公开要求市长将三名黑人巡警革职。而调查结果显示，这三名非洲裔警察都很平和而且工作卓有效率。③ 1887 年，亚拉巴马州伯明翰市三个制铁厂的非洲裔工人举行罢工，要求增加工资，但骑士团的白人会员却拒绝出来支援。他们认为，一个每天赚取 3 美元的白种工人为支援黑人而举行罢工是一件愚蠢的事。这是一起典型的种族偏见超越阶级团结的事件。麦尔顿·麦克劳伦（Melton McLaurin）就此评论道：这说明"白种工人尚未理解，他们的长远经济利益和黑人的是一致的这个真理"④。在 1894 年，骑士团的很多成员甚至公开主张将黑人遣送到非洲的利比里亚，以防止种族混合。⑤ 这些事例说明，在面临抉择的时候，白人会员宁愿放弃同黑人

① McLaurin, "The Racial Policies of the Knights of Labor and the Organization of Southern Black Workers", pp.582-583.

② *The New York Times*, October 6, 1890.

③ *The New York Times*, November 11, 1885. 不过，骑士团的这一要求遭到市长的拒绝。

④ McLaurin, "The Racial Policies of the Knights of Labor and the Organization of Southern Black Workers", pp.582-583.

⑤ *The New York Times*, February 26, 1894.

一起争取改善生活的机会，也不愿放弃白人至上主义。

实际上，那些主张吸收黑人入会的骑士团领导人也没有真正克服种族偏见。他们所倡导的是黑白工人一起参加罢工以争取改善生活水准，而不是彻底铲除种族主义。包德利就清楚地说过，在生产的领域里，黑人和白人是平等的。① 但是，他认为，在社会关系上白人应该继续位于黑人之上。1886 年骑士团在里士满营造种族平等气氛的做法引起了白人会员的强烈不满。包德利立即向他们表示，他绝对不是要改变南方的种族秩序。他在自传里也坦承，骑士团的代表人物"无意干涉南方［不同］种族之间的社会关系。骑士团要努力解决的是工业的而不是种族的问题"②。尽管如此，对吸收非洲裔工人入会的不满最终还是导致许多南部白人退出了骑士团。一位白人会员对《纽约时报》的记者说："骑士团强行将有色人种安插在我们中间的做法迫使我离开了这个工会。当我妻子听说北部的白人来到南方并和黑人住在一起的时候，她说，'你必须离开骑士团。'所以我必须离开。"③

我们从以上的讨论中可以看出"工作竞争"在骑士团种族政策形成过程中所发挥的关键作用。骑士们最初吸收南部黑人入会，是为了避免工作竞争；不久，他们又背弃了自己的非洲裔工友，同样是由于惧怕黑人抢夺他们的工作机会。同时，对工作竞争的担忧又加强了白人会员固有的种族偏见：他们宁可放弃与黑人共同斗争以改善生活水准，也不愿放弃白人至上的社会地位。有鉴于此，仅仅根据骑士团曾经吸收南部黑人入会便断定他们包容黑人，无疑是对历史的误读。

---

① Powderly, *Thirty Years of Labor*, p.660.

② Ibid., p.662.

③ *The New York Times*, October 7, 1886. 与此同时，外部白人社会和雇主阶级也不能容忍黑白两个种族之间实现阶级团结，而是尽其所能，阻止黑人加入骑士团。见 *The New York Times*, June 27, 1887。但由于篇幅所限，我们不能就这个问题展开讨论了。

二

中国移民在美国遭受过严重的歧视，而且国会在 1882 年还专门通过了《排华法案》，这些都是大家熟知的历史事实。需要强调的是：劳动骑士团一向都是排华运动的急先锋。在旧金山，骑士团和雪茄工人工会主导了那里的排华运动。他们组织了大规模的集会和游行，并从纽约输入雪茄工人取代华工。同时，制靴和制鞋工人还在自己的产品上贴上"工会制造"的标签，以便消费者不去购买华工制造的商品。① 骑士团的领袖们从不掩饰他们曾经用恐怖手段去对付中国移民，还为自己在《排华法案》通过的过程中所发挥的重要作用感到自豪。② 19 世纪后期发生在西部各州攻击华工的事件都有骑士团成员参加，其中最令人发指的当属 1885 年发生在怀俄明州洛克温泉（Rock Springs）的屠杀中国移民惨案。这起惨案至少导致 28 名华人被杀，造成的财产损失高达 15 万美金。③ 1892 年《排华法案》行将届满时，包德利要求骑士团所有成员进行鼓动，以便延长该项法律。他警告说，"5 月 6 日之后，我们可能将面临几百万这种廉价和奴隶式的动物奔向我们的海岸"④。

迄今为止，研究亚裔美国史的学者几乎一律是从种族歧视的角度

---

① *The New York Times*, November 9, December 2, 1885; Almer C. Sandmeyer, *The Anti-Chinese Movement in California*, Urbana: University of Illinois Press, 1973, p.98.

② Foner, *History of the Labor Movement in the United States*, Vol.2, p.59.

③ Report of Frederick A. Bee, Chinese Consul in San Francisco, to Cheng Tsao Ju, Chinese Minister to the United States, September 30, 1885," attached to *the Message from the President of the United States relative to Chinese Treaty Stipulation*, Executive Document No.102, 49th Congress, 1st Session, March 2, 1886, p.12; *The New York Times*, September 4, 5, 6, 1885.

④ *The New York Times*, January 16, 1892.

去诠释排华运动。他们指出，当时的白人社会认为太平洋沿岸的文明不可能一半白种一半蒙古种地存在下去。要防止种族混合和维护白人的种族纯洁，就必须排斥来自中国的移民。① 学者们认为白种工人攻击华工具有种族主义动机，当然不无道理。然而，仔细探讨排华运动的前因后果便会发现，虽然广大骑士对有色人种一向抱有成见，但种族主义并非导致骑士团排斥中国移民的唯一原因，甚至往往不是最初始的原因。导致排华的一个极其重要的因素是工作竞争。在 19 世纪 70 和 80 年代，骑士团的白人会员普遍认为，中国移民作为廉价劳工压低了他们的工资，破坏了他们的罢工，因此必须加以排斥。关于骑士团为何主张排华，《团结劳工报》在 1880 年做过如下的解释：

华人的［工作］竞争给我们带来了灾难。这种竞争随时就在我们身边，并给白种的、信仰基督教的劳工阶级带来令人震惊的苦难和落魄。华工充斥了工业中的每一个角落。他们在这个州里［按：指加利福尼亚州］已达到 15 万人，几乎等于白种选民的人数。……他们首先是作为奴隶来到这里的。他们被"六大公司"②带到这里，这些公司为他们交付路费，因而只要还有一块美金尚未交还，他们就会被捆绑在比奴隶制还差的环境里。六大公司要他们做什么他们就不得不做什么。他们是那些公司的不折不扣的

---

① Daniels, *Asian America*, *the Chinese and Japanese in the United States since* 1850, p.63；另见 Takaki, *Strangers from a Different Shore*, pp.100-104。

② 所谓六大公司（Chinese Six Companies），最初是指来自珠江三角洲地区的移民所组成的以乡谊和共同方言为纽带的互助团体，亦称同乡会或会馆，在美国常常被称为中国六大公司。在广东农民向美国移民的过程中，六大公司曾经协助过他们，除了借给他们路费，也给刚刚到达美国的新移民提供临时住所，更为重要的是，它们常常将华工成批地介绍到铁路公司或工厂里去做工。不过，在这个过程中，它们也赚取了不少好处，并常常对移民实行控制。

奴隶。①

骑士团对华工的指控是否完全正确暂且不论，不过，时间本身就可以说明工作竞争在排华运动中所扮演的关键性角色。众所周知，中国移民在 19 世纪 50 年代初刚刚到达加州的时候曾经受到当地白人社会的欢迎。1852 年加利福尼亚的一家报纸评论说，最近有大批华人来到我们中间，"这些中国男孩子们将会和我们的同胞在同一个票站投票，在同一间学校学习，在同一个圣坛前行礼"。在 1850 年加利福尼亚加入联邦的庆祝仪式上，法官奈德尼尔·班尼特（Nathaniel Bennet）在谈到在场的中国移民和其他外国人时宣布："［虽然你们］出生和成长在不同的政府之下，讲不同的语言，［但］我们今天仍然像兄弟一样在这里相遇。你们在所有方面都会平等地站在我们中间。……因此，我们将是同一个国家，同一个希望，同一个命运。"约翰·麦克都格（John McDougal）州长在 1852 年向加州议会致辞时还表扬华工是"我们新接纳的公民中最高尚的一群人"②。

当然，上述的欢迎并不意味着西部的白人已经完全克服了种族偏见，平等地对待中国移民了。加州在 19 世纪 50 年代通过了多项歧视移民的立法，其中几项在很大程度上是针对华人的。不过，本文所关注的是大规模的、以白种工人为主力的排华运动，而这个运动实际上是 19 世纪 60 年代末才开始的。我们应该记住，在 19 世纪 60 年代，很多华工都从事修建铁路的工作。1869 年横跨北美的铁路落成之后，他们大都离开了铁路公司，进入加州的制造业中。在旧金山的制鞋、毛纺、烟草和制衣等 4 个关键制造业中，华工占了全部劳动力的 46%，另据 1872 年的一项统计，该城市的工厂工人中有近一半是中国移民。③

① *Journal of United Labor*, August 1880.

② 以上均引自 Takaki, *Strangers from a Different Shore*, pp.80-81。

③ Takaki, *Strangers from a Different Shore*, p.87.

到 1880 年，加州制鞋工业中 52% 的劳动力，雪茄烟制造业中 84% 的劳动力，以及毛纺业中 32% 的劳动力是华工。① 这种局面使白种工人感受到工作竞争的压力，应该不难理解。

亚裔美国史学家对于华工是廉价劳工的问题往往讳莫如深。他们担心，一旦承认中国移民经常接受低微工资并有过破坏罢工的记录，就等于为排华运动正了名。事实上，无论是修建铁路还是在工厂做工，中国移民的工资都比白种工人的收入要低。② 按照一位华裔史学家的估算，铁路公司付给白种工人的收入比华工要高出 64%—90%。③ 在旧金山制造妇女服装的行业里，华工的平均年收入是 364 美元，而制造男子服装的白种工人的年工资则是 597 美元。④ 既然华工经常接受低微工资，那么就比较容易被雇主用来破坏白种工人的罢工。例如，在 19 世纪 60 年代修建铁路的过程中，爱尔兰裔的泥瓦匠曾举行罢工，雇主随即雇用了华工取代爱尔兰人，数日后罢工就被粉碎了。⑤

美国东北部也不乏类似的情况。马萨诸塞州北亚当斯市（North Adams）的制鞋工厂在 19 世纪 60 年代开始引进机器，使先前的工匠逐渐演变为半技术或非技术性工人。为了阻止雇主进一步实行机械化和降低工资，那里的鞋匠组织了圣·克利斯宾骑士团（The Knights of St. Crispin），并且在 1870 年举行罢工。雇主卡尔文·桑普森（Calvin T. Sampson）随即从旧金山引进了 75 名中国移民取代罢工的白人，从而击败了这次罢工。按照桑普森的代表和华工供应者所签订的合同，雇主

---

① Ping Chiu, *Chinese Labor in California*, 1850–1880, *An Economic Study*, Madison: Wisconsin Historical Society, 1963, p.65.

② 1879 年，旧金山的一位雇主告诉《编年报》（*Chronicle*）的记者说，他付给白种工人的日工资是 1.5 美元，付给华工的是 1.25 美元。见 *The New York Times*, August 10, 1879。

③ Chiu, *Chinese Labor in California*, pp.46–47.

④ 见 Takaki, *Strangers from a Different Shore*, p.88。

⑤ Chiu, *Chinese Labor in California*, p.44.

每月付给每个华工 23 美元的工资（从第二年开始每月 26 美元）①，而当时白种工人的工资是每日 3 美元。② 差不多在同一时期，宾夕法尼亚比佛瀑布市（Beaver Falls）一家刀具制造厂也从外州整批引入 165 名华工取代正在罢工的欧裔工人。按照事先签署的合同，该公司每月支付给华工的工资是 18 美元，少数人是每日 1 美元。然而白种工人的日工资则高达 3 至 6 美元。③

大家都知道，排华运动的发源地是加利福尼亚。那里的欧裔工人当初是带着形形色色的意识形态从东海岸迁徙到加州的，其中包括共和主义、社会主义以及生产者伦理（producer ethic）。不过，无论那些白种工人执着于哪一种思想传统，他们都一致拥护生产者伦理。④ 生产者伦理强调每个劳动者都应该拥有平等的工作机会，任何人都不得垄断这种机会。然而来自贫穷地区的移民——包括华工——在到达美国的初期都比较容易接受低微工资，常常被雇主用来取代举行罢工的本土工人，使后者的罢工行动遭受失败，这自然会引起本土欧裔工人的强烈不满。他们认为，中国移民作为契约劳工（contract labor）或苦力⑤实际上垄断了工作机会。在加州，"华工是廉价劳工"的共识竟使

①　*The New York Times* 转载了这份合同，见 *The New York Times*，August 12, 1870。

②　Powderly，*Thirty Years of Labor*，p.413.

③　*The New York Times*，August 25，December 13，1872；February 12，1873；按照 1872 年 12 月 13 日的报道，每个华工的月工资是 25 美元，而欧裔工人的月收入则是 80 美元；另见 Edward J.M.Rhoads，"'White Labor' vs. 'Coolie Labor'：The 'Chinese Question' in Pennsylvania in the 1870s," *Journal of American Ethnic History*，Winter 2002，Vol.21，No.2，pp.4–5；Powderly，*Thirty Years of Labor*，p.414.

④　Saxton，*The Indispensable Enemy*，pp.37–45.

⑤　在 19 世纪的美国，"苦力"常常被用来泛指中国移民。在白种工人看来，苦力是近似奴隶的廉价劳工，威胁到他们的生计，所以必须排斥。有学者试图证明，大部分广东农民都是以信贷船票（credit ticket）的方式移民到美国的。他们先是向中国六大公司借钱购买船票，到达美国后，六大公司再从他们的工资里逐步扣除赊欠的旅

得原本分歧严重的欧裔工人团结了起来。每逢经济衰退和大批白种工人失业时，中国移民便成了众矢之的。1870年，旧金山的鞋匠、水管匠和木匠举行了大规模的针对华人的游行。他们举着的标语包括："不允许奴隶式的劳工污染我们的土地！"和"苦力制度使我们别无选择——不是饿死就是降低人格"①。骑士团在旧金山的代表 W.W.斯通（W.W.Stone）在1886年的一次会议上也指责中国移民是廉价劳工，和本土工人进行不公平的竞争。斯通说："为了降低本土工人的工资而输入这种性质的人是对文明的冒犯。劳动骑士团在总体上反对中国农奴所体现的束缚人的竞争制度。"②

前面已经指出，洛克温泉屠杀中国移民的惨案是令人发指的排华事件。不过，如果我们将这次悲剧百分之百地归结为种族主义的爆发，那恐怕又将失去一个了解历史事件复杂性的机会。按照清政府驻旧金山总领事在事后所做的调查报告，洛克温泉的白人矿工和华工在很长一段时间里都和睦相处，白种工人连针对华工的轻微抱怨都没有过。然而，在事发前夕，骑士们曾经动员华工参加工会并一起举行罢工，

费。可见，19世纪的中国移民都是自由或半自由的移民，而不是卖身的苦力。见 Sucheng Chan, *This Bittersweet Soil, The Chinese in California Agriculture*, 1860–1910, Berkeley and Los Angeles: University of California Press, 1986, pp.21-26. 不过，围绕着中国移民是不是苦力的辩论并没有抓住问题的要害。问题的关键是，早期华工通常受到事先签署的契约的限制，很难与欧裔工人一起参加罢工，就提高工资与雇主进行交涉，因而引起本土工人的怨恨。最近有学者指出，"苦力"一词的使用并不恰当，"契约劳工"一词才能够恰当地反映当时华工的状况。见 Rob Weir, "Blind in One Eye Only: Western and Eastern Knights of Labor View the Chinese Question," *Labor History*, Winter 2000, Vol.41, No.4 , p.422, footnote 9。

①　以上排华的口号均见 Almer C.Sandmeyer, *The Anti-Chinese Movement in California*, Urbana: University of Illinois Press, 1939, p.47。

②　W.W. Stone, "The Knights of Labor on the Chinese Labor Situation", San Francisco *Overland Monthly*, March 1886, Vol.7, No.39, p.227, p.230.

遭到拒绝后便开始攻击华工。① 由此看来，这起惨案的发生同工作竞争并非毫无关系。骑士们肯定是认为，既然中国移民拒绝参加罢工，他们就很可能被雇主用来取代罢工中的欧裔工人。在美国西部，由于中国移民人数较多，工作竞争本来就比较激烈，同时，西部艰苦的条件可能塑造了欧裔工人剽悍和暴烈的性格，再加上那里长期缺乏法治，使得他们对少数族裔的包容变得十分脆弱。所以，当华工拒绝参加罢工时，骑士们不是去谴责资本家，反而迁怒于自己的阶级弟兄，并大开杀戒，从而犯下了不可饶恕的罪行。

当然，除了种族歧视和工作竞争，还有其他因素导致加州白种工人排斥华工。例如，中国移民具有很强的"寄居者"心态，他们移民到美国是为了挣钱，然后"衣锦还乡"和家人团聚。为实现这个目标，他们拼命地工作，但生活却极其俭朴，这和欧裔工人的享乐主义生活方式形成鲜明对比，引起了后者的不满。他们谴责华工不愿在美国落地生根，而是将财富带回中国。文化和宗教方面的差别以及华人社区诸如嫖赌之类的陋习，也使欧裔工人将中国移民看作异类。更为重要的是，每逢经济衰退和失业率猛增的时候，政客们为了捞取选票便将矛头指向华工，对白种工人的排华情绪起了推波助澜的作用。

虽然华工破坏过罢工已经是无可否认的事实，但亚裔美国史学家却没有必要因此而感到尴尬。如果他们放宽视野，多了解一些主流美国史和美国移民史，那么便可以看到，骑士团反对契约劳工并非仅仅是针对中国移民，而是针对所有接受低工资的人。比佛瀑布市的《激进主义报》（*Radical*）曾鼓动那里的刀具工人排华，但是它指出："我们反对输入中国移民，并非因为他们是华人，而是因为他们被成群地带到这里，在长期契约的束缚下，必须以低微的工资去做工，而且享

---

① 见 Report of Frederick A.Bee, Chinese Consul in San Francisco, to Cheng Tsao Ju, Chinese Minister to the United States", p.12。

受不到什么权利，他们的状况简直就像奴隶一样。"① 其实，很多白种工人也都有过破坏罢工的记录。1884 年，新奥尔良的非洲裔运煤工人举行了罢工，要求 4 美元的日工资，但雇主却找到了愿意接受 3 美元日工资的白人取代那些非洲裔工人。② 包德利本人对于匈牙利移民接受低工资和破坏本土工人的罢工尤其反感，曾表示坚决反对匈牙利人到宾州的煤矿工作。③ 1884 年，骑士团在匹茨堡召开年会时，与会者一致决定在工会宪章里加上 "反对输入外国契约劳工" 的词句。④ 由于这时中国移民早已经被排华法拒绝入境，骑士团的这一决议显然是针对欧洲移民的。事实上，要为破坏罢工负责的，说到底，是资本主义制度。雇主阶级为了追求利润，必然会极力节省开支，其上策就是雇用廉价劳工以压低本土白种工人的薪酬。所以，雇用华工破坏本土工人的罢工并非孤立的事件，而是资本主义制度的特质。可惜西部的骑士未能看清有色工人破坏罢工背后深层的原因。

　　本文虽然强调工作竞争在排华运动中所发挥的关键作用，但目的并不是要淡化种族主义的危害性。值得注意的是，在排华运动中，本土工人的种族偏见和他们对工作竞争的忧虑始终是交织在一起的。骑士团的大部分会员本来就没有克服种族偏见，而工作竞争又使他们更加仇视少数族裔工人。研究排华运动的权威学者艾尔莫·山德迈尔（Elmer C.Sandmeyer）在 75 年前所做的一段评论至今仍然对我们有启发意义。山德迈尔指出，"排华运动的领导人声称，他们在这个运动中看到了亚洲和美国的思想与文化之间的一场大搏斗，这毫不足怪。我们可以把它叫作种族偏见，然而种族偏见并不是一种本能，它在总体上有一个经济和社会的基础，一种对付出较多努力却享受较低生活水

---

① *Radical*, cited in Rhoads, " 'White Labor' vs. 'Coolie Labor' ", p.23.

② *The New York Times*, February 5, 1884.

③ Foner, *History of the Labor Movement in the United States*, Vol.2, p.59, footnote.

④ Powderly, *Thirty Years of Labor*, pp.445-446.

准的担忧"①。前面引述的《团结劳工报》的话——"华工的竞争给白种的、信仰基督教的劳工阶级带来令人震惊的苦难和落魄"——不就是种族偏见和对工作竞争的忧虑交织在一起吗？

密西西比州华人的经历从另一个角度说明了种族偏见不是一种本能。在这个深南部的州里，白人都不去开设零售商店，因为他们不愿为黑人提供服务，而黑人又没有足够的资本去经营零售业，于是中国移民便填补了这个真空，开设了很多小零售店。尽管美国南部各州是种族主义的温床，但密西西比却从未发生过排华运动，原因是那里不存在工作竞争。② 劳联领袖龚伯斯坚决反对犹太移民的事例可以进一步帮助我们理解工作竞争的重要性。龚伯斯本人是一位犹太移民出身的雪茄烟工匠，如果种族是决定主流工会对待移民态度的唯一因素的话，那么龚伯斯照理应该十分欢迎犹太移民，但事实却并非如此。在 19 世纪末，当大批来自俄罗斯的犹太移民要进入雪茄烟制造业的时候，龚伯斯和其他早期犹太移民对此表现出极大的恐惧和愤怒。他在劳联1891 年的年会上呼吁"解除这个迫在眉睫的邪恶"③。显然，对工作竞争的忧虑胜过了维护种族团结的愿望。

三

前面曾经指出，骑士团对待少数族裔的态度随着地区的不同而不同。虽然骑士团在美国南部曾经大力吸收黑人入会，但为了不改变当地的种族秩序，加入工会的黑人绝大部分都被编入由非洲裔工人组成

---

① Sandmeyer, *The Anti-Chinese Movement in California*, p.38.

② James W.Loewen, *The Mississippi Chinese*, *Between black and white*, Cambridge, MA: Harvard University Press, 1971.

③ John Higham, *Strangers in the Land*, *Patterns of American Nativism*, *1865-1925*, p.71.

的、和白人会员隔离的分会，种族混合的分会非常罕见。① 在极少数黑白混合的分会里，非洲裔工人根本没有机会成为工会干部，甚至被禁止在会议上发言。② 但是在东北部，黑人会员却受到骑士团分会诚挚的欢迎。不但很多黑人都加入了黑白混合的分会，而且有些非洲裔工人还担当了领导的角色，第49分会的费罗就是突出的一例。③ 骑士团1886年的会议上之所以营造出种族平等的气氛，也和第49分会的努力有直接的关系。作为骑士团里最强大的地区分会，④ 第49分会实际上主导了这次会议的日程，并极力要将种族平等的原则付诸实践。⑤ 纽约《自由人报》（*Freemen*）在1886年甚至乐观地评论说："［北部］白种工人［对黑人］的偏见正在稳步地软化。有鉴于此，如果我们在当前复杂的情况下奉行恰当的政策，那么几年之后，我们在［吸收黑人入会］这方面就不会再有什么可抱怨的了。"⑥ 下面我们还将看到，东北部的骑士也能够真诚和平等地对待华工。由于这一点常常被亚裔美国史学家忽视，所以有必要做一个比较详细的讨论。

东北部的很多骑士之所以能够平等对待有色工人，同那里的经济形势和政治文化有直接的关系。在19世纪80年代，美国东北部的黑

---

① 在某种意义上，黑人自己也愿意组成种族隔离的分会，因为在全黑的分会里，黑人可以当家做主。更为重要的是，建立全黑的分会能使黑人在地区分会和全国总会中都会有自己的代表。见 McLaurin, "The Racial Policies of the Knights of Labor and the Organization of Southern Black Workers", p.573。

② McLaurin, "The Racial Policies of the Knights of Labor and the Organization of Southern Black Workers", p.582.

③ *The New York Times*, November 20, 1898.

④ 在19世纪90年代初，第49分会在纽约市、长岛和泽西市的会员人数达到了70000人，几乎是骑士团里最大的地区分会。见 *The New York Times*, July 25, 1893。

⑤ *The New York Times*, December 19, 1886.

⑥ New York, *Freeman*, May 1, 1886, cited in Kann, "The Knights of Labor and the Southern Black Worker", p.52.

人和华人人口极少①，有色人种和白种工人之间的工作竞争不算激烈。
此外，东北部曾有过废奴主义传统，并出现过像查里斯·萨姆纳
（Charles Sumner）这样的共和党激进派政治家。萨姆纳不但是坚定的
废奴主义者，而且还主张赋予黑人和华人选举权。不过，东北部的许
多骑士克服了种族偏见，最主要的还是因为他们不同程度地接受了阶
级团结的观念。

中国移民在美国西部和东北部都有过破坏罢工的记录，但这两个
地区的骑士对待华工的态度却迥然不同。虽然很多西部的骑士是迫害
华工的罪魁祸首，但他们东北部的伙伴却没有积极参与排华。这个重
要现象长期以来被亚裔美国史学家有意无意地忽视了。华工被引进北
亚当斯和比佛瀑布取代罢工工人后，当地的白种工人也表现出强烈不
满，反对"廉价劳工"和"契约劳工"的口号不绝于耳，从而把排华
问题提上了美国东北部劳工运动的日程。不过，在北亚当斯，白种工
人并没有直接攻击华工，更没有使用暴力。克利斯宾的领导人萨缪
尔·卡明斯（Samuel Cummings）的一番话很值得我们深思。卡明斯公
开赞扬华工是比鞋厂雇主桑普森"还要高尚的绅士"。他指出，这些东
方人也同样受到委屈，因为他们是被迫接受低工资的。克利斯宾甚至
试图把华裔工人吸收到他们的工会里，但组织华工的企图很快就失败
了②，面对这种状况，克利斯宾的排华情绪才变得激烈起来。然而即使
是这样，鞋匠们主要还是谴责"契约劳工"这种形式，而不是攻击中
国移民本身。卡明斯说："任何人，不论他们属于什么种族和肤色，只

---

① 在 1880 年，美国东北部的黑人人口大约只有 22 万，而南部黑人的总数则将
近 600 万。1890 年时，美国华人的总人口是 107475 人，而东北部只有 6177 个华人。
见 *Historical Census Statistics on Population Totals by Race*, 1790-1900, *and by Hispanic Or-
igin*, 1970 – 1990, *for the United States*, *Regions*, *Divisions*, *and States*, eds. Campbell
Gibson and Kay Jung, Population Division, U.S. Census Bureau, Washington, 2002.

② *New York Herald*, June 26, 1870. 由于史料所限，我们现在无法准确地知道
圣·克利斯宾为何未能成功地把中国移民工人组织起来。

要他们和我们平等地工作和接受平等的工资，我们克里斯宾就衷心地欢迎他们。"①

卡明斯的讲话——只要华工和白种工人平等地工作和接受平等的工资，克利斯宾就会欢迎他们——为工匠的生产者伦理提供了一个绝妙的脚注。很明显，克利斯宾并不介意中国移民属于哪一个种族，而是十分介意华工是否接受了低微工资。在同一年，大批克利斯宾曾举行集会，强烈抗议监狱中使用犯人从事生产，反对这种廉价劳工同自由劳工竞争。据《纽约时报》的报道，这次集会的规模相当宏大，几乎所有的行业工会都有代表参加。② 这说明克利斯宾反对廉价劳工的立场是一贯的和不分种族的。不久，绝大部分克利斯宾都加入了劳动骑士团，成为该工会的主力，他们的思想很可能影响了日后东北部骑士团的种族政策。③ 同样的，比佛瀑布刀具厂的雇主引进 165 名华工破坏罢工后，那里的白种工人总体上也没有诉诸排华行动。那些尚未被解雇的欧裔工人和中国移民相当友好地一起工作。④

东北部的欧裔工人大都没有参与排华，原因之一是他们具有较强的阶级意识。克利斯宾领导人卡明斯在谴责"被输入的劳工"时明确指出，桑普森输入华工"不仅仅是为了打击北亚当斯的劳工，而是要试一试，使用华工［破坏罢工］是否行得通。而如果行得通的话，那也是对全国劳工阶级的打击"⑤。比佛瀑布的刀具工人之所以能够和破坏他们罢工的华工友好相处，是因为他们意识到，他们的烦恼和贫困的最终源头并不在华工伙伴那里，而是在于他们的雇主。⑥ 研究东西部

---

① *New York Herald*, June 26, 1870.

② *The New York Times*, March 29, 1870.

③ Norman Ware, *The Labor Movement in the United States*, 1860-1895, *A Study in Democracy*, Glocestor: Peter Smith Press, 1959, p.18.

④ Rhoads, " 'White Labor' vs. 'Coolie Labor' ", p.26.

⑤ *New York Herald*, June 26, 1870.

⑥ Rhoads, " 'White Labor' vs. 'Coolie Labor' ", p.26.

骑士之间区别的罗伯·威尔（Rob Weir）发现，对于东部那些亲华工的骑士来说，资本，而不是种族，才是他们的敌人。① 然而，在克服种族偏见、坚持阶级团结以及平等对待少数族裔方面表现最真诚的莫过于骑士团的第49分会了。

　　第49分会坚持阶级团结的立场可谓一以贯之。1878年，当加州排华运动的干将——丹尼斯·柯尔尼（Dannis Kearney）——来到纽约鼓动东部的劳工参与排华时，受到第49分会领导的冷遇。② 不但如此，这家分会还组织了两个由华工组成的地方分会，一个叫作维克多·雨果劳工俱乐部，另一个叫作帕特里克·亨利劳工俱乐部，这两个分会的成员主要是雪茄烟工人和洗衣工人。③ 更加难能可贵的是，第49分会在一片排华声浪中竟然公开要求国会取消排华法，原因是华工对美国经济做出了贡献。④ 第49分会之所以能够如此彻底地贯彻种族平等的原则，是因为在19世纪的最后20年，它的领导权掌握在一群坚定的社会主义者手中，包括著名的丹尼尔·德利昂（Daniel DeLeon）、查里斯·萨泽伦（Charles Southeran）、朱斯图斯·施沃博（Justus Schwab）和杰姆斯·奎因（James Quinn）等人。⑤ 尽管这些领导人内部存在派系之争，但作为社会主义者，他们对阶级团结的认识是一致的，所以坚决地将华工吸收进骑士团。北亚当斯的克利斯宾和纽约的第49分会对待华工的态度清楚地说明，认为骑士团全体都排斥华工的观点也是不准确的。

---

① Weir, "Blind in One Eye Only", p.431.

② Weir, "Blind in One Eye Only," pp.422-423.

③ *The New York Times*, May 10, 1887, March 10, 1895.

④ *The New York Times*, May 28, 1893.

⑤ *The New York Times*, July 29, 1894.

四

当我们看清对工作竞争的担忧如何驱使骑士团背弃南部黑人和攻击西部华人，以及"阶级团结思想"又如何促使东部骑士平等对待少数族裔之后，认为这个工会对有色工人的政策因种族而异的观点便不攻自破了。传统史学之所以得出骑士团包容黑人却排斥华工的错误结论，是因为学者们往往只从种族歧视这一个角度去检讨骑士团的种族政策。在他们看来，骑士团吸收南部非洲裔工人入会，说明它的会员都已经克服了种族偏见，能够包容黑人了；而西部的骑士团攻击华工，则意味着全国所有的骑士都是种族主义者。这种论断显然不符合历史事实。

不言而喻，要深入理解骑士团的种族政策为什么随着地区的不同而呈现出很大差异，还必须考虑进"工作竞争"和"阶级团结"这两个因素，特别是它们和种族偏见之间的互动。南部的骑士本来就没有克服种族主义思想，同时，由于黑人人数众多，工作竞争比较激烈，这种形势又加深了白人会员的种族偏见。西部的一些白种工人本来也具有社会主义思想，按道理应该团结华工去和资本家做斗争。但工作竞争的激烈很可能加深了他们的种族偏见，也使他们的社会主义原则变得狭隘起来。他们不但没有将华工看作是阶级兄弟，反而看作是破坏生产者伦理的异类。然而在东北部，由于社会主义者的力量比较强大，白种骑士有较强的阶级意识，虽然中国移民破坏了他们的罢工，但他们仍然主张去团结那些华工，而不是去排斥他们。这说明骑士们一旦接受了阶级团结的思想，是可以克服种族偏见的。

总而言之，对于南部和西部那些尚未克服种族偏见的骑士来说，任何同他们竞争工作的人——无论是非洲裔还是亚洲裔——都是他们的敌人。而在东北部的骑士看来，他们真正的敌人是资本家，少数族裔的工人——无论他们的肤色是黑还是黄——都是他们的阶级弟兄，都应该团结。从这个角度来看，西部、南部骑士和东北部的骑士所奉行的种族政策实际上都是单一标准，虽然这两种政策的内涵截然不同。

（原载《世界历史》2015 年第 4 期）

19世纪美国戒酒运动中的社会矛盾

　　美国工人的饮酒习惯和由此而引发的戒酒运动是19世纪美国社会中的两个重大问题，很值得学术界的关注。美国本土工人本来就有饮酒的传统，而来自爱尔兰等国的移民又加强了这个传统。然而，19世纪20年代美国工业革命开始后，雇主迫于来自市场的压力，需要提高生产效率，于是，他们开始禁止工人在工作时间饮酒，甚至反对他们在业余时间享用酒精饮料。而许多工人则极力抵制雇主阶级发动的戒酒运动。与此同时，新教教会也大力赞助戒酒运动。不过，大多数信仰天主教和其他非新教的工人对此却反应冷淡，甚至抵制戒酒。中产阶级妇女鉴于醉汉殴打妻子和破坏家庭和睦，也积极投入了戒酒运动。很明显，美国的戒酒运动中包含了阶级冲突、宗教隔阂与性别对立。关于19世纪的戒酒运动，美国学者已经有过相当数量的论述（虽然比起讨论政治史和外交史的著作，数量仍然非常稀少），为我们做进一步的研究开辟了道路。然而他们当中很少有人探讨戒酒运动中各种矛盾之间的关系。国内也有少数学者关注过美国19世纪的戒酒运动，但他们主要是讨论戒酒运动中某一个特定因素所发挥的作用，分析戒酒运动中各种社会矛盾的著作则非常罕见。本文将就戒酒运动中几个最基本的社会矛盾展开讨论，并论述这些矛盾之间错综复杂的关系，以及它们对美国工人阶级形成的影响。①

一

　　美国工人的饮酒习惯早在合众国成立之前就已经普遍存在了，进入19世纪，饮酒仍然是他们日常生活中不可或缺的一部分。据一位波士顿医生回忆，当时，不同阶级的男人都在饮用酒精饮料、黑啤酒和白兰地中度过他们的早晨。他们边吃面包和芝士边谈论当天的热门话题。他写道："在这种气氛下的闲聊不可能是短暂的，上午的大部分时光就在这种消遣当中浪费掉了。"而人们之所以这样做，是因为"在那个时期，对于大部分人来说，时间并不是非常宝贵的"②。这位医生所描述的是工业革命以前美国工人（和其他一些男子）的生活方式。在18世纪和19世纪初期，工厂制尚未建立起来，在手工作坊里，无论是帮工还是学徒都是边饮酒边工作。在马萨诸塞州的制鞋业中心林镇（Lynn，Massachusetts），鞋匠和其他市民都有大量饮酒的习惯。烈酒商店充斥了这个小镇的每一个角落，而学徒将零钱放到柜台上换取他当晚准备饮用的酒水，则是一幅司空见惯的画面。倘若雇主每天不给工人提供半品脱酒水作为他们日工资的一部分，工人们就不会干活儿。在林镇的制鞋作坊里，鞣皮匠每天都会饮一品脱甚至两品脱的酒。每天上午11点和下午4点，那里的小学徒们都会拿着两品脱容量的瓶子到附近的商店去打酒。此外，林镇还有一个风俗，做最好鞋子的工匠

---

　　① 本文不准备讨论黑人的饮酒问题，以及白人社会针对黑人的禁酒措施。因为黑人饮酒以及针对他们的禁酒措施涉及种族问题，和白种工人内部的族群矛盾有本质的不同，需要另行撰文进行讨论。

　　② Paul Faler，"Cultural Aspects of the Industrial Revolution：Lynn，Massachusetts，Shoemakers and Industrial Morality，1826-1860"，*Labor History*，Summer 1974，Vol.15，No.3，p.376.

都会请他的工友们饮酒，那些做最差鞋子的工匠也是如此。①

　　同样的情况也发生在其他城市。19 世纪 20 年代建造乌斯特（Worcester, Massachusetts）市政厅时的账簿显示，当时支出的款项里包括劳务费和给工人购买烈酒的款项。同样在乌斯特，负责修建运河和铁路的承包商定期给爱尔兰裔工人发放威士忌酒，作为他们日工资的一部分。在纽约州的罗切斯特市（Rochester），普遍存在的饮酒现象也和不规则的、纪律性不强的工作秩序密不可分，同时也是工人之间易于交往的文化现象。② 就工人的饮酒习惯来说，另一个工业重镇费城也不例外。在 19 世纪 30 年代，费城的工人在家中和工作场所都普遍饮酒。一位牧师发现，工人们尤其喜欢在下午的"宴飨"时段（treating time）喝上一杯，而帮工们则轮流从一个大瓶子里斟酒喝。另一位帮工出身的教士也回忆说，那里的学徒们开始学习技术的同时也学会了饮酒。帮工们带着酒瓶来到工作地点后，就指令学徒到附近的商店去给他们打酒。这种局面也使得年轻的工人很快就成为坚定的酒鬼。③

　　19 世纪 20 和 30 年代，美国工业革命正式开始，然而，新经济秩序的到来却没有立刻导致工人阶级饮酒习惯的衰落。1877 年，纽约的一位制造商抱怨说，"和雪茄烟工人打交道的难处在于：他们早晨来到厂房，卷了几只雪茄之后便去了啤酒馆，在那里玩纸牌或做其他游戏。每天大约只工作两三个小时。"④ 另外一个观察者发现，"当编织工和丝袜制造工的收入较高的时候，他们就很少在星期一和星期二去上班，

---

　　① Faler, "Cultural Aspects of the Industrial Revolution", p.379.

　　② Roy Rosenzweig, *Eight Hours for What We Will: Workers and Leisure in an Industrial City*, 1870-1920, New York: Cambridge University Press, 1983, p.36.

　　③ Bruce Laurie, " 'Nothing on Compulsion': Life Styles of Philadelphia's Artisans, 1820-1850", *Labor History*, Summer 1974, Vol.15, No.3, pp.344-345.

　　④ Herbert Gutman, *Work, Culture, and Society in Industrializing America*, *Essays in American Working-Class and Social History*, New York: Vintage Books, 1977, pp.36-37.

而是将大部分时间花在啤酒馆和玩九柱戏（nine-pins）的游乐场里。……那些纺织工人则普遍是星期一喝醉，星期二头疼［不能上班］，星期三发现工具放错了地方。至于那些鞋匠，他们宁愿被吊死也不愿忘记星期一的圣克利斯宾（Saint Crispin）日"①。在19世纪，星期六本是工作日，但那些有技术的制桶匠在这一天却整日闲逛，令雇主失去宝贵的一日。②

不过，随着工厂制的普遍建立，情况开始发生变化。一方面，为了提高生产效率，雇主开始反对工人在工作时间饮酒。然而，另一方面，逐渐缩短的工时和逐步增加的工资又使得工人有了更多的业余时间去享受生活，其结果是饮酒的热情有增无减。最初，工人们是到小客栈（taverns）里去饮酒和消磨时光。后来，许多家庭，特别是爱尔兰裔家庭，都开设了厨房酒吧（shebeens），③供工人们享用。但由于政府的打击，很多人失去了营业执照，于是正式的酒馆（saloons）——工人阶级的酒馆——便应运而生了，从而标志着美国工人饮酒文化进入了一个新阶段。罗依·罗森兹维格（Roy Rosenzweig）指出，"酒馆的兴起同样是工人阶级的从属地位所导致的：他们在工作场所缺乏自由，他们非常有限的、能够自由支配的时间和收入，以及他们那低劣的居住条件。"④ 根据美国商务部在1915年所做的一项调查，在纽约市，平均每515个人就能够有一个酒馆；在休斯敦，酒馆和人口的比例是1

---

① John Houghton, "Collection of Letters," cited in Edgar S. Furniss, *The Position of the Laborer in a System of Nationalism*, *A Study in the Labor Theories of the Later English Mercantilists*, Boston and New York: Houghton Mifflin Company, 1920, p.121. 圣克利斯宾是基督教传统中的一位圣者，是传说中鞋匠的保护神。每年10月25日是纪念克利斯宾殉道的日子，也是鞋匠们尽情欢乐的宴飨日。

② Gutman, *Work, Culture, and Society in Industrializing America*, p.37.

③ 厨房酒吧是一种由私人家庭开设的、没有营业执照的小酒吧，通常是设在家庭的厨房里。这种厨房酒吧在乌斯特的爱尔兰裔家庭中颇为普遍。

④ Rosenzweig, *Eight Hours for What We Will*, p.49.

比 298，而在旧金山这个比例则是 1 比 218。① 在 19 世纪末，单单芝加哥第 17 区——也是工人比较集中的地区——就有 163 个酒馆。②

　　吸引工人到酒馆去的当然首先是酒精饮料，因为饮用酒水之后会使人有一种飘飘欲仙的感觉。不过，工人阶级酒馆的作用远不止于饮酒。首先，经过酒精对神经的刺激，大家都会放弃禁忌，变得口无遮拦，使人与人之间更容易接近。既然彼此之间无话不谈，饮酒的工人很快就能够打成一片，因此，酒馆就成为工人阶级的社交场所。③ 在酒馆里，工人们远离了枯燥无味的工作环境，也远离了住宅里那肮脏和狭小的空间，在宽敞和舒适的环境里度过属于自己的休闲时间。《纽约时报》的一篇社评指出："那些鼓动全面禁酒的人当中比较有理性的成员已经发现，一个既有惬意的工作又有舒适家居的人很容易得到的东西，对于一个工人来说都很难得到，也是他不敢觊觎的。他每天的时间分成两部分，一部分是在［工厂里］做单调无味的工作，另一部分则是在毫无乐趣的住宅里度过。这样的人在烈酒馆里倒是能找到他的人生允许他接触到的仅有的乐趣、仅有的社交机会和仅有的安慰。"④ 在酒馆里，不再有老板和工头的监督，也不再有家庭的约束，他们可以讲故事、讲笑话、谈时事。在这个基本上只有男人的世界里，他们还可以随便讲粗口，咒骂工头和老板，以及不诚实的警察和政客，在欢乐和开怀大笑中把在工作场所里积压的怒气和怨气发泄出来。有学者在 19 世纪末调查了芝加哥的酒馆后曾这样描述当时的场面：

---

① 　U.S. Department of Commerce, Bureau of Census, *General Statistics of Cities*：1915，p.37，cited in Jon M.Kingsdale，"The 'Poor Man's Club'：Social Functions of the Urban Working-Class Saloon"，*American Quarterly*，Fall 1973，p.473.

② 　Royal L.Melendy，"The Saloon in Chicago"，*The American Journal of Sociology*，Vol.6，No.3，November 1900，pp.292-293.

③ 　Kingsdale，"The 'Poor Man's Club'"，pp.473-474.

④ 　*The New York Times*，December 26，1886.

它给了那些辛勤劳作的男女一个［暂时］逃离他们憋气的住宅的机会，来到一个干净和光线充足的房间，也使他们暂时不去理会自己贫穷的处境，在那里他们可以和自己的家人享受一个晚上的快乐。当他们听到笑话便开怀大笑时，［可以］看到他们脸上那僵化和疲倦的表情逐渐地放松并熔化为单纯的快乐表情。这可能会立即引起观察者的幽默感。然而一想到这种小小的欢乐，虽然低廉和俗气，似乎也满足了他们对娱乐的渴望，一种悲凉的感觉很快就会给观察者留下深刻的印象。①

酒馆虽然是商业性机构，却具有鲜明的阶级属性。正如罗森兹维格所指出的，"饮酒当然并不限于工人阶级，但酒馆则是［专属］工人阶级的"②。大家都知道，上层社会和中产人士住在宽敞的公馆里，他们的娱乐活动可以在自己的客厅里进行。但工人则别无去处，于是酒馆就成了他们唯一的娱乐中心。事实上，光顾酒馆的主要是非技术性工人。罗森兹维格还告诉我们，工人酒馆的文化反映出一种阶级性的冲突。因为当时占主导地位的文化强调以家庭为中心的娱乐活动，而工人的娱乐活动则脱离了家庭，在基本上专属男性的酒馆里进行。酒馆既然是工人阶级的俱乐部，那么工人阶级也决定性地塑造了酒馆的礼仪和文化。他们向酒馆里注入了一系列的、和占统治地位的资本主义文化相对立的价值观。酒客们在那里歌唱工人的高尚品质，歌唱工人阶级事业的正义性。他们的抒情歌曲——《一个男孩儿最好的朋友是他的妈妈》、《永远听妈妈的话》以及《一朵来自我的天使妈妈坟墓的鲜花》等等——表达的都是工人阶级的思想感情。③

在工厂里，工人和企业主之间有着明显的等级差别。但是酒馆里

---

① Melendy, "The Saloon in Chicago", p.298.

② Rosenzweig, *Eight Hours for What We Will*, p.51.

③ Kingsdale, "The 'Poor Man's Club'", p.480.

却充满了"酒杯面前人人平等"的气氛。这种平等和团结的准则以及相互请客的习俗不啻是对个人主义和利欲熏心文化的挑战。虽然一些酒馆常常会排斥不同族群和不同职业的人，但它的内部则是绝对平等和民主的。调查芝加哥酒馆的学者曾经报告说：

在酒馆里没有条条框框的约束和限制，它在精神上远远胜过有组织的俱乐部。一种在总体上是自由的气氛、一种大家所向往的民主精神，在这里实现了；酒客们［到这里来就是为了］寻求这些东西，而酒馆也极力地培植它们。酒馆的这种努力从它们招牌的炫示中也可以看出来："自由酒馆"（The Freedom）、"社交酒馆"（The Social）、"俱乐部"（The Club），等等。工人们在这里都相互推心置腹。这种交往加速了［他们］思想、感情［的互动］和行动。①

在工业化的资本主义社会里，人与人之间的关系已经转化为"商品交易"的关系。但是工人阶级时常在酒馆里相互请客，这种礼仪明显是对"商品交易"关系的抵制。杰克·伦敦曾经解释过，他是如何理解工人互相请客背后非经济性的相互关系的。他说："我终于产生了一个概念。［在工人互相请客的背后］金钱不再重要。重要的是他们之间的同志之谊。"互相请客是基于民族/族群内部的互助文化，它是不可以被归纳为市场上的交易行为的。总之，工人阶级酒馆是对主流社会所强调的个人主义的、重视隐私的、以家庭为中心的价值观的抵制，也显示出工人阶级不认同新经济制度下的工作伦理。②

美国工人的饮酒习惯是前工业社会文明的一部分。在工业革命前的手工作坊里，工匠们享有极大限度的自由。他们对产品的产量、作

① Melendy, "The Saloon in Chicago", pp.293-294.
② Rosenzweig, *Eight Hours for What We Will*, pp.60-61.

息时间、工作节奏以及学徒的招收和训练都有绝对的控制权。每逢节日、婚礼、葬礼和恶劣天气时，他们都会给自己放假。此外，在师傅、帮工和学徒之间还存在一种近似家庭的关系。他们都穿着围裙，坐在同一条板凳上工作，手上都磨出了厚厚的茧。大家在工作期间饮酒、谈天和讲故事都是完全合乎自然的事情。吉斯·汤玛斯（Keith Thomas）曾这样描述英国前工业社会的文化："在这里，工作与休闲之间的界限是不容易划清的。在这种场合下，大家的生活都遵循着一个既定的模式，也就是：工作与休闲不可解脱地纠缠在一起。"① 来自欧洲的工人就是带着上述的工作伦理进入北美工厂的。1832 年，一位来自英国的游客听到一个美国人抱怨说，帕特森市（Patterson, New Jersey）棉纺厂和机器制造厂里的英裔工人饮酒过度，这是他所见到的最接近牲畜的一群人。同样的，在宾夕法尼亚的一家炼铁厂里，工人旷工更是家常便饭。他们在工作日里或者出去打猎，或者去收割庄稼，或者参加婚礼，而且经常一连几天聚会嬉戏。②

从 19 世纪 80 年代开始，来自东欧和南欧的移民成为工人阶级的主力。然而，这些新移民对前工业社会文化的执着比早期的移民有过之而无不及。在宾夕法尼亚州的矿井和工厂里，波兰裔工人每逢举行婚礼往往一连 3 至 5 日不去上班。希腊教会每年有 80 多个庆典，对于希腊移民工人来说，这都是他们理所当然的休息日。斯拉夫移民纪念每一个圣徒（saint）的日子自然也是工人们的节日。在五大湖区，码

---

① Keith Thomas, "Work and Leisure in Pre-Industrial Society," *Past and Present*, 1964, No.29, Issue 1, p.51.关于英国工人的饮酒传统，见 Brian Harrison, "Religion and Recreation in Nineteenth-Century England," *Past and Present*, 1967, No.38, p.112; 向荣：《啤酒馆问题与近代早期英国文化和价值观的冲突》，《世界历史》2005 年第 5 期。Douglas A.Reid, "The Decline of Saint Monday, 1766-1876", *Past and Present*, 1976, No.71, pp.78-79.

② Gutman, *Work, Culture, and Society in Industrializing America*, p.5, p.20.

头工人普遍表示，如果他们不饮够 4 至 5 桶啤酒，就不可能给船只卸货。① 关于美国工人阶级坚持前工业社会文化，季尔·多德（Jill Siegel Dodd）指出："在反对烈酒商店的过程中，主张戒酒的改革者不单单是抗议饮酒，同时也是抗议一种根源于 18 世纪美国社会的生活方式。……更加令人警觉的是，饮酒常常会导致［工人们］与正统思想相左，导致社会骚乱和共和制度的衰落。"②

　　不难想象，随着工厂制的普遍建立，美国工人的饮酒文化和不规则的工作习惯引起了上层阶级——特别是雇主阶级——的强烈不满。他们为了提高工人的生产效率，开始提倡勤劳、节俭、自律和清醒等"新"道德，并竭力要改变工人的饮酒习惯。而工人则极力抗拒雇主和上层人士禁酒的努力，继续我行我素。这就使得 19 世纪的戒酒和反戒酒这两种努力之间具有明显的阶级对抗性质。

二

　　由于工人的饮酒习惯和其他娱乐活动会降低生产效率，而来自市场的压力又令制造商不能置生产力低下于不顾，所以，对于工人饮酒习惯有切肤之痛的首先是工厂主。美国的戒酒运动肇始于 19 世纪 20 年代并非偶然，因为合众国的工业革命正是在那个年代开始的。林镇在 1826 年成立的"促进勤劳、节俭和戒酒协会"就是一个很好的实例。这个协会的创建者和干事都是该镇的名流，特别是制鞋工厂主和皮革商人，也包括一小部分教士和律师，而协会的大部分干事都是制鞋老板。③ 新罕布什尔州一家主要雇用妇女和儿童的棉纺厂明确规定，

① Gutman, *Work, Culture, and Society in Industrializing America*, pp.24-25.

② Jill Siegel Dodd, "The Working Classes and the Temperance Movement in Ante-Bellum Boston", *Labor History*, Fall 1978, Vol.19, Issue 4, p.515.

③ Faler, "Cultural Aspects of the Industrial Revolution", pp.368-369.

"在生产车间、院落和工厂里禁止饮酒、吸烟和任何一种娱乐活动"。而且一旦发现雇员有赌博、饮酒或其他道德败坏的行为，便会立即使这些人毫无颜面地失去工作。康涅狄格州一家纺织厂的雇主为每周6天和每天12小时的工作制辩解时指出，他这样做是为了让妇女和儿童远离不道德的娱乐活动。同时，他还禁止工人在任何私人住宅里玩游戏。马萨诸塞州的一个工厂主还说，他宁愿做出一些牺牲以便使工人们长时间做工，也不愿看到一个村里的男人下雨天在街上闲逛。① 此外，雇主还想尽办法改变工人因为饮酒而周一不上班的习惯。根据19世纪90年代的一项调查，有491位雇主表示，他们已经将发工资日从星期六改为其他的日子，以便工人们在周一能够正常上班。另外有53位雇主拉长了发薪日之间的间隔，以避免工人饮酒带来的麻烦。②

然而，雇主阶级并不满足于禁止工人在生产车间饮酒，他们还主张取缔酒馆，并且大力支持戒酒运动。乌斯特的情况为我们提供了一个典型的实例。在1881年，该市的市民曾就两个问题举行了辩论。辩论的主题是：是否要建立贩酒的牌照制度？否则是否要关闭该市所有的贩酒商店和酒馆？在辩论中最坚决反对饮酒和反对发放贩酒牌照的是一家电线制造公司的老板，菲利浦·莫安（Philip Moen），他也是该公司创建者的女婿。那位创建者早在半个世纪之前就已经积极提倡戒酒了。在这场辩论中，莫安和其他41位戒酒运动的领导人——其中3/4是工厂主和新教教士——发表了一个联合声明，攻击公开饮酒的酒馆，"因为这些酒馆造成了民众的贫困，导致数不清的苦难和犯罪，并且使我们的工业遭受损失"③。

---

① Gutman, *Work*, *Culture*, *and Society in Industrializing America*, pp.19-20.

② U.S. Commissioner of Labor, *Twelfth Annual Report*, p.77, cited in Herman Feldman, *Prohibition*: *its economic and industrial aspects*, New York: Appleton and Company, 1927, pp.200-201.

③ Rosenzweig, *Eight Hours for What We Will*, p.93.

　　支持饮酒和酒馆的一方以《乌斯特每日时报》（*Worcester Daily Times*）的主编詹姆斯·麦林（James Mellen）为代表。针对莫安等人关闭酒馆的主张，麦林争辩说，这场戒酒运动实质上是对爱尔兰裔美国人和蓝领工人的报复，因为这些穷人没有宽敞的住宅，只能在公共的酒馆里饮酒。麦林指出，"那些反对发放贩酒牌照的'优秀'分子当中很多人都有饮酒的习惯。这些人相信，饮酒是一种奢华，不应该让那些平民因为饮酒的习惯而堕落下去。"麦林在另一个场合还抱怨说，那些针对贩酒牌照投反对票的人，自己的地窖里却堆满了酒。所以，他们反对发放牌照"具有阶级性质立法的意味"①。麦林的评论可谓一针见血。事实上，上层人士反对饮酒主要是反对工人饮酒，特别是主张取缔酒馆。就此，罗森兹维格评论道，"戒酒运动最主要是针对方兴未艾的'工人阶级俱乐部（按：指酒馆）'，而不是针对个别的酒徒，说明这场围绕着酒馆而进行的战役，是针对产业工人阶级娱乐世界的'阶级之战'。"他接着指出，至少在乌斯特，指挥这场战役的将军们是该市的新教牧师、工厂主和他们的妻子。② 在波士顿，支持戒酒的人当中有 14% 是中上层人士，而反对戒酒的人当中只有 2% 的中上层人士，而且不包括专业人士、商人和工厂主。③

　　然而，尽管雇主阶级大力提倡戒酒和禁止员工在工作场合饮酒，但是在运动初期，戒酒的效果并不显著，因为大多数工人都反对戒酒。例如，芝加哥的工人对酒馆充满了感激之情，认为酒馆是他们"患难中的朋友"，对于那些要取缔唯一对他们友好的场所却拿不出比酒馆更好的东西的人则怀恨在心。④ 对于波士顿的技术工匠来说，工厂制的建

---

① Rosenzweig, *Eight Hours for What We Will*, p.93.

② Ibid., p.95.

③ Stimpson's Boston City Directory, 1837-1841, cited in Dodd, "The Working Classes and the Temperance Movement in Ante-Bellum Boston", p.521. Dodd 将支持戒酒的人称为"告密者"，将反对戒酒的人称为"暴民及其朋友"。

④ Melendy, "The Saloon in Chicago", p.298.

立意味着他们社会地位的下降和逐渐失去先前的独立性。因此，他们反对戒酒运动实际上也是对新兴资本主义制度的反抗。工人们不但与戒酒运动做斗争，而且有时还诉诸集体暴力，攻击那些针对工人饮酒的告密者。在 1839 年的一天傍晚，当一位告密者从外地返回波士顿的时候，20 个事先做好准备并涂黑脸皮的人将他捉住，对他拳打脚踢，并在他身上涂上焦油和插上羽毛。吉尔·多德（Jill Dodd）就这起事件评论说：这些暴民是要"通过象征性的暴力攻击那些特别的目标，……［因为］这些暴民习惯的文化正受到上述目标的威胁"[①]。

　　不过，雇主阶级禁止工人在工作时间饮酒的不懈努力最终还是取得了相当的成果。例如，到 19 世纪末，乌斯特所有的大工厂都不再容忍工作期间的不规则行为，包括赌博、讲故事、唱歌、辩论，特别是饮酒。此时，美国大部分雇主都将工作期间饮酒视为陈年往事。在乌斯特和伊斯顿都开设工厂的一家锄具制造公司的老板早在 1867 年就评论道，在 30 年之前，"工作经常被那些有饮酒习惯的人打断。现在我们没有这种麻烦了"[②]。到 20 世纪初，工人饮酒和星期一旷工的现象都有了明显改善。我们或许会认为，工人饮酒情况的改善是宪法第 18 条修正案所导致的结果。但即使 1918 年的全面禁酒令真的发挥了一定作用，我们也绝不能否认雇主所采取的种种强制措施所产生的效果。毕竟，改造工人工作习惯的主动权掌握在雇主手里，他们可以用克扣工资和解雇等方法迫使工人就范。同时，工业化和机械化的势头也不可阻挡，福特公司推出零件的标准化和随之而来的装配线的应用，以及弗里德里克·泰勒（Frederick J.Taylor）所引进的"科学管理"制度，都使得工人在生产过程中偷闲成为不可能。更为重要的是，不同族群和不同宗教的工人在饮酒问题上竟然未能团结一致（虽然耽于饮酒并

---

　　①　Dodd, "The Working Classes and the Temperance Movement in Ante-Bellum Boston", pp.512-513; 517-519.

　　②　Rosenzweig, *Eight Hours for What We Will*, pp.35-38.

不值得提倡），而主张禁酒的上层人士——雇主、教士、专业人士，等等——则相当团结。所以，就戒酒这场战役来说，胜利的是雇主，而不是工人。

三

虽然阶级对立是 19 世纪美国戒酒运动中的一条主线，但它所反映的并不是这个运动中唯一的社会矛盾。事实上，新教教会在戒酒运动中也发挥了不容忽视的作用，特别是其中的美以美教会、公理教会、浸信会派以及长老派教会。[①] 美国的戒酒运动是 1813 年正式开始的，其标志就是当年成立的马萨诸塞州制止饮酒协会。这个协会的主要成员是医生、律师和牧师，他们以道德说教的方式引导大家节制饮酒。随后的 20 年，有越来越多戒酒协会的成立。其中一个全国性戒酒协会在 1834 年就拥有 5000 个地方分会和 100 多万会员，足见戒酒运动发展之迅速。美国的戒酒运动，至少马萨诸塞州的戒酒运动，是由专业人士——特别是牧师——开创的，这说明了宗教因素在戒酒运动中所扮演的重要角色。

众所周知，新教伦理强调勤劳、节俭、独立、自律、清醒等价值观。在新教徒看来，拼命工作和拼命挣钱是无可指摘的天职（calling）。出于这个价值观，新教徒大都主张戒酒，他们尤其反对工人饮酒。在他们看来，非新教徒不具有上述的宝贵品质，不能自律，并经常放纵自己。出于这些信念，新教教会自然是以戒酒和改造工人饮酒的不良习惯为己任。费城的新教教士认为，那些声讨前工业社会

---

① *The New York Times*，June 10，1890.改革长老教会甚至反对铁路公司在周日出动火车，这样工人们就可以在家中度过安息日，以免外出娱乐和放纵。另见 Andrew Sinclair，*Era of Excess：A Social History of the Prohibition Movement*，New York：Harper & Row Publishers，1962，p.64。

行为的人正以极大的能量在完成上帝交给他们的任务。这个城市的戒酒运动在 1827 年正式开始，发动者是当地第二长老教会的信徒和教士、医生以及工厂主。他们大力赞助提倡戒酒的讲座和散发有关饮酒害处的传单，将饮酒和贫困以及经济上的潦倒联系起来，并引用最新的医学知识来印证饮酒的害处。这个协会到 1834 年时已经声称有 4300 个会员。①

　　林镇的情况稍有不同。在 18 世纪末，该镇只有两个宗教团体，而且并不景气。不过，进入 19 世纪后，那里的基督徒却开始增加，而且它还成为新英格兰美以美教会的大本营。在早期，林镇的教会并不热衷于戒酒。直至 1812 年，它还拒不谴责那些贩卖酒精饮料的美以美教会牧师。它不但允许牧师们卖酒和饮酒，甚至还允许信徒们蒸馏、零售和饮用酒精饮料。然而，从 1820 年起，所有的新教教派都越来越积极地反对饮酒了，当地的美以美教派还成为戒酒运动的先锋。和其他地区不同的是，林镇的戒酒运动首先是由世俗的力量发起的，这个世俗力量就是雇主阶级。工厂主们迫于市场竞争的压力，不得不加强工厂的纪律和对工人的控制，尤其是禁止他们在工作期间饮酒。② 但教会很快就加入了工厂主戒酒的阵营。

　　虽然林镇的宗教势力在提倡戒酒方面比雇主阶级稍迟一步，但是很明显，新教教会和新兴的工厂主具有非常相近的价值观，而且该镇的"勤劳、节俭和戒酒促进会"和那里的宗教团体有着非常紧密的关系。该促进会轮流在美以美教派和公理教派的教堂里开会。其他教派，包括教友派、浸信会派及唯一神教派，也都会派代表参加他们的会议。这些教派被公认为新教道德信条的创始者，而它们的教堂则成为灌输新工业道德价值观的工具。牧师们不但自己誓言节制饮酒，甚至完全

---

①　Laurie，"'Nothing on Compulsion'：Life Styles of Philadelphia's Artisans，1820-1850"，pp.351-352.

②　Faler，"Cultural Aspects of the Industrial Revolution"，pp.370-371.

戒酒，而且期待他们的信徒也同样远离酒精饮料。到 19 世纪 40 年代，新教教会的努力已经取得了显著的成果。例如，几千名主日学校（Sunday School）的学生常常举行声势浩大的戒酒游行。这些教会还建立了特别法庭，审理通奸、醉酒和其他不道德行为的案件。[①] 我们从波士顿戒酒运动的情况中也可以看出新教在戒酒运动中所发挥的重要作用。在这个新英格兰最大的城市里，主张戒酒的人士中有 48% 是新教徒，而在反对戒酒的人当中，只有 2% 属于新教教派。[②]

　　以上我们讨论了新教教会在戒酒运动中所扮演的重要角色。然而美国是一个以移民和移民后代为主体的国家，不同的族群往往有不同的宗教信仰和代表不同的社会阶层。在这种情况下，教派之间的隔阂与对立往往也是不同族群之间的矛盾与冲突，这种对立在饮酒问题上也表现得十分明显。在乌斯特，爱尔兰移民和少量的法裔加拿大人几乎都是蓝领阶层，同时他们和来自东、南欧的移民也都属于非技术性工人。大家都知道，酗酒在爱尔兰的文化传统中占有极其重要的位置，其他非新教移民也或多或少沾染了饮酒的习惯。这些天主教徒、东正教徒和犹太教徒既然不信奉新教，当然不会以拼命工作为天职，也不会拥护勤俭、自律和清醒等新教伦理。他们同样以饮酒为乐，前面讨论过的酒馆就是在爱尔兰人和 19 世纪后期来到美国的新移民支持下兴旺起来的。可想而知，以爱尔兰移民为代表的天主教徒和其他非新教徒会成为反对戒酒和维护酒馆的主力军。另一方面，来自瑞典和其他斯堪的纳维亚地区的新教移民大都进入新兴的电线制造业，并成为技术性工人。这些来自北欧的新教徒和本土工人大都签署了要求取缔酒馆的请愿信。而当酒馆主人散发请求发放牌照的请愿书时，签署的都是爱尔兰裔、法裔加拿大移民及

---

① Faler, "Cultural Aspects of the Industrial Revolution", pp.369.

② Dodd, "The Working Classes and the Temperance Movement in Ante-Bellum Boston", p.526.

其他非新教工人。在饮酒问题上，乌斯特的工人阶级就这样沿着宗教和族群的界线分裂了。①

　　费城由于饮酒问题而引发的教派对立与乌斯特的情况相去不远。在这座目睹了《独立宣言》签署的城市里，本土工人大都从事技术性职业，属于工人队伍中的中上层，而作为天主教徒的爱尔兰移民则大都是蓝领的非技术性工人。19世纪30和40年代活跃起来的戒酒运动很快就导致中产阶级和工人阶级新教徒与该市天主教徒之间的冲突。那里的中产阶级共和派一向认为天主教的生活方式与清醒、受人尊重和自律等新道德格格不入，而天主教徒则将戒酒运动中福音教派表现出来的热忱视为对他们传统文化的威胁，并不断骚扰戒酒人士的集会。天主教徒的行动反过来又激怒了新教人士，后者受到经济危机的困扰正想借机发泄心中的怨气，天主教徒自然就成了他们攻击的目标。两派教徒围绕着戒酒问题发生的冲突又因为公立学校中使用什么教科书的问题而变得更加复杂。非新教徒的工人，特别是爱尔兰裔工人，反对公立学校采用反天主教的教材，也反对学生阅读詹姆斯国王钦定的《圣经》。他们要求当局允许他们的子女与新教学生分开作宗教仪式。这些要求促使宗教复兴派的、主张戒酒的牧师在1842年与1843年冬季建立了美国新教协会，这个协会将天主教徒的要求看作是旨在削弱美国的制度。他们还将天主教徒与蓄财者相提并论，因为两者都喜欢饮酒，都喜欢放纵。②

　　然而，我们不能由此便认为，所有的新教徒都反对饮酒，而所有的天主教徒都反对戒酒。实际上，在乌斯特，来自瑞典的移民在戒酒问题上并非铁板一块。主张戒酒的主要是那些虔诚的、属于某个教会的瑞典移民。而那些不去教堂的斯堪的纳维亚人（当然是少数）

① Rosenzweig, *Eight Hours for What We Will*, pp.17-18, pp.94-101.

② Laurie, " 'Nothing on Compulsion': Life Styles of Philadelphia's Artisans", pp. 356-357, p.360.

则依然坚持饮酒的习惯。与此同时，一部分天主教徒也提倡戒酒。[①]
这似乎令问题变得更加复杂了。不过，如果我们深入了解这个问题
背后的原因便会发现，少数天主教徒主张戒酒的动机和新教徒反对
酒馆的动机非常不同。新教主张戒酒是针对整个下层的、蓝领的工
人阶级，而且主张关闭所有的酒馆。但天主教提倡戒酒则是规劝个
别酗酒过度的人士节制饮酒。他们的"戒酒运动"一般只限于移民
工人的社区之内，而且即使在社区之内，他们的努力也是有限度的。
此外，天主教教会虽然提倡戒酒，却不主张关闭酒馆，因为他们知
道，一旦关闭酒馆，广大工人就会失去自己的娱乐场所。正如一位
主教所说的："酒馆是'穷人的俱乐部'，在没有更好的替代物的情
况下，必须容忍它。"[②]

四

　　美国妇女在戒酒运动中曾发挥过重要作用，这一点如今已经不再
是新闻。在 19 世纪，醉汉殴打妻子的现象颇为普遍，作为直接的受害
者，妇女当然最希望看到饮酒现象的结束。同时，妇女，特别是中产
阶级妇女，对家庭异常重视，她们不愿看到本应是和谐与稳定的家庭
被耽于饮酒的丈夫毁掉，更不愿看到自己的子女染上酗酒的恶习。所
以，毫不奇怪，早在 19 世纪初戒酒运动刚刚起步时，便已经有不少妇
女卷入其中了。不过，由于当时以新教教会为主导的戒酒运动尚处于
道德说教阶段，中产女性主要是在家庭里发挥主导作用。主张戒酒的
妇女经常向子女灌输戒酒思想。她们不但拒绝以酒精饮料款待客人，
而且也拒绝在烹饪和配药过程中使用酒水。她们还经常鼓励儿子、丈

---

① 关于一部分天主教徒也主张戒酒，见 *The New York Times*，August 2, 1894,
October 10, 1898。

② *The New York Times*，January 26, 1899.

夫、父亲、兄弟和追求者发誓不再饮酒。①

19世纪中期以前，反对饮酒的妇女只是参加到以男性为主体的戒酒运动中。在内战期间，由于许多男子应征入伍，令妇女有机会在运动中发挥更加积极的作用。然而内战结束后，大量男士解甲归田，又重新掌握了运动的领导权。妇女对这种状况感到不满，于是，她们渐渐地不再依赖男性禁酒主义者，而是表现出某种独立的、体现出女性特点的戒酒活动，包括到酒馆中去做祈祷，敦促店主关闭他们的生意。② 妇女们用和平的方式进入酒馆，通过祷告造成强大的气场，给酒馆主人造成心理上的巨大压力，令他们不得不亲自捣毁自己的生意。例如，在1874年4个月的时间里，俄亥俄州300个社区共有32000名妇女加入到以这种方式讨伐酒馆的运动中。很快，这场运动便扩散到全国的几百个社区。③

此外，越来越多的女性还采取了直接对抗以及超乎法律的方式去攻击贩酒行为。在伊利诺伊州的科维尼镇（Kewanee，Illinois），一位参与暴力行动的妇女为自己的行为辩护说，她们之所以这样做，是因为酒馆的老板们一直在维护那些地狱般的、充满放纵、酗酒和罪恶的渊薮，并把我们的青年男女拉到那些陷阱中去。当一个酒商被顾客刺伤，因而放弃了贩酒并当众捣毁自己的酒藏之后，大约15名妇女，包括镇上"最受尊重的女士"，立即跑到另一家酒馆，要求那里的老板也马上关掉他的生意。遭到拒绝后，这些妇女便挥舞起斧头，表示要替他捣毁酒馆。当她们在酒窖里肆行破坏时，老板拿出了枪械，威胁她们离开。这时，一群男士闻讯赶到，解除了店主的武装，令女士们得以完

---

①　Jed Dannenbaum，"The Origins of Temperance Activism and Militancy among American Women"，*Journal of Social History*，Vol.15，No.2，Winter，1981，pp.235-237.

②　见 Ruth Bordin，*Woman and Temperance*，*The Quest for Power and Liberty*，1873-1900，New Brunswick：Rutgers University Press，1990，p.16。

③　Dannenbaum，"The Origins of Temperance Activism"，p.235，p.245.

成摧毁酒馆的工作。女士们还在一片欢呼声中捣毁了店主的另外两家酒馆。①

其他一些城市里参与攻击酒馆的也大都是"备受尊敬的女士"。在印第安纳州的温彻斯特镇（Winchester），一位酒馆老板的生意被女士们捣毁之后，不得不从另一个社区请来律师，帮助他控告那些破坏他生意的人。他之所以到外地去聘请律师，是因为本地所有律师的妻子都参与了摧毁他的酒馆的暴力行动。在其他城镇里，丈夫帮助妻子攻击酒馆的事件也非常普遍。1854 年的一天，当密歇根州奥特赛格镇（Otsego）的 30 名妇女挥舞着斧头奔向当地的供酒商时，得到了大约 50 名男士的支持。1855 年，辛辛那提市的戒酒之子协会举办了一场娱乐活动，表彰那些捣毁酒馆的妇女。1856 年，在密歇根的法明顿镇（Farmington），一群旨在捣毁酒馆的妇女得到了 300 位男士的保护。②

1865 年夏天发生在俄亥俄州格林菲尔德市（Greenfield）捣毁酒馆的事件不但富有戏剧性，而且明显表现出女性戒酒运动的特点。在 7 月的一天，一群妇女给该市所有的酒馆发出最后通牒，要求他们在 15 分钟之内交出所有的酒浆，否则要承担一切后果。女士们到达的第一间酒馆拒绝了她们的要求，于是她们跨过马路，向第二间酒馆进发。其中一名妇女的儿子不久前在该酒馆的一场争吵中被流弹击中而丧生。当大家走近这间酒馆时，这名女士突然喊道："这就是我儿子被杀害的地方！"她的喊叫深深地刺激了在场所有妇女的心灵，激发她们对酒商采取武力。她们挥舞着斧头和木槌，捣毁了这间和其他五间酒馆。一年半之后，当这些妇女来到希尔斯波洛镇（Hillsboro）接受审判的时候，当地"身份显赫的女士们"竟然前去迎接这些"犯罪嫌疑人"，而且还在自己家中热情地款待她们。在审讯过程中，这些身份显赫的

---

① Dannenbaum, "The Origins of Temperance Activism", p.242.

② Ibid., pp.242-243.

女士还同被告坐在一起，以示支持。①

前面列举的例子显示出女性戒酒运动的特点。在格林菲尔德市捣毁酒馆的事件中，是慈母之心在其他妇女的心中引起了共鸣，激发了她们强烈的同情心，以致采取强硬手段，摧毁了那间目睹了青少年由于酒后争吵而丧生的酒馆。有学者将妇女之间的共同关怀称为"妇女意识"（female consciousness）②。同样的，妻子被醉酒的丈夫虐待也会引起其他女性的同情。作为母亲和妻子，她们受害后所具有的感染力，是男士们所不具备的。发生在格林菲尔德和希尔斯波洛的两起事件无疑极大地鼓舞了那些致力于戒酒的女性。到 1873 年，全国的妇女都已经明显地做好向酒馆开战的准备，因为她们认为酒馆是对家庭稳定的威胁。一位参加过捣毁酒馆活动的妇女写道："……这个国家的下一场战事将在妇女和威士忌酒之间进行。……我们宣布，一场新革命的盘克山战役已经打响。"③ 美国妇女在 1873 和 1874 年间所采取的行动，为新时期戒酒运动的组织和发展奠定了基础，并直接导致美国妇女基督教戒酒协会的建立。这个协会的成立也象征着美国妇女的女权意识开始上升。

长期以来，妇女作为酗酒的受害者却无法改变现状，这本身就意味着女性无权的状况。同时，在参加戒酒运动的过程中，她们还深深感受到习惯势力对她们的约束。例如，传统道德反对妇女抛头露面，令她们不便在公共场合作戒酒的宣传和鼓动。更为重要的是，由于妇女没有投票权，她们无法将戒酒运动推向更深的层次。1851 年，缅因州通过了全面禁酒的法律，许多妇女希望自己的州政府也能够采取同

---

① Dannenbaum, "The Origins of Temperance Activism and Militancy among American Women", pp.245-246.

② Temma Kaplan, "*Female Consciousness and Collective Action: The Case of Barcelona, 1910-1918*", *Signs*, Vol.7, No.3, 1982, pp.545-566.

③ Dannenbaum, "The Origins of Temperance Activism and Militancy among American Women", p.246.

样的措施。但由于女性没有投票权，致使在其他的州无法通过全面禁酒的立法。虽然有些男性禁酒主义者为了扩大影响而欢迎妇女参加到他们的行列中，但女性在运动中只能扮演次要的角色。即使在提倡男女平等的组织里，也是由男子，而不是由女性，担当高层职位和做重要决定。当苏珊·安东尼（Susan Anthony）参加纽约市戒酒之子协会的会议时，竟然被禁止发言。主持会议的人还告诉她："姐妹们不是被邀请来讲话的，而是被请来聆听和学习的。"类似的事件深深地触动了安东尼和其他广大妇女。渐渐地，妇女的戒酒运动和她们争取政治权力的斗争便交织在一起了。她们的主要斗争目标有时甚至已经不再是禁酒，而是争取投票权了。①

妇女反对饮酒，主张取缔酒馆，敌视和打击的对象最主要是男士，因为酒商和光顾酒馆、给社会造成危害的绝大多数都是男性公民。因此，妇女参加戒酒运动，并采取实际行动捣毁酒馆，明显说明性别因素在这个运动中所发挥的重要作用。到了戒酒运动后期，妇女要求选举权的呼声甚至超过了她们要求戒酒的愿望，更加反映出美国社会中的性别对立。不过，我们在下一节的讨论中将会看到，性别因素在 19 世纪戒酒运动中所发挥的作用并不是孤立的，而是与阶级和宗教等因素交织在一起。

五

以上我们考察了 19 世纪美国戒酒运动中的阶级冲突、宗教和族群隔阂以及性别对立，这些也就是美国历史上除了种族对立以外的几个最基本的社会矛盾。不过，应该注意的是，以上的各种对立绝不是几个互不相干的社会矛盾，而是紧密交织在一起的、既相互制约又相互

---

① Dannenbaum, "The Origins of Temperance Activism and Militancy among American Women", p.240, p.245.

支持的社会现实。而理解各种社会矛盾之间错综复杂的关系正是美国社会史所面临的艰巨任务。

首先我们来看美国戒酒运动中雇主阶级与新教教会之间的关系。虽然这两个因素的价值取向似乎不尽相同，但我们从前面的讨论中却不难看出它们之间的同一性。在费城，是新教教会率先发起戒酒运动，然后再由工厂主加入其中；在林镇，则是先由工厂主提倡戒酒，再由新教人士出来支持。但无论是哪一股力量率先发起戒酒运动，两者的努力很快就融汇到一起。这个事实说明，雇主阶级和新教教会之间存在着亲和性。这其中的原因非常简单：基督教新教自创立后便陆续推出一套崭新的伦理体系，包括勤劳、节俭、独立、清醒和自律。另一方面，工厂主大都是新教徒，他们当然拥护这个伦理体系。与此同时，要提高生产效率以应对来自市场的压力，雇主们势必会要求他们的工人接受以上的伦理。所以，雇主阶级与新教教会联手提倡戒酒是理所当然的事。

然而宗教时常会超越阶级的界限。一般来说，在19世纪的大部分时间里，工厂主和专业人士大都是盎格鲁-撒克逊裔或北欧国家的移民及其后代，他们是新教徒，构成美国社会的中上层。但工人阶级的成分则比较复杂。大部分本土工人本身也是英裔或北欧裔，他们或者是工匠师傅，或者是有希望向上攀爬的帮工，这些人当中也以新教徒为多。另外，来自爱尔兰和东、南欧的移民则大都是蓝领的、非技术性工人，他们或信仰天主教，或属于东正教，或是犹太教徒，基本上占据了美国社会的底层。如果我们只从阶级分析这一个角度入手，忽视美国工人阶级构成的复杂性，那么势必会得出所有工人都会反对戒酒和支持酒馆的结论。然而实际上，属于工人阶级中上层的技术工匠在戒酒问题上一般都和雇主站在一起，反对酗酒。因为上层的工匠们在工业革命初期仍然抱着有朝一日成为工厂主的梦想，又信奉新教，所以他们的意识形态和雇主比较接近，大都拥护勤劳、节俭和清醒等新教伦理。

妇女戒酒运动既有阶级超越性别的一面，也有性别超越阶级的现象。参与戒酒运动的妇女大都属于社会的中上层，这一点前面已经有过论述。根据康涅狄格、密歇根、伊利诺伊、明尼苏达和马里兰等五个州的统计数据，在 1885 年，几乎所有妇女戒酒运动骨干的丈夫都是专业人士、经理、官员和职员，只有 9% 是非技术或半技术工人及农民。[①] 我们说妇女是酗酒的受害者，主要是指工人阶级妇女，因为被醉汉殴打和虐待的主要是蓝领阶层的女性。从这个角度来看，妇女反对饮酒和捣毁酒馆确有针对蓝领工人的因素。有学者指出，"戒酒运动的真正宗旨可以看作是为了改变下层阶级的习惯"。在妇女基督教戒酒协会的宣传材料里，醉汉总是工人的形象。19 世纪戒酒运动中一个流行的口号是："饮酒是工人阶级的灾源。"[②] 前面讲到的中产男士支持和声援捣毁酒馆的女性的故事，也显示出阶级超越性别的倾向。但是，作为母亲和妻子，中产阶级的女性毕竟对工人阶级的姐妹表现出一定的同情心，并采取实际行动争取戒酒甚至禁酒，这实际上又是性别超越了阶级的表现。

虽然美国 19 世纪的戒酒运动中包含多种社会矛盾，虽然这些矛盾之间的关系错综复杂，很难一概而论，但这里面最主要的毕竟还是阶级对立。也就是说，在不存在种族矛盾的情况下，只有在阶级对立的框架里才能够深入理解戒酒运动中宗教隔阂和性别对立的本质。考虑到工厂主、专业人士、上层工匠和其他中产人士大都是新教徒，而天主教徒主要是爱尔兰裔、德裔、意大利裔和其他东南欧裔的蓝领工人，这两个教派在戒酒问题上的不合大体上可以看作是一场阶级冲突。

六

随着美国工业革命的到来，出现了工业社会文明和前工业社会文

---

① Joseph R.Gusfield, "Social Structure and Moral Reform: A Study of the Woman's Christian Temperance Union", *American Journal of Sociology*, Vol.61, No.3, November 1955, p.231.

② Ibid., p.225.

明之间的一场冲突。于是，卷入这场冲突的工人阶级面对着一个抉择：究竟是忠实于新兴的工业资本主义秩序，还是起来反抗它？这个问题在戒酒运动中充分地表现了出来。大部分上层工匠——如林镇鞋匠中的裁剪工（cutters）——和信仰新教的移民工人在戒酒问题上或多或少地和雇主阶级站在一起，不同程度地支持戒酒，也就是支持新兴的资本主义秩序。而来自爱尔兰和东南欧的移民工人，特别是天主教和犹太教的蓝领工人，则执着于前工业社会的文化，不同程度地反对戒酒。有权威学者将这些赞成戒酒的工人称为"现代主义派"，而将那些反对戒酒的工人称为"传统主义派"。①

　　对于 19 世纪戒酒问题中社会矛盾的讨论使我们从一个侧面认识到美国工人阶级形成过程中的种种困难。作为一个移民国家，本土工人和移民工人之间往往缺乏团结，同时，不同宗教和不同族群的工人之间也缺乏理解和信任。耽于饮酒当然不值得提倡，雇主阶级主张戒酒也完全是出于自私的目的，这些都是不言而喻的。不过，如果工人阶级都一致反对禁酒，他们至少在这个问题上可以成就一定程度的阶级团结，也未尝不是一件好事。可惜，宗教因素和族群因素导致美国工人阶级不能一致行动，反而矛盾重重。美国工人运动不像欧洲的工人运动那样发达，其中一个主要原因就是未能实现阶级团结，而多宗教和多族群的构成是使得美国工人阶级不易实现阶级团结的一个主要因素。

　　（原载《美国历史的深与广：杨生茂先生百年诞辰纪念文集》）

---

　　①　Alan Dawley and Paul Faler, "Working-Class Culture and Politics in the Industrial Revolution: Sources of Loyalism and Rebellion", *Journal of Social History*, June 1976, No. 9, p.468.

后 记

经过几个月的整理和资料核对，现在终于将14篇文章付之梨枣了。从总体上讲，我觉得这些论文还缺乏深度。如果其中偶然有一管之见，那么，首先要感谢两位敬爱的老师：南开大学杨生茂教授和耶鲁大学蒙哥马利教授。杨先生是中国美国史研究的主要奠基人之一，蒙哥马利教授则是美国新劳工史两位最主要的开拓者之一。多年来，两位学术大师的道德文章和不倦的教诲令我受益匪浅。此外，在读书和研究的过程中，我的同门师兄弟以及我在华盛顿州立大学和香港科技大学的同事们也给过我不同形式的启发和指点。可惜由于自己不够刻苦，只是勉强登堂，却未曾入室，未能写出有深度的文章来。这部文集得以顺利出版，要感谢上海交通大学985科研启动经费的慷慨资助，以及人文学院杨庆存院长、刘建新书记、李玉尚副院长和院办王成忠主任的大力支持。同时，我也非常感谢院办黎晓玲老师和财务处印超慧老师。黎老师在我的科研经费即将到期之际，快马加鞭，穿梭于有关部门之间，使这笔经费得以延长使用。印老师也放下手边工作，先行处理我的申请，确保经费准时到达出版社。此外，我还要向复旦大学李剑鸣教授和南开大学赵学功教授致以深深的谢意，若不是两位教授的热心帮助和借助他们的威望，我自己恐怕很难为这部文集找到一流的出版单位。最后，但绝对不是最少，我要对本书的责任编辑——中国社会科学出版社李庆红老师表达由衷的谢意。她专业、细致的编辑工作使得拙书能够以较好的形式和读者见面。

王心扬

2017年3月